VERBUM ✳ E N S A Y O

TRUMPISMO DISCURSIVO. ORIGEN Y EXPANSIÓN DEL DISCURSO DE LA OLA REACCIONARIA GLOBAL

colección **Ensayo**

Dirigida por: ÁNGEL ESTEBAN

Verbum Ensayo se enfoca en los campos de la filología, la estética, la filosofía y la historia, fundamentalmente. Atesora las obras de los ensayistas y estudiosos más importantes de todos los tiempos y presta especial cuidado a estudios de autores hispanos como José Ingenieros, Miguel de Unamuno, José Enrique Rodó, José Olivio Jiménez, Roberto González Echevarría, Humberto López Morales, Leonardo Padura Fuente, Alejo Carpentier, Roberto Fernández Retamar, José Carlos Rovira, Virgilio López Lemus, Jesús G. Maestro, Alejandro Martínez, Ángel Díaz Arenas, Rolena Adorno, Enrique Gallud Jardiel, Vicente Cervera Salinas, Jesús Jambrina, Gema Areta, Ángel Esteban, José Luis Villacañas, Carlos Javier Morales, Javier Huerta Calvo, José Manuel Camacho, Elena Poniatowska, entre otros.

Muchos de estos títulos forman parte de las referencias bibliográficas de numerosos cursos doctorales, másteres y grados en universidades de España, resto de Europa y EE.UU.

LAURA CAMARGO FERNÁNDEZ

Trumpismo discursivo

Origen y expansión del discurso de la ola reaccionaria global

EDITORIAL
VERBUM

© Laura Camargo Fernández, 2024
© Diseño de portada: Leandro Marinelli
© Editorial Verbum, S. L., 2024

Tr.ª Sierra de Gata, 5
La Poveda (Arganda del Rey)
28500 - Madrid
Teléf.: (+34) 910 46 54 33
e-mail: info@editorialverbum.es
https://editorialverbum.es

I.S.B.N.: 978-84-1136-820-9
Depósito legal: M-26150-2024

Diseño de colección: Pérez Fabo
Preimpresión: Adrians Esquivel Romero
Printed in Spain / Impreso en España

Este libro ha sido
impreso con papel
ecológico procedente
de bosques sostenibles.

ÍNDICE

If I *must* die

If I *must* die
You must live
To tell my story
To sell my things
to buy a piece of cloth and some strings,
(make it white with a long tail)
so that a child, somewhere in Gaza
while looking heaven in the eye
awaiting his dad who left in a blaze—
and bid no one farewell
not even to his flesh
not even to himself—
sees the kite, my kite you made,
flying up above
and thinks for a moment an angel is there
bringing back love

REEFAT ALAREER
In memoriam

Filólogo, poeta, profesor universitario y activista palestino. Nacido en la Ciudad de Gaza (Palestina) el 23 de septiembre de 1979. Asesinado en Ciudad de Gaza (Palestina) el 6 de diciembre de 2023 en un bombardeo israelí.

Agradecimientos

Este libro debe mucho a la gente con la que he tenido la suerte de contar durante los últimos años y sin la ayuda de la cual habría sido infinitamente más difícil, quién sabe si imposible, llevarlo a término. Gracias, en primer lugar, a mi padre, Antonio, y a mi madre, Tina, por hacerme sentir desde la distancia la cada vez más extraña experiencia de la incondicionalidad, y por enseñarme desde que era una niña que la utopía es posible. Ber, mi agradecimiento no cabe en un papel. Te debo tiempo, cariño y un "gracias" infinito por la paciencia de este último año, por quererme y cuidarme desde cerca y desde lejos. Daremos aún muchos paseos con Cuca y Alegría. Gracias también por el regalo de elegir a Leandro para que hiciera esta fabulosa portada.

Estas páginas deben un agradecimiento con mayúsculas a mi colega y amigo Pedro Fernández Riquelme, quien leyó pacientemente todos los capítulos, dio buenos consejos, aportó ideas interesantes, corrigió algunas erratas y, sobre todo, me animó en las horas bajas insistiendo en que era importante que las acabara y publicara pronto. Por supuesto, la responsabilidad final de los errores es solo mía, pero varios de los posibles aciertos se deben, sin duda, a sus oportunas propuestas. También debo gratitud a mis compañeras y compañeros del Seminario de Discurso y Acción Política de MIRCo, especialmente a Luisa Martín Rojo, por tener la idea y las ganas de poner en marcha proyectos que conjugan activismo, reflexión académica y divulgación. Gracias a Diego, Alba, Héctor, Paula, Víctor, Eva, Manuel, Laura y Jorge por los debates habidos y por los que nos quedan por tener.

Agradezco a la editorial Verbum haber creído desde el primer momento en este proyecto y haberme dado la máxima confianza y el tiempo para realizar las actualizaciones y revisiones necesarias.

Muchas gracias, amigas "Disfrutonas", de la A a la R, Adriana, Charo, Chus, María, Neus, Paloma, Romina, Ruth, por recordar que la vida es mucho más que trabajar y que entre amigas las penas son menos y al cabo de la noche se van. Os debo una por recordarme con insistencia que, como todo libro, este también tendría un final. Y muchísmas gracias, Cris, por tu apoyo y buenos consejos siempre. No sé qué habría hecho sin tu indispensable ayuda cuando, tras los *hard years* de la política, me encontré perdida en las procelosas aguas burocráticas de anecas y sexenios. Raúl, Lauri, Mari, vuestros ánimos e ideas, junto a los de Antonio y Tina, en ese patio familiar virtual que desde hace tantos años es "De todo un poco", han significado mucho más de lo que pensáis. A Marcos y Paola: qué alegría que nos quede aún tanto por compartir. Os quiero y espero que en la vida podáis ser lo que queráis (menos emprendedores o *influencers* ;). Gracias a Lola y a Luis por acogerme tan generosamente dos veranos en vuestra casa, por hacer las mejores comidas y permitirme encontrar lo más difícil en el día a día académico: la tranquilidad necesaria para escribir.

Un agradecimiento especial a Carlos, "maifrensito", por seguir cerca, cantando, filosofando y sin perder el humor. Como dice Kae Tempest, "Europe is lost", pero tuvimos la suerte de encontrarnos. Amigas BKC, "jefísimas" siempre, el tiempo pasa, pero nuestra amistad perdura. A Rebeca, mi mujer en la zona, porque ni la vida ni los miles de kilómetros pudieron separarnos. A Jaume y a Paco: mil gracias, amigos, por leer los primeros capítulos y ayudarme a coger carrerilla. Solo yo sé cuánto agradecí vuestro *feedback*. Lo celebraremos. Gracias también a mis colegas de la UIB, y a quienes aún tengo la suerte de conservar en la Universidad de Alcalá porque, de formas diversas, habéis hecho más llevadera la pesada losa del camino interminable hacia la estabilización.

Shout out para quienes remamos en Mallorca durante los buenos años, y los no tan buenos, para mover ficha por un proyecto político que quería cambiarlo todo desde abajo, y que nos ilusionó y desilusionó a partes iguales. Reconocimiento especial para la gente de Anticapi por el aguante y la coherencia, y a quienes continuáis luchando, *en aquesta terra bella i ferida*, con la mirada puesta más allá de la gestión política del capitalismo. Gracias a quienes, pese a la ofensiva en curso, no bajáis nunca la necesaria bandera de la Memoria histórica.

Finalmente, además de a la memoria del filólogo, profesor y poeta de Gaza, Reefat Alareer, este libro está dedicado al pueblo palestino en esta hora grave, al movimiento global de solidaridad con Palestina y a las y los jóvenes que acamparon en los campus universitarios. Porque devolvisteis durante semanas la universidad a la que debería ser una de sus razones de ser: velar por el futuro de la humanidad en un mundo digno, libre de genocidios.

Introducción

Tenemos que actuar como si fuera posible transformar radicalmente el mundo. Y tenemos que hacerlo todo el tiempo.

Angela Davis (2016)

La idolatría del mercado y el odio a la democracia van de la mano.

Max B. Sawicky (2023)

Para responder a la pregunta clave de por qué cada vez más gente en más lugares del mundo acepta posiciones autoritarias y reaccionarias es necesario preguntarse cómo se articulan discursivamente esas ideas, quiénes las ponen en circulación y a través de qué medios se difunden. Este ensayo busca profundizar en el origen y la expansión del discurso de la ofensiva reaccionaria global del siglo XXI, que aquí denominamos "trumpismo discursivo", explorando, por un lado, el contexto de la crisis sistémica del capitalismo y la quiebra comunicativa del discurso neoliberal que siguió a la Gran Recesión de 2008; por otro, el papel central del discurso de Donald Trump como candidato y presidente de los Estados Unidos desde 2016 a 2020; y, finalmente, la extensión de las estrategias comunicativas trumpistas a los diferentes proyectos de la internacional reaccionaria, prestando especial atención a su acomodo en la política española. Además de todo ello, se persigue analizar los principales rasgos lingüísticos del trumpismo discursivo y las causas de su éxito en los nuevos formatos de comunicación digital.

El filósofo Mark Fisher (2009) profetizó hace quince años que el realismo capitalista había traído la lenta cancelación del futuro, ante la imposibilidad de imaginar un porvenir viable más allá del consumismo constante y de la explotación de los recursos naturales en un planeta finito. Se había generado –explicaba– una especie de parálisis colectiva frente a la crisis sistémica del capitalismo neoliberal y frente a la que sería su derivada más autodestructiva, la crisis medioambiental. En este contexto, el único futuro posible estaría mediado por las relaciones de compra-venta, convirtiendo cada interacción humana en una transacción en potencia guiada por la lógica de la potenciación del beneficio económico y la eficiencia, lo que reduciría aspectos de la vida cotidiana, como las relaciones personales, a los términos de un mero intercambio comercial.

Las certeras ideas de Fisher sirven para explicar hoy por qué la creciente precariedad y comercialización de la vida, la destrucción del tejido comunitario, el debilitamiento de los espacios y los servicios públicos y, en definitiva, la vaticinada cancelación del futuro están provocando la activación de identidades construidas en torno a un "nosotros" que culpa a "los otros" de todos los problemas del presente. A través de la activación del miedo, el resentimiento y el rechazo, o del nihilismo y la falta de esperanza ante el futuro cancelado, se pone en la diana al trabajador migrante, al movimiento feminista, al movimiento antirracista, al ecologista o a otros movimientos sociales ligados a minorías históricamente oprimidas, conviertiéndolos en el enemigo causante del malestar de la era neoliberal. Bajo estas circunstancias, los discursos reaccionarios que exaltan el individualismo, que articulan el racismo, que glorifican la masculinidad tradicional, la violencia o el militarismo encuentran cada vez más aceptación, generando un nuevo sentido común de época.

Ha sido, precisamente, en las ruinas del neoliberalismo de los estados-nación, descritas por la politóloga Wendy Brown (2021), donde las formaciones de extrema derecha han buscado agitar pánicos morales, crear inseguridades e incertidumbres fabricadas para plantear como solución repliegues nacionalistas identitarios. La finalidad: conservar un imposible eterno presente o plantear un todavía más imposible regreso al pasado, pues otra de las consecuencias del eclipse de las utopías es, de acuerdo con Enzo Traverso, un mundo que mira inevitablemente hacia atrás. Como afirma Francisco Martorell (2024: 116): "A falta de futuro-futuro, volvemos a colocar la edad de oro en el pasado". El discurso del neoconservadurismo se ha especializado, por esta lógica, en ofrecer certidumbres y asideros ficticios ante las múltiples fracturas creadas por el propio capitalismo neoliberal y su caos ecológico, activando el resentimiento de clase sin conciencia de clase que ha sido canalizado en la batalla del penúltimo contra el último a través del racismo. La posibilidad, cada vez más real, de que las generaciones venideras pueden vivir peor que las actuales y, por supuesto, que las anteriores, ha provocado que el voto aspiracional de la gente joven ya no funcione como antaño. Por el contrario, son visibles los réditos políticos de airear la disputa sobre quién va a tener derecho a tener derechos en el reparto futuro de los recursos escasos.

El principal programa político de los proyectos de la ultraderecha global se puede resumir en la intención de disolver paulatinamente el Estado y eliminar la capacidad, cada vez más menguada, de las democracias liberales de emprender acciones contra las amenazas que representa la quiebra ecológica del capitalismo: crisis económicas, guerras, pandemias, consecuencias del calentamiento global (inundaciones, sequías, incendios), por citar solo categorías amplias. Implantar un nuevo sentido común sobre quiénes tienen derecho a salvarse en estas circunstancias y quiénes no es, en esencia, lo que mueve las batallas culturales emprendidas en la última década por las formaciones de la internacional reaccionaria, en las que los discursos de odio hacia quienes se quiere excluir ocupan un lugar central. De hecho, las guerras culturales de la extrema derecha están sirviendo no solo para movilizar y agitar a sus bases, garantizando así su poder, sino también para eliminar conquistas sociales logradas tras siglos de luchas, socavando los cimientos de los mínimos democráticos que estaban consolidados.

En la abundante bibliografía que aborda las claves retóricas de los proyectos de la ofensiva reaccionaria actual se ha repetido a menudo que su discurso se construye sobre una base emocional basada en bulos o ambigüedades calculadas, desde la agresividad y con una retórica *antiestablishment*. Uno de los éxitos de esta nueva forma de comunicación que llamamos trumpismo discursivo ha sido, precisamente, volcar la atención sobre la forma y el ruido que produce y hacer desaparecer el fondo y el contenido. Esta estrategia actúa como cortina de humo para confundir y distraer a la ciudadanía de los que deberían ser los asuntos importantes de la política ante retos como los anteriormente planteados. En la pugna por sumarse a la política-espectáculo, tan vacía como cada vez más agresiva, una de las características más sobresalientes de los proyectos del "autoritarismo reaccionario" (Urbán, 2024) es la inflación discursiva, lo cual refleja la intención de construir mayorías no desde la moderación discursiva, sino desde una enunciación lingüísticamente extrema; algo a lo que, por cierto, se han sumado en el último periodo políticos de otras ideologías.

Otro de sus principales rasgos es la copia de estrategias comunicativas, ideas y mensajes propios de la "era de la imitación iliberal" (Krastev y Holmes, 2019), lo cual ha permitido la uniformización del discurso reaccionario. Todo lo anterior ha tenido importantes consecuencias en el modo en que se articula hoy el discurso político, pues la retórica antisistémica y la agresividad verbal, como manifestaciones de una supuesta rebeldía, son hoy señas de identidad de las nuevas derechas (Stefanoni, 2021). Los nuevos "antisistema" no son, por tanto, los jóvenes de las movilizaciones antiglobalización de principios del siglo

XXI, ni los de las plazas del Movimiento 15M de mediados. Son los multimillonarios que deningran con bulos inauditos a sus adversarios políticos o los paleolibertarios que claman por el fin de la justicia social y de cualquier forma conocida de redistribución de la riqueza.

Para analizar el origen y expansión del trumpismo discursivo, nos serviremos del enfoque epistemológico del análisis crítico del discurso (ACD), tal como lo definieron los analistas del discurso Norman Fairclough y Ruth Wodak, cuyos principios básicos son los siguientes: 1. El ACD trata de problemas sociales; 2. Las relaciones de poder son discursivas; 3. El discurso constituye la sociedad y la cultura; 4. El discurso hace un trabajo ideológico; 5. El discurso es histórico; 6. El enlace entre el texto y la sociedad es mediato; 7. El análisis del discurso es interpretativo y explicativo y 8. El discurso es una forma de acción social (Fairclough y Wodak, 2000: 387-399). Dentro de esta corriente, destaca como libro clave para el estudio del discurso de las extremas derechas europeas *The Politics of Fear* (*La política del miedo*), de la misma Wodak, cuya primera edición vio la luz en 2015 con el subtítulo *Qué significan los discursos populistas de derecha* y que, para la segunda edición de 2021, fue modificado por la autora como *La vergonzosa normalización del discurso de la extrema derecha*. Este nuevo subtítulo es un buen resumen de lo sucedido en el discurso político desde la victoria de Trump, con su efecto mimético en Brasil, en distintos países de Europa y en otros países de América Latina.

De acuerdo con lo explicado por el filósofo del lenguaje Jason Stanley en *Cómo funciona la propaganda*, la principal táctica retórica de Trump para su victoria en 2016, con toda probabilidad replicada en su campaña presidencial contra la candidata demócrata Kamala Harris, fue la "propaganda autoritaria". Este tipo de propaganda es, según Stanley, necesaria especialmente para explotar y fortalecer lo que denomina "ideologías defectuosas", en las que la deliberación racional se vuelve imposible. Dicha práctica está estrechamente relacionada con la desinformación o la pseudocracia, hoy conocidas popularmente bajo la etiqueta *fake-news*, consustanciales a la forma de comunicar de Trump. De acuerdo con Stanley, la propaganda autoritaria consiste en la fabricación de relatos ficcionales para explicar el origen de los problemas de la gente e inventar soluciones aparentemente sencillas para ellos. Se señala, además, la existencia de una conspiración de una élite corrupta que es la responsable de los problemas del país, sin importar que el enunciador de dicho discurso sea alguien con un inmenso poder económico y político que se presenta a sí mismo como un *outsider* ajeno a dichos poderes. De hecho, Trump, como la práctica totalidad de los líderes de la extrema derecha hoy, se exhibe ante sus votantes como candidatos *antiestablishment*. Este tipo de propaganda es creída porque funciona como una vía de escape en medio de las numerosas crisis que acechan al individuo en la actualidad, algo de lo que hubo numerosos ejemplos durante la pandemia de Covid-19 y en lo que, según Stanley, entroncaría, precisamente, con el discurso fascista.

FASCISMO MUTANTE Y FASCISMO PERSISTENTE

En su célebre conferencia de 1995, *Ur-fascismo?*, el semiólogo y escritor italiano Umberto Eco planteó una serie de preguntas que siguen siendo pertinentes para estudiar el discurso de la extrema derecha actual: ¿existe un fascismo eterno? ¿Qué elementos fascistas perduran y cuáles mutan? ¿Nos enfrentamos hoy a un tipo de discurso eminentemente fascista? En torno a las respuestas a estas preguntas hay, al menos, dos consensos. El primero es reconocer su *aggiornamento* (actualización) ideológico para ir mutando tras su derrota bélica en 1945 en otras formas y a lo largo de diferentes etapas, hasta llegar al presente. Las diferencias tanto del contexto histórico como del fenómeno en sí son tan amplias que prácticamente todos los especialistas coinciden en que el fenómeno del fascismo de entreguerras es contexto-dependiente y en que no puede explicarse 100 años después sin atender a sus adaptaciones y transformaciones. Los cambios han sido, naturalmente, diversos, pero destacamos por su importancia tres: la pérdida de potencia del movimiento obrero y del socialismo que el fascismo nació para derrotar, la actual hegemonía neoliberal y la revolución tecnológica y digital. Sin embargo, no es menos cierto que hay elementos que permanecen y parecen, en efecto, *eternos*: nacionalismo identitario, autoritarismo, antiigualitarismo y persecución de la izquierda, racismo y xenofobia, personalismo, exaltación de las emociones o antiintelectualismo son ejes que siguen presentes hoy en los discursos de las nuevas (o ya no tan nuevas) extremas derechas. Hay, en cambio, otros elementos que emergen, o se recontextualizan, como la islamofobia, el antifeminismo y el discurso contra las personas LGTBI, el feminacionalismo y el homonacionalismo o el rechazo a la globalización y al multiculturalismo, de todos los cuales se hablará más adelante.

Uno de los elementos que mayor efecto distorsionador ha tenido en este periodo histórico, y que más aleja las características discursivas del fascismo de entreguerras de las del movimiento reaccionario actual, es la circulación de bulos, pseudoinformación y mensajes antipolíticos a través de redes sociales y plataformas de mensajería a gran velocidad y con enorme alcance social. Si bien, como estudió Hannah Arendt (1951), la propaganda y el control de los medios de comunicación de masas de la época fue uno de los elementos centrales en la política del partido nazi, con Joseph Goebbles al frente de un ministerio creado *ad hoc*, la revolución digital ha propiciado un tipo de relación directa y sin filtros, no sometida a mecanismos de verificación, con millones de personas en distintos rincones del mundo a las que antes era muy difícil hacer llegar un mismo mensaje. En el postnazismo circuló una frase que afirmaba que no podía culparse a la radio de la llegada de los nazis al poder, y ciertamente tampoco se puede responsabilizar a las redes sociales (¡ni a los jóvenes!) del avance de la ultraderecha en el siglo XXI. No obstante, no deja de ser verdad que las nuevas formas de comunicación digital están siendo explotadas con enorme éxito por el movimiento reaccionario global.

Los nuevos medios de comunicación social fueron potenciados por la *alt-right* (derecha alternativa) estadounidense, afín a Trump, por su capacidad para crear comunidades virtuales y hacer circular mensajes sin pasar por los filtros y los sistemas impuestos por los medios tradicionales. La utilidad de las redes sociales, perfeccionadas por una figura experta en marketing y comunicación como Steve Bannon, sacudieron el tablero político desde la campaña presidencial de 2016. Su eficacia y efectos en el presente se siguen haciendo notar con la irrupción de *outsiders* de la política que, sin cobertura mediática tradicional de ningún tipo, han irrumpido electoralmente a través de su presencia en redes y plataformas digitales. Tal es el caso de los resultados en las últimas elecciones europeas de figuras como el agitador ultraderechista Luis Pérez Fernández "Alvise" y su agrupación de electores Se Acabó la Fiesta (SALF), que obtuvo tres escaños a través de un canal de Telegram con medio millón de seguidores, o del *youtuber* y *tiktoker* chipriota Fidias Panayotou, que fue tercera fuerza política con un 19.20% de los sufragios. Todo lo anterior justifica la denominación "extrema derecha 2.0", acuñada por Steven Forti en 2021.

Historiadores como Roger Griffin (1998), Enzo Traverso (2018), Robert Paxton (2019) o el propio Forti (2021); analistas del discurso y lingüistas como Ruth Wodak (2021), Enrique del Teso (2022), Luisa Martín Rojo (2023) y Teun Van Dijk (2024); sociólogas y filósofos como Beatriz Acha (2021), Michael Löwy (2023) o Alberto Toscano (2023) y periodistas especialistas en extremas derechas como Miquel Ramos (2021 y 2022), Pablo Stefanoni (2021), Jordi Borràs (2022) o Alba Sidera (2023) coinciden en señalar que no puede analizarse la reacción y reagrupamiento global de las derechas de este siglo desde los parámetros que explican el auge del fascismo en los años 30 del XX. Esta reflexión es también compartida por el activista y político Miguel Urbán (2024) en *Trumpismos*, una amplia radiografía de las nuevas derechas radicales, que sostiene la tesis de la fuerte impronta del mandato de Donald Trump en el *revival* reaccionario global del presente, la cual adoptamos también en este ensayo. Los citados autores y autoras coinciden, por tanto, en que en cada país y formación política existen diferencias en cuanto a los principales ejes y estrategias por su adaptación a los contextos nacionales, cambiantes según la coyuntura política del momento. Cada país da vida a la extrema derecha que necesita, como recoge Forti, mientras que Stefanoni insiste en que no toda la ultraderecha actual hunde sus raíces en la matriz fascista. A esto se añade el problema señalado por Beatriz Acha de que hay más gente que piensa hoy como la ultraderecha que la que *de facto* vota por ella, por no hablar de que muy poca gente está dispuesta, *a priori*, a definirse como "de extrema derecha". Por todo ello, parece de sentido común evitar un excesivo historicismo a la hora de analizar un fenómeno sujeto, necesariamente, a factores contextuales en rápida mutación.

Alba Sidera (2023) ha analizado el ascenso y victoria del partido posfascista de Giorgia Meloni en Italia explicando que uno de los cambios más sustanciales de la nueva ola reaccionaria es que el fascismo no esté mal visto y se perciba con buenos ojos. Para ello, la imagen externa y el discurso se convierten en elementos fundamentales. "Estoy haciendo un gran esfuerzo por parecer moderada, pero a veces me enciendo", confesó Meloni durante su campaña electoral de 2022, tras la viralización de uno de sus mítines en el que subió el tono para proclamar que quería que sus votantes dejaran de disimular lo que piensan "por miedo a que les echen del trabajo y que defiendan sus ideas con la cabeza bien alta". La normalización del fascismo, principal "implicatura política" (Van Dijk, 2004) de este discurso de Meloni, no puede hacerse con las formas comunicativas de las dictaduras comisariales de acusado tono marcial. El discurso del autoritarismo actual no es el del fascismo de camisa negra y correajes, es el del neoliberalismo autoritario, convenientemente adaptado al contexto histórico y económico presente. Es interesante observar, en este sentido, cómo el partido de los Le Pen ha pasado por fases diversas en esa adaptación, desde la posición de enunciación republicana de Marine Le Pen tras suceder a su padre, Jean-Marie, en el Frente Nacional, hasta la elección del llamado "rostro aseado de la extrema derecha francesa", Jordan Bardella, como joven candidato de su nueva marca, Reagrupamiento Nacional.

Por añadidura, moldear y suavizar las externalidades comunicativas se ha demostrado una medida eficaz para acercar hacia los proyectos del neoliberalismo autoritario a quienes sufren la precariedad y la desafección por la política como consecuencia de las recurrentes crisis del capitalismo. De hecho, la normalización de las fuerzas de la ultraderecha experimentada en Europa ha estado mediada por este formateo discursivo y estético. Miquel Ramos ha investigado cómo una de las estrategias que más favoreció la normalización de un proyecto de origen neonazi como Hogar Social Madrid fue mostrarse al público sin el menor rastro de simbología de extrema derecha; usar una nueva retórica en sus lemas ("Culpables de ayudar a nuestra gente", "Mantenerse en pie en un mundo en ruinas" o "Revuelta contra el mundo moderno"); o que su líder fuera una mujer joven (Ramos, 2022: 431-432). No obstante, el desplazamiento de la ventana de Overton hacia la aceptabilidad del discurso abiertamente fascista es cada vez más evidente: la apología del nazismo que durante las últimas campañas electorales ha hecho Alternativa por Alemania o los pogromos contra inmigrantes en Inglaterra el verano de 2024, alentados por grupos de ideología neonazi en las redes sociales, dan cuenta de que los grandes tabúes discursivos de la extrema derecha empiezan a dejar de serlo.

De igual modo, la creciente presencia de mujeres en las fuerzas políticas de este espectro es otro hecho que hemos analizado en trabajos previos (Polo-Artal y Camargo, 2023; Camargo y Polo-Artal, 2024), también relacionado con la necesidad de actualizar y modernizar a las formaciones del campo político de la (ultra)derecha[1]. Finalmente, como han señalado diversos especialistas en análisis crítico del discurso, la entrada de las ideas de la extrema derecha en el *mainstream* informativo y social, a partir de su circulación en medios de comunicación convencionales y redes sociales, ha sido reforzada por la normalización de su discurso por parte de los líderes de las derechas tradicionales en un fenómeno que se conoce como "radicalización del discurso de las derechas" (Wodak, 2021; Krzyżanowski y Ekström, 2022). Los discursos de defensa y justificación de los pactos de gobernabilidad del Partido Popular con Vox en ayuntamientos y gobiernos autonómicos –rotos con posterioridad por la extrema derecha de Santiago Abascal– son un ejemplo de ello.

Sobre la denominación del fenómeno y debido a la gran cantidad de discusiones disponibles al respecto, la decisión adoptada ha sido usar varias de ellas casi de manera indistinta, dado que lo que se persigue no es encontrar la manera más precisa de llamar a las formaciones de la ofensiva reaccionaria, sino conocer mejor su estilo comunicativo. Aparecerán a menudo denominaciones del epifenómeno como "ola reaccionaria global", "ofensiva reaccionaria", "internacional reaccionaria" o,

---

[1] Se usa aquí, y en adelante, el paréntesis en *ultra* en el mismo sentido que lo hace Víctor Sampedro (2023), para evidenciar la existencia de vasos comunicantes entre partidos conservadores clásicos y la extrema derecha actual.

siguiendo a Juan José Tamayo (2020), "internacional del odio". No usaremos con su significado habitual, sin embargo, por las razones que se explican en el primer capítulo, la expresión favorita en la academia, "populismo" / "populista", una de las más importantes palabras políticas del siglo XXI, aunque al aparecer en tantas publicaciones sobre el tema, sí se referenciará a lo largo del libro. Como se ha adelantado, no usaremos el término "fascista" para los proyectos actuales de extrema derecha, pues hay quienes incluso buscan reapropiarse del término, connotándolo positivamente, en línea con otro fenómeno característico del trumpismo discursivo: la normalización y banalización del fascismo. A esta dinámica también se ha sumado en alguna ocasión la Presidenta de la Comunidad de Madrid y miembro del Partido Popular Isabel Díaz Ayuso, afirmando: "Cuando te llaman fascista es que lo estás haciendo bien"[2].

ESTRUCTURA DE LA OBRA

El libro contiene cinco capítulos, unas reflexiones finales y la bibliografía manejada para documentar el estudio. En el capítulo primero, "El análisis crítico del discurso de la extrema derecha", se fija el marco teórico y epistemológico, abordando la explicación de los ejes definitorios del análisis crítico del discurso, así como sus autoras y autores principales. Se abordan aquí dos aspectos fundamentales para el trabajo, como la caracterización del discurso de la extrema derecha y el papel de los imaginarios sociodiscursivos en la construcción de la ideología y el sentido común reaccionarios.

El capítulo segundo, llamado "Las pasiones movilizadoras del discurso fascista de entreguerras", presenta, en primer lugar, una caracterización del fascismo de los años 30 y del discurso

---

[2] *El Mundo*, 15/03/2021: https://www.elmundo.es/madrid/2021/03/15/604f385 421efa0312d8b4659.html.

antiestablishment como pose retórica. A continuación, se realiza un análisis crítico del discurso nacionalista totalitario de entreguerras a partir de fragmentos de autores de la época que reflejaron en sus textos reflexiones sobre la dimensión lingüística y comunicativa del discurso fascista, como Victor Klemperer, León Trotsky, Primo Levi, Hanah Arendt, George Steiner o Umberto Eco. Este capítulo se cierra con un análisis del discurso reaccionario del nacionalcatolicismo español.

El capítulo tercero, titulado "La ofensiva reaccionaria del siglo XXI", ofrece un análisis de los discursos del contexto en el que nace la ola de extrema derecha actual, describiendo los *shocks* globales del neoliberalismo en el primer cuarto de siglo: el 11S, la guerra contra el terror y el 11M; la Gran Recesión, su gestión austericida y las consecuencias políticas de todo ello; la pandemia de Covid-19, el auge conspiranoico y el asalto al Capitolio, y, finalmente, los nuevos consensos de guerra. Se tratan a continuación los pilares discursivos de la ola reaccionaria, con el retorno de los nacionalismos excluyentes, el papel de Trump como (re)activador de la desconfianza en la democracia o el de las iglesias pentecostales y el individualismo. Para cerrar este capítulo, se abordan brevemente las nuevas caras del neoliberalismo autoritario en América Latina, la ola paleolibertaria y las autocracias electorales en Estados Unidos y Europa, terminando con la "lepenización de los espíritus" en España.

En el capítulo 4, "La comunicación política en la era postdigital", se explora el impacto de la tecnología digital en la comunicación humana, empezando con la relación de la extrema derecha con las redes sociales, continuando con la pseudopolítica y los bulos como parte del capitalismo digital, el *timing* y el marketing político, el *free speech* y los discursos de odio, y finalizando con la neolengua neoliberal.

El capítulo 5, el más extenso de la obra, trata, por último, de la definición, los orígenes, los antecedentes y las finalidades del trumpismo discursivo. Se explica el impacto en el discurso político de la llegada de Donald Trump al poder, con la influencia de Steve Bannon en el discurso reaccionario y en las diferentes estrategias comunicativas propuestas y desplegadas por Trump, con especial atención a los bulos, la retórica *outsider* y la propaganda autoritaria. Se exponen después los rasgos lingüísticos y discursivos del trumpismo discursivo, como sus ejes temáticos, su dimensión del disfrute y la transgresión y su estructura sintáctica y textual. Para terminar, se explican los efectos del trumpismo discursivo y algunas de sus manifestaciones en la política española, abarcando desde la descortesía parlamentaria al insulto, la mentira y el *algospeak*.

Al capítulo de "Reflexiones finales", le sigue la extensa Bibliografía utilizada para documentar la investigación, con la intención de que pueda servir de guía a las lectoras y lectores que quieran profundizar sobre los diferentes aspectos tratados a lo largo del ensayo.

Últimas consideraciones previas

Una de las principales dificultades de este libro ha sido intentar aportar nuevos elementos de análisis y reflexión a uno de los temas de investigación y debate del momento, del que cada día aparecen nuevos ejemplos o nuevas publicaciones académicas y periodísticas. Se trata, además, de un tema que está siendo abordado desde muy diferentes disciplinas, y que, por sus implicaciones, trasciende el marco de las disquisiciones académicas. Dos de los retos a la hora de desarrollar este trabajo han sido, en primer lugar, ofrecer una fotografía fija de un objeto en constante movimiento y mutación como es el discurso político del tiempo presente; en segundo lugar, ha sido extremadamente difícil ponerle fin, a sabiendas de que todo lo que aquí se trata seguirá en transformación desde el momento del punto final. Este libro ha necesitado, desde su primera versión, de varias actualizaciones y aun tras la última realizada, persiste la sensación de que necesitará de otra revisión en varias de sus partes tras enviarlo a la imprenta. Pero, sin duda, el aspecto más complejo ha sido la consciencia de que mientras este libro se escribía, en diversos lugares del planeta, pero también muy cerca de donde se firman estas líneas, muchos seres humanos sufrían las consecuencias del racismo, del supremacismo, de la misoginia, de la homofobia o del clasismo, que son algunas de las posibles caras del poliedro de la reacción autoritaria actual cuya vertiente discursiva se analiza aquí.

Antes de acceder al contenido de este libro, quisiera también avisar de que no podemos estudiar el nuevo orden discursivo del autoritarismo reaccionario sin entender que la partida se está jugando con las cartas marcadas, con un funcionamiento que, como se ha dicho, va en contra de la mesura comunicativa y que premia el escándalo, el insulto, la mentira, el desprecio y la humillación. Esto significa que la desmesura que se observa hoy tanto en representantes institucionales como en las redes del ecosistema de *influencers* y creadores de contenido de este ámbito ideológico es favorecida por la esencia misma de esas redes y esos medios. Por eso no debemos extrañarnos ante la sensación de que los representantes de las nuevas derechas van sin carnet a 180 por la autovía saltándose todas las señales de tráfico, mientras que desde la izquierda se conduce con la L, mirando a todos lados, con miedo a equivocarse y a saltarse el próximo STOP. Cabe partir de la asunción de una derrota parcial: es imposible ganar la carrera así. Pero es todavía más importante saber que ganar en las redes sociales no debe ser un fin en sí mismo. De lo que se trata es de cambiar el sentido común dominante, en buena medida construido mediante el discurso, fuera de ellas. Comprender dónde estamos y qué queremos conseguir es el primer paso para conjurar el trumpismo discursivo y su vertiente más extrema, la política trol.

La segunda cuestión importante es que al escribir este texto se ha rehuido, algunas veces, de las estrictas convenciones que impone la escritura académica en aras de la claridad, sin renunciar por ello en ningún momento al rigor que un ensayo de estas características requiere. Aunque es fruto de años de observación, lecturas, investigación, experiencia, y bebe de algunos de nuestros trabajos previos con enfoque empírico sobre el tema, no busca ser una aportación únicamente académica. Pertenezco al cada vez más reducido grupo entre el profesorado universitario que, a pesar de las crecientes trabas burocráticas y de todo tipo que enfrentamos a diario, considera que en la universidad debería seguir fomentarse el pensamiento crítico, por un lado, y buscar que nuestro trabajo tenga retorno hacia la sociedad, por otro. Investigar desde perspectivas comprometidas de la lingüística, como el análisis crítico del discurso o la sociolingüística, facilita tanto el compromiso como el retorno, así como la consideración de que una imposible "neutralidad ideológica" es a menudo signo de complicidad con las injusticias.

A partir de la experiencia en la política parlamentaria, como diputada y portavoz, y tras la vuelta a la investigación y al activismo social, he querido considerar cómo un trabajo de estas características podía contribuir a proteger y ampliar conquistas sociales que, tras siglos de luchas, se encuentran hoy bajo amenaza por el repunte de la reacción autoritaria. Ello también implica romper la barrera entre el público académico y otros públicos, buscando conectar esta investigación con la sociedad y haciendo una suerte de activismo académico, más allá de los *papers* en revistas científicas de impacto y primer cuartil que los organismos de acreditación estatales nos obligan a publicar. Como profesora que está en contacto cada curso con estudiantes jóvenes que tendrán que enfrentar la austeridad o la precariedad en plena emergencia climática, este libro también se dirige con esperanza a ellas y ellos, así como al profesorado de secundaria que ejerce su magisterio con la generación de mis sobrinos. Finalmente, busca con modestia agitar conciencias y hacer salir de la indiferencia a quienes miran con distancia y cierto divertimento a los protagonistas de la ofensiva reaccionaria en sus televisores o teléfonos móviles, sin atender a lo que su acción política supone ya hoy para millones de personas en este mundo.

En definitiva, se trata de una obra dirigida a un público multigeneracional, no necesariamente especializado, y a personas que trabajan en el ámbito del análisis del discurso y de la comunicación política desde perspectivas no solo académicas. Las voces y referencias que aparecen en el texto aportan una gama diversa de enfoques, con vocación antidogmática, desde una posición claramente comprometida. Se pretende con ello ayudar a conocer mejor la esencia y los peligros de los discursos reaccionarios y excluyentes que nos rodean, desenmascarándolos, para poder, así, hacerles frente mejor.

Capítulo I.
Análisis crítico del discurso de la extrema derecha

Gutta lapidem cavat non vi sed saepe cadendo.[3]
OVIDIO (siglo I d.C)

Nuestra civilización está en decadencia y nuestro lenguaje –así se argumenta– debe compartir inevitablemente el derrumbe general.
GEORGE ORWELL (1946)

1. EL ANÁLISIS CRÍTICO DEL DISCURSO

Este estudio se enmarca en la tradición analítica y epistemológica del análisis crítico del discurso (ACD), que persigue acercar conscientemente los estudios de lenguaje a las demás ciencias sociales, alejándose del tipo de encuadre que a menudo opera en los paradigmas lingüísticos del formalismo. Los orígenes teóricos del análisis crítico del discurso se sitúan principalmente en la obra de pensadores neomarxistas occidentales, como Antonio Gramsci, Louis Althusser o los miembros de la Escuela de Frankfurt. De acuerdo con este paradigma, las palabras no son un reflejo pasivo de la realidad, sino que, siguiendo las ideas del lingüista ruso Valentin Voloshinov (1929) y del Círculo de Bajtin, se considera que los signos lingüísticos son ideológicos y no arbitrarios, por lo que juegan un papel activo en la construcción y la comprensión del mundo. Para el ACD,

---

[3] "La gota horada la piedra no por su fuerza, sino por su constancia en la caída".

a través de los signos lingüísticos creamos y compartimos significados mientras que, a la vez, las ideas y conceptos sobre el mundo son moldeados y mediados por el propio lenguaje.

De acuerdo con uno de sus principales exponentes, el lingüista neerlandés Teun van Dijk (2016), los analistas críticos del discurso toman una posición explícita para entender, exponer y desafiar de manera fundamentada el abuso de poder y la desigualdad social. Esta es también la razón por la cual caracteriza el ACD "como un *movimiento social*[4] de analistas discursivos políticamente comprometidos" (Van Dijk, 2016: 204). Ello no significa renunciar al análisis lingüístico de los textos ni a la consideración de los procesos cognitivos involucrados en la interpretación de los discursos (Chilton, 2004; de Santiago Guervós, 2005), así como en la propia noción de ideología (Van Dijk, 2003 y 2024). Sin embargo, el ACD no es un método especial para el análisis del discurso, dado que todos los métodos interdisciplinarios de los estudios discursivos, así como otros métodos relevantes de las humanidades y las ciencias sociales, pueden ser utilizados para su desarrollo (Wodak y Meyer, 2001). Los también llamados estudios críticos del discurso (ECD) se caracterizan, en efecto, y como ya advirtiera la lingüista colombiana Neyla Pardo, por su carácter marcadamente interdisciplinario y su necesario anclaje contextual:

> Los orígenes de los ECD se remontan a la retórica clásica, y en el siglo XX, a la texto-lingüística, la sociolingüística, la lingüística antropológica, la semiótica, las ciencias cognitivas y los desarrollos de disciplinas como la semántica y la pragmática, entre otras. Las categorías que orientan esta posición teórica proceden de disciplinas de las ciencias humanas y sociales e incluye nociones como ideología, poder, jerarquía, género e identidad, entre otras, que, junto con conceptos que

---

[4] Con cursiva en el original.

proceden de la sociología, la psicología cultural y cognitiva y la antropología, son relevantes para la explicación e interpretación del discurso, en sus usos auténticos y en el marco de la cultura (Pardo, 2012: 44).

Diego Palacios y sus colaboradores (2019) recuerdan que este campo se basa en los principios de la lingüística sistémico-funcional de Michael Halliday (1994), quien sostiene que el lenguaje opera en tres perspectivas: la ideacional, creando representaciones del mundo y de las experiencias; la interpersonal, facilitando la interacción social; y la textual, uniendo las partes de un texto en un todo coherente y situándolo en contextos específicos (Palacios et al., 2019: 6). Dentro de los estudios críticos del discurso existen diversos enfoques, entre los que destacan la perspectiva sociolingüística de Teun van Dijk y Luisa Martín Rojo; el enfoque sociohistórico de Ruth Wodak y Martin Reisigl; el análisis semiótico multimodal de Gunther Kress y Theo van Leeuwen; el enfoque cognitivo de Paul Chilton y el análisis crítico del discurso, propiamente dicho, del lingüista británico Norman Fairclough, a quien se tiene por fundador de la corriente.

En términos generales, los estudios críticos del discurso (ECD) se nutren de los desarrollos de Michel Foucault (1969, 1970) y sus elaboraciones sobre la relación entre saber y poder, así como sobre el papel regulador del discurso en la vida social. En conjunto, se entiende que los discursos forman sistemas enunciativos que definen qué se puede decir y qué es mejor decir de forma no explícita o no decir, en un contexto social y temporal específico. En el marco del ACD, son fundamentales, por tanto, las consideraciones foucaultianas sobre las reglas de producción del discurso, controladas, seleccionadas y redistribuidas en cada sociedad para estructurar lo que es posible enunciar y lo que queda condenado al silencio. En este sentido, el análisis crítico opera también para hacer emerger aspectos que van más allá de lo hipervisible en la esfera pública oficial, poniendo luz en lo invisible o no oficial.

Por ejemplo, y como alertaba Alisa Miller en su célebre charla TED de 2008, *The news about news*, el 79% de las noticias de las principales agencias de todo el mundo eran sobre los Estados Unidos, señalando el consiguiente peligro de amplificar de manera acrítica la importancia de lo que allí sucede solo por su hipervisibilidad. Recibimos mucha más información, sobre todo del ámbito de lo político, de lo que sucede en Francia o Alemania que de lo que acontece en la India o en la vecina Portugal, mientras que la selección de los temas está siempre condicionada por los criterios de noticiabilidad, controversia y línea editorial del medio (siempre ideológica). En este sentido, las noticias que recibimos de la Palestina ocupada nunca informan de su ancestral y rica cultura, ni de su espectacular tasa de alfabetización del 97,84% -una de las más altas de la región y del mundo[5]-, sino de su condición de zona devastada en medio de un conflicto que se califica de "eterno". Asimismo, las personas palestinas son indefectiblemente presentadas como "víctimas" o como "verdugos", pero no como estudiantes, médicas, artistas o ingenieras.

Una idea básica y de consenso del ACD es la definición de discurso como "práctica social" expresada a través de signos. Se sigue en esto la propuesta Fairclough (2001), quien siempre ha insistido en la naturaleza ideológica del signo lingüístico, en su vínculo con la sociedad y en su relación dialéctica con la realidad. De acuerdo con el lingüista británico, el discurso no es solo un texto con unas características formales concretas, sino una pieza de práctica discursiva y, a la vez, una práctica social. Los estudios críticos del discurso analizan de manera transdisciplinar, en suma, las dimensiones discursivas, semióticas y lingüísticas de la realidad social, centrándose en cómo se usa y

---

[5] *Expansión*, 04/08/2024: https://datosmacro.expansion.com/demografia/tasa-alfabetizacion/palestina.

en qué funciones cumple el lenguaje en los procesos y eventos que estructuran las sociedades capitalistas actuales, investigando, especialmente, los discursos de la globalización y el neoliberalismo (Fairclough, 2006 y 2014; Flowerdew y Richardson, 2018; Martín Rojo y del Percio, 2019). Los estudios de Fairclough (2000 y 2001) en los que, a partir del análisis crítico de los discursos de Margaret Thatcher y Tony Blair, se confronta y desmitifica la ideología neoliberal, son paradigmáticos dentro de la corriente.

Partiendo de las aportaciones de Kress y Van Leeuwen (2001), estos análisis consideran también que el discurso es multimodal, es decir, que los significados semióticos se crean y comunican no solo a través del lenguaje escrito o hablado, sino también a través de otros modos, como las imágenes, el diseño gráfico, el color, el sonido y la disposición espacial. Como campo de estudio, la multimodalidad se centra, por tanto, en las propiedades comunes entre los diferentes modos semióticos, y la manera en que estos se integran en textos multimodales y eventos comunicativos. Al hacerlo, toma prestados conceptos y métodos del análisis del discurso, pero también se inspira en otras disciplinas relevantes, como la teoría del arte y el diseño. El interés contemporáneo por esta perspectiva se vio estimulado por la creciente multimodalidad de la comunicación contemporánea, evidentemente, también en el ámbito de la política, en donde la gestualidad, la entonación, la vestimenta o, más recientemente, los memes son tan importantes como el lenguaje verbal (Gerbaudo y Moreno, 2023). El análisis multimodal ha dado lugar a investigaciones sobre su funcionamiento persuasivo en la publicidad (Camargo Fernández et al., 2009) –ámbito que comparte numerosos elementos con el discurso político–, en los estudios sobre la comunicación no verbal de políticos y figuras públicas (Cestero Mancera, 2014), así como en el análisis del silencio en la comunicación humana (Méndez Guerrero, 2024).

Desde estos preceptos, como resumen Palacios et al. (2019: 6), los autores y autoras de los ECD sostienen que un rasgo particular de las sociedades capitalistas contemporáneas es que las relaciones de poder tienen una naturaleza parcialmente discursiva. Por esta razón, asumen que el discurso cumple una función ideológica tanto en la producción y mantenimiento de las relaciones de poder, como en la generación de posibilidades de transformación. Así, el interés común es comprender cómo la ideología puede articular representaciones semióticas y lingüísticas específicas que, a su vez, promueven construcciones particulares de identidades y relaciones entre individuos, grupos y organizaciones (Fairclough y Wodak, 2000). Esta naturaleza dialéctica, social e interdisciplinaria del ACD lo convierte en un marco epistemológico idóneo para el análisis del trumpismo discursivo.

2. ANÁLISIS CRÍTICO DEL DISCURSO POLÍTICO

Por su interés en la dimensión discursiva de la ideología, la manipulación y las relaciones de poder, el ACD se ha utilizado profusamente para el análisis del discurso político. La noción misma de discurso político sigue siendo objeto de debate y no se encuentra entre los objetivos de este ensayo participar del mismo, por lo que adoptamos una definición estrecha del campo de análisis, que creemos se ajusta a los fines de este libro. Consideramos con la analista del discurso argentina Emilia Narvaja de Arnoux que el discurso político es "aquel que surge en el marco de actividades sociales destinadas a alcanzar, gestionar o defender el poder, que se inscribe en géneros asociados tradicionalmente con aquellas, sostenido por locutores legitimados institucionalmente y que responde a los temas de la agenda pública" (Narvaja de Arnoux, 2021: 733). Nos alejamos, no obstante, de definiciones más antiguas que consideraban que el discurso político debía enunciarse en un contexto institucional fijo con una finalidad claramente política[6]. Esto se justifica por el hecho de que, en el trumpismo discursivo, las finalidades no son únicamente políticas, sino que están orientadas a provocar, polarizar, escandalizar, viralizarse en las redes sociales y, finalmente, lograr influencia social (Wodak, 2015; Martín Rojo y Elvira Ruiz, 2019; Camargo Fernández, 2023).

Más adelante se explicarán algunas de las características destacadas del ecosistema de *influencers* y creadores de contenido de la ultraderecha, como la selección temática o la agresividad y descortesía verbales propias de su discurso, pero en este trabajo no se estudian las interacciones de personas usuarias anónimas o de los *bots* de redes sociales y plataformas sin cargo público institucional, que se hacen eco y amplifican los mensajes de la ola reaccionaria. Por su relevancia en la circulación de los imaginarios sociodiscursivos del neoconservadurismo, así como por las peculiaridades discursivas de los popularmente conocidos como "fachatubers" (Cuevas y Bou, 2024) y su nicho misógino, la "manosfera" (García-Mingo y Díaz, 2022), consideramos que el análisis crítico del discurso de estos perfiles merece estudios independientes en profundidad. La necesidad de ir más allá del análisis del discurso de figuras políticas prominentes y poner el foco de atención en los variados tipos de actores que participan en la política, en los discursos que producen y los que ponen en circulación, los diálogos en los que participan, las redes de relaciones que establecen, sus textos, pensamientos y acciones ha sido señalada por analistas del discurso como Adriana Bolívar y Carmen Llamas (2022) y es un asunto todavía en desarrollo dentro de los estudios del discurso político de la ofensiva reaccionaria.

---

[6] Véase una discusión detallada sobre diferentes definiciones de discurso político en Blas-Arroyo (2011: 21-24).

2.1. EL DISCURSO POLÍTICO EN EL POSTESTRUCTURALISMO

Partiendo de las ideas del filósofo y psicoanalista francés Jacques Lacan (1973), para quien el discurso es el medio donde se disputa el sentido de los afectos, pero también la producción misma del sentido de todo lo que existe, el teórico político argentino Ernesto Laclau explicaba en *La razón populista* que la política tiene su propia lógica y dinámica interna, independiente de otras esferas cruciales en la estructura de las sociedades, como la economía, la cultura o la moral. Para Laclau (2005a) la política es, en gran medida, un acto discursivo, en el cual el lenguaje juega un rol central tanto para la formación de identidades políticas como para la lucha por la hegemonía cultural. La articulación de las demandas insatisfechas en el populismo, según el filósofo postmarxista, se realiza uniendo bajo un mismo "significante vacío", como "el pueblo" o "la casta", diversos significados con los que se puede llegar a movilizar a distintos grupos sociales. En esta dinámica, el líder populista actúa como un representante del pueblo, articulando un discurso político que promete la inclusión y la resolución de dichas demandas insatisfechas (Laclau, 2005a). De este modo, se llega a la centralidad del discurso político, con el que las narrativas y el lenguaje pueden crear nuevas realidades políticas, independientes, por ejemplo, de las relaciones económicas y, por tanto, de la estructura de las clases sociales, de los intereses morales y de las diferencias culturales. Esta separación de intereses se traduce en la concepción del poder político como un ente movilizador en torno a símbolos y significantes que trascienden las esferas tradicionalmente analizadas en el materialismo histórico.

Las ideas de esta obra de Laclau vendrían a ser algo similar –metafóricamente hablando– a un "populismo mágico" por el que el discurso alcanzaría *per se* un poder transformador y emancipador alejado en todo de otros conflictos ocasionados en las esferas de la clase, la cultura o la moral. A ello se sumarían –como explica el profesor de filosofía política Stathis Kouvelakis– unas no menos mágicas

> "leyes endógenas de desarrollo", que podrían garantizar la destrucción del sistema, mediante su propio hundimiento o como resultado de la no menos mítica misión revolucionaria del proletariado; de otro, la comprensión de la sistematicidad en tanto que "construcción hegemónica", efecto totalmente contingente de dispositivos discursivos (Kouvelakis, 2019).

Influido por su experiencia en una corriente socialista del movimiento peronista de su país, tanto Laclau como el denominado populismo de izquierda (el latinoamericano y español) critican la visión "clasista-fundamentalista del mundo social". Desatienden, así, aspectos esenciales de la estructura de las sociedades postcapitalistas, como el propio hecho de que estas teorías a-clasistas surgen en momentos históricos de retroceso (*thatcherismo*, *pinochetismo*), en donde lo que la ofensiva reaccionaria pretende es un rearme de las clases dirigentes y una derrota del movimiento obrero y sindical; o como los procesos de deslocalización y relocalización, que han supuesto una nueva división internacional del trabajo y del mercado (Jaén Urueña, 2015). El populismo de izquierda considera que la teorización de clase social en clave marxista no es adecuada, dado que las clases sociales son "sujetos construidos", y que del mismo modo que la idea de clase trabajadora se construye, puede construirse la idea de "pueblo" y la idea de "casta" a través de su articulación discursiva. Cifran, en suma, en el discurso y en la hegemonía cultural que el discurso garantizaría la idea de construcción de una democracia radical (Errejón y Mouffe, 2015). Pero si hay algo que los últimos 10 años han mostrado al mundo no es, precisamente, la radicalización de la democracia ni la hegemonía de sus planteamientos, sino la existencia de un *backlash* antidemocrático (Norris e Inglehart, 2019), la reafirmación de los valores del neoliberalismo nihilista y su radicalización (Brown, 2021 y 2023). En la guerra de posiciones gramsciana, tantas veces aludida por los teóricos del populismo, hoy va ganando la partida el neoliberalismo autoritario.

2.2. EL POPULISMO COMO UN TIPO DE DISCURSO

Son ya diversos los analistas del discurso que, ante el uso indiscriminado e impreciso del término, se han decantado por la consideración del "populismo" no como una categoría política o una ideología (gruesa o delgada)[7], sino como un estilo comunicativo y retórico concreto[8]. Nos sumamos, en este sentido, a la línea del lingüista francés Patrick Charaudeau (2009) y a la de Teun van Dijk (2024), quien en su último trabajo afirma atinadamente[9]:

> With others, we'll argue that populism is not an ideology (thick or thin). Because parties cannot, and should not, be characterized by their discourse structures, it does not make sense to speak of "populist parties", nor of "populist ideas". Moreover, not all radical right parties exhibit populist discourse structures, at least not in their official discourses such as election programs. As is the case for underlying ideologies, such as those of nationalism or racism, radical right discourse is

---

[7] Cas Mudde (2007) definió el populismo como una *thin ideology* (ideología delgada), contraponiéndolo a ideologías gruesas como el socialismo o el fascismo.

[8] Véase un resumen de otras investigaciones en las que se considera el populismo como un tipo de retórica antielitista, y no como una ideología ni una estrategia política, en Sánchez García (2021: 50).

[9] Agradezco al profesor Teun van Dijk su amabilidad y generosidad al hacerme llegar el manuscrito de este trabajo, titulado *Discourse and Ideologies of the Radical Right*, de próxima publicación en la serie Cambridge Elements, de Cambrigde University Press, un texto de enorme interés para los estudios del discurso y de la ideología comparada. Debido a que el libro no ha sido publicado todavía, no es posible ofrecer el número de páginas.

generally polarized (e.g., between Us vs, Them) and rhetorically hyperbolic. But it would be misplaced to talk about polarizing or hyperbolic parties. Rather, political parties should only be characterized by their ideologies or attitudes or their position of the political left-right scale (Van Dijk, 2024).

En línea con el lingüista holandés, pensamos que, igual que no tiene sentido hablar de "partidos hiperbólicos" o "partidos polarizadores", tampoco lo tiene hablar de partidos populistas. En la senda de quienes no consideran el populismo como una ideología, sino un tipo de discurso, se encuentra el propio Ernesto Laclau (2005b), para quien un movimiento no es populista porque sus políticas o ideología representen contenidos identificables como populistas, sino porque muestra una particular lógica de articulación de esos contenidos, sean estos cuales sean. Politólogos como Pippa Norris y Ronald Inglehart (2019) también consideran que el populismo es una forma de expresión retórica, a la cual añaden el adjetivo "autoritario" para caracterizar a los proyectos políticos de la ola reaccionaria.

De este modo, entendemos el populismo como una práctica discursiva que pivota en torno a los siguientes ejes:

1) La retórica antielitista que exalta al pueblo y lo enfrenta a las élites.
2) La identificación de una situación de crisis en la sociedad y el señalamiento de sus responsables.
3) La propuesta de soluciones, con referencias a tradiciones pasadas de la nación, que serán aplicadas por un líder carismático.
4) Un estilo emocional central.

Varios de estos ejes, que se verán en el capítulo siguiente, conectan con la definición del fascismo de entreguerras del historiador Roger Griffin (1998), quien lo sintetizó como "ultranacionalismo populista palingenésico". De ello puede seguirse la idea de que el discurso de la ultraderecha y, por consiguiente, el trumpismo discursivo, tendrá una matriz de nacionalismo populista basada en el modo en el que articula sus contenidos. Charaudeau (2009: 271), por su parte, especifica que los rasgos lingüísticos más habituales en el discurso populista son el uso de la metáfora y un registro más coloquial, emocional y personalista, en el que las relaciones de causalidad se presentan de manera simplificada.

La corriente de análisis que ha destacado en la última década la importancia del componente de los afectos y las emociones en el discurso político (Hoggett y Thompson, 2012), recuperando en buena medida las ideas de Lacan sobre el papel del deseo y la afectividad en la construcción de la ideología, ha constatado también su especial significado en el ámbito del discurso de la extrema derecha (Harteveld et al., 2022; del Teso, 2022; Illouz, 2023). La visceralidad discursiva es, en efecto, una de las principales características del trumpismo discursivo. Emociones como el miedo –muy conectado con el autoritarismo–, la ira, el resentimiento, el odio, el asco, la vergüenza y la desaprobación son exacerbados para generar polarización afectiva y provocar el efecto "cierre de filas" entre los adeptos.

La socióloga franco-israelí Eva Illouz (2023), quien con posterioridad al ataque del 7 de octubre y al genocidio en Gaza ha cerrado filas con el etnoestado totalitario de ultraderecha –como acertadamente ella misma lo había definido en su ensayo sobre la "vida emocional del populismo", denostando, además al movimiento internacional de solidaridad con Palestina– explicaba que el actual presidente de Israel, Benjamin Netanyahu y su partido, el Likud, han puesto conscientemente en funcionamiento un discurso populista emocional excluyente. En él emergen, por un lado, emociones como el miedo, el asco y el resentimiento hacia los palestinos y, por otro, el amor, entendido como orgullo nacional israelí. Illouz explicaba cómo la activación de estos afectos servía al gobierno para justificar todo tipo de atrocidades contra el pueblo palestino y legitimar una deriva iliberal y fascistizante que amenaza "con convertir a Israel en una dictadura religiosa en toda regla" (Illouz, 2023: 8). Por su parte, el trumpismo estadounidense, también se basa, en buena medida, en activaciones emocionales de este tipo, en las que la argumentación ha desaparecido: ira y resentimiento contra las élites de la costa este; asco y miedo hacia los inmigrantes y hacia los avances del movimiento feminista y del movimiento por los derechos civiles; amor nacionalista a una América en crisis que hay que hacer grande otra vez. Como afirma en su estudio sobre la propaganda de ultraderecha el lingüista asturiano Enrique del Teso:

> El efecto de la polarización consiste en relacionar palabras con nuestro estado emocional y no con los hechos. Encajan y confirman la emoción negativa y eso, no su verdad o falsedad, es lo que les da crédito a esas palabras y provoca su difusión y aplauso. Así se propagan los bulos y la desconfianza en las fuentes de conocimiento e información. Cuanto más intenso sea el estado emocional de la gente y más carga emocional negativa lleven las palabras (podríamos decir que cuanto más disparatadas sean), menos obligado está el que las dice a dar pruebas o argumentos (del Teso, 2022: 46).

Las estrategias lingüísticas del discurso populista aparecen bien definidas en trabajos previos (Charaudeau, 2009; Alcaide Lara 2019; Fernández Riquelme, 2020; Fuentes Rodríguez, 2022), pero conviene insistir en que en las características retóricas del llamado "populismo de izquierda" y en las de la "extrema derecha populista" se observan elementos comunes e independientes de sus ideologías. Tal como se concluye en el estudio realizado por la analista del discurso Esperanza Alcaide Lara (2019), Ciudadanos y Podemos usaron un estilo comunicativo populista de rasgos similares para la expresión de una impugnación política, de signo ideológicamente contrario, en su búsqueda por abrir espacios de superación del bipartidismo, representado por PSOE y PP en España. Por su parte, el estilo comunicativo de Vox, al igual que el de otras fuerzas de la derecha radical, es eminentemente populista, pero como se explicará en los capítulos siguientes, la supuesta confrontación con la minoría oligárquica que plantea es meramente retórica, dado que el programa político de Vox apuntala todos los pilares del neoliberalismo económico.

3. Análisis crítico del discurso de la extrema derecha

La extrema derecha actual ha creado un nuevo orden discursivo para dar una forma y un sentido a su ideología, buscando generar efectos que son cada vez más visibles en las sociedades del capitalismo tardío (Wodak 2015 y 2021; Martín Rojo y Elvira Ruiz, 2019; Camargo Fernández 2021). Como se vio en § 2.1, el discurso político no funda *ex novo* toda la realidad, busca dar sentido a las ideas que se quieren extender e implantar, mediante la persuasión, y disputar políticamente el sentido común de las sociedades a las que se dirige, como ya advirtiera Gramsci (1929-1935) en su teoría sobre el *senso comune* desarrollada en los *Cuadernos de la cárcel*.

Los significados del discurso político se construyen con recursos lingüísticos al servicio de la elaboración del sentido persuasivo que, a menudo, tienen una naturaleza pragmática. Son frecuentes las implicaturas convencionales, las implicaturas conversacionales y las presuposiciones (Reyes, 2018; Escandell et al., 2020). Pero en la comunicación política actual es igualmente importante la cuestión estilística, la cual se manifiesta mediante la variación o mezcla de registros, cada vez más tendente a la *conversacionalización* (Fairclough, 1995), que ha devenido en una creciente tendencia a la neo-oralidad y la personalización de los significados (Gallardo, 2022: 133). Son, asimismo, frecuentes la ausencia de argumentación frente a las hipérboles espectacularizantes y la abundante coloquialización (Gallardo, 2014 y 2018). Por último, en cuanto a la vertiente retórica, es habitual el uso de ironías (Flores Treviño e Infante, 2009), metáforas (Sánchez García, 2009), eufemismos (Sánchez García, 2018), disfemismos (Madrid, 2022) y antítesis del endogrupo *versus* el exogrupo (Van Dijk, 1984).

Con relación a esto último, en el análisis del discurso político se utiliza el modelo de Van Dijk que explica cómo los grupos en conflicto, el poder y el contrapoder, se presentan a sí mismos ensalzando las cualidades positivas del endogrupo ("nosotros") y minimizando las del exogrupo ("ellos"), por un lado, y ensalzando las cualidades negativas del exogrupo y minimizando las del endogrupo, por otro. Es lo que se conoce como el "cuadrado ideológico" (Van Dijk, 1984), nacido de los trabajos del lingüista neerlandés sobre la articulación cognitiva y discursiva del racismo y que sigue siendo utilizado en la investigación de la expresión de la ideología racista e islamófoba de la extrema derecha (Castro y Mo Groba, 2020; Camargo Fernández, 2021; Cervi y Tejedor, 2021; Sosinski y Sánchez, 2022; Olmos Alcaraz, 2023, Cheddadi, 2024, entre otros trabajos). El cuadrado ideológico es la forma discursiva por antonomasia de lo que hoy se denomina "polarización" en el discurso público y la praxis política cotidiana. Precisamente, "polarización" fue la palabra del año 2023, según la FundéuRAE, que triunfó sobre las demás por los siguientes motivos:

> El término polarización se ha impuesto al resto de las candidatas debido a su gran presencia en los medios de comunicación y a la evolución de significado que ha experimentado. En los últimos años se ha extendido el uso de esta voz, que está recogida desde 1884 en el diccionario

académico, para aludir a situaciones en las que hay dos opiniones o actividades muy definidas y distanciadas (en referencia a los polos), en ocasiones con las ideas implícitas de crispación y confrontación[10] (Fundéu RAE, 2023).

Podría plantearse, también, que la polarización hoy no es otra cosa que la expresión del antagonismo político de siempre pasado por el filtro distorsionador del trumpismo discursivo: agresividad verbal, insultos, bulos, banalización, victimismo, narrativas de amenaza y de humillación (Camargo Fernández, 2023). En cada ejemplo concreto de lo que se denomina polarización, hay una parte que miente y ataca y hay otra que tiene que defenderse de difamaciones y agresiones verbales. Cabe preguntarse, por añadidura, si el actual sentido de la palabra polarización no será una consecuencia inevitable del neoliberalismo en su actual deriva autoritaria y de la existencia de una creciente desigualdad.

3.1. CARACTERIZACIÓN DEL DISCURSO DE LA EXTREMA DERECHA

Dentro de la perspectiva sociohistórica del análisis crítico del discurso, son esenciales, como se adelantó, las aportaciones realizadas por la analista del discurso austriaca Ruth Wodak, quien ha firmado uno de los análisis más certeros sobre el discurso de la extrema derecha en sus dos ediciones de *The Politics of Fear* (2015 y 2021), cuyo cambio de subtítulo en la segunda edición destacamos en la Introducción. Wodak (2021: 36) apunta cuatro características ligadas a los discursos populistas de la extrema derecha que, por su importancia para el estudio del trumpismo discursivo, reelaboramos en la Tabla I. Conviene aclarar que, a diferencia de otros autores, como Pippa Norris (2005) o Cas Mudde (2007), no consideramos que la extrema

---

[10] https://www.fundeu.es/recomendacion/polarizacion-palabra-del-ano-2023-para-la-fundeurae/.

derecha se caracterice hoy por el uso de la violencia directa para lograr sus fines, razón argüida por Norris y Mudde para distinguirla de la derecha radical. La adaptación al funcionamiento de las democracias liberales para, una vez alcanzado el poder, transformarlas desde dentro minando sus bases e impulsando un cambio de mentalidades a través de las guerras culturales, son hoy rasgos definitorios de las nuevas extremas derechas. Las características principales de su discurso se resumen en la Tabla I, a continuación:

Características	Descripción
Nacionalismo, nativismo y antipluralismo	• Se plantea la existencia de una comunidad, un pueblo, la patria, que constituye el endogrupo. • Se construyen escenarios en los que el exogrupo es presentado como una amenaza para la seguridad de la nación. • La homogeneidad es vista como un valor. La pluralidad, como un peligro.
Antielitismo y antiglobalismo	• Se defienden medidas nacionales y de repliegue identitario. • Los planteamientos que vienen de fuera de los estados-nación son rechazados como "extranjeros". • Se muestra una actitud de desprecio a las decisiones de los expertos internacionales, así como a lo que se considera como "élites" del *establishment* político, económico, cultural y mediático dominante. • Se rechaza la globalización por ser una amenaza para la identidad nacional.

Autoritarismo y liderazgo jerárquico	• Se exigen liderazgos firmes para salvar a la nación de su decadencia. • Alternan el rol de "Robin Hood", salvador/a del pueblo, con el de "padre estricto" o "madre estricta", líder de un partido lo suficientemente autoritario y jerarquizado como para garantizar que se cumpla la ley y se mantengan el orden y la seguridad ciudadana.
Mitificación histórica	• Se defienden los valores tradicionales y conservadores y se recurre a narrativas de sucesos pasados, con la intención de aparecer, bien como héroes de la patria, bien como víctimas de sus enemigos. • Se reivindican los derechos y beneficios sociales del endogrupo, que no han de ser compartidos con los extranjeros, haciendo creer que el dinero que se gasta en estos se les resta a los nacionales.

Tabla 1. Características del discurso populista de extrema derecha (elaboración propia a partir de Wodak, 2021)

Se han dejado fuera de la Tabla I, conscientemente, otros rasgos habituales del discurso ultra, como el antifeminismo o la homofobia, debido a que no siempre aparecen en el discurso de proyectos de la extrema derecha actual. Este es el caso de los partidos etnonacionalistas de ultraderecha Aliança Catalana, de Sílvia Orriols, Reagrupamiento Nacional, de Lepen, o el Likud israelí de Netanyahu, por citar tres ejemplos. En estos proyectos, no se muestra un desprecio abierto hacia las personas gays y sus derechos, como sí sucede, por ejemplo, con Vox en España, Fidesz en Hungría o Ley y Justicia en

Polonia; antes al contrario, sus derechos se reivindican, planteando siempre dicha reivindicación como una estrategia de confrontación contra la supuesta amenaza representada por la inmigración musulmana. La izada de la bandera LGTBI con motivo del "Día Internacional contra la LGTBI-fobia" por parte de Sílvia Orriols en el ayuntamiento de Ripoll es un ejemplo de la estrategia del *pinkwashing*, muy extendida durante décadas en Israel, para normalizar el *apartheid* que desarrolla como potencia ocupante en Palestina, con la cual se pretende aparentar valores de tolerancia y respeto hacia las minorías sexuales. Estos son casos de "homonacionalismo", es decir, de defensa de los derechos de las personas LGTBI frente a la amenaza externa del islam y son, también, como se ha visto, característicos de determinados proyectos políticos etnonacionalistas y xenófobos de la ultraderecha actual.

En Reino Unido y en España, se ha demostrado que los ciudadanos liberalizan estratégicamente su nivel de apoyo a los derechos LGBTI cuando los oponentes a estas medidas provienen del grupo étnico externo. Dicho apoyo a los derechos de las personas no heterosexuales se impulsa por el deseo entre los ciudadanos nativistas de desidentificarse socialmente de aquellos grupos externos percibidos como hostiles a las normas de la nación. Estos análisis también ofrecen una interpretación crítica de las tendencias positivas en la tolerancia LGBTI, mostrando que el liberalismo instrumental enmascara tasas más bajas de cambios genuinos en la inclusión LGBTI (Turnbull-Dugarte y López Ortega, 2023).

En una misma línea, el "feminacionalismo" (Farris, 2021) de estos proyectos se caracteriza por la utilización del feminismo para defender medidas o políticas xenófobas y racistas con la excusa de que son necesarias para la liberación de las mujeres, en una lógica similar al *purplewashing*, término acuñado por la escritora y activista feminista Brigitte Vasallo en 2014. En relación con lo anterior, la especialista en género y discurso, Alba Polo-Artal, ha detectado en sus entrevistas etnográficas a votantes de Vox la necesidad de investigar la intersección género/raza en el discurso de esta formación, acuñando el concepto del "nativismo hispánico-patriarcal" (Polo-Artal, 2024). Dicho concepto contribuye a revelar cómo esta intersección juega un papel fundamental en los discursos de la ultraderecha española (Polo-Artal, 2024: 46). A diferencia de lo que ocurre en otros países como Francia y Bélgica, en donde se recurre al laicismo para argumentar exclusión racial, en España, Vox apela al cristianismo mediante implicaturas y presuposiciones, especialmente cuando se activan las teorías del "gran reemplazo" y del "invierno demográfico"[11]. El "gran reemplazo" es una teoría conspirativa de la extrema derecha según la cual la población blanca cristiana europea está siendo sistemáticamente reemplazada por pueblos no europeos, más concretamente, árabes, bereberes, norteafricanos y subsaharianos. Esto se produce a través de la inmigración masiva, el crecimiento demográfico y una caída en la tasa de natalidad europea, es decir, mediante lo que denominan "invierno demográfico"[12].

---

[11] Como se explica en Camargo Fernández y Polo-Artal (2024: 32), si bien esta no es una teoría nueva, desde la publicación de la obra *Le grand remplacement*, del escritor francés Renaud Camus, y de la novela *Soumission*, de Michel Houellebecq, se hizo más popular, especialmente entre grupos de la extrema derecha, alcanzando en Francia a los discursos políticos de la familia Le Pen y del partido político ultraderechista de Zemmour, *Rencoquête*. Según Susanne Kaiser (2022), esta teoría también ha nutrido a los terroristas Anders Breivik en Noruega y a Brenton Tarrant en Nueva Zelanda. De acuerdo con esta conspiración, que combina el nativismo con el natalismo, se denuncia a las "élites reemplacistas" que se estarían beneficiando con el reemplazo demográfico y cultural, tanto electoral como económicamente, a través de la inclusión, en los estados-nación, de mano de obra barata que devalúa los derechos de los trabajadores nativos que sufrirían, por ello, agravios sociales.

[12] Para una revisión exhaustiva y argumentada de la cuestión del género y la sexualidad en la extrema derecha, véase el reciente libro de Nuria Alabao (2024): *Las guerras de género: la política sexual de las extremas derechas*.

Por otro lado, la citada apelación religiosa no es homogénea entre los miembros de Vox, dado que algunos de ellos recurren a argumentos basados en los procesos de secularización (Álvarez-Benavides y Jiménez Aguilar, 2021). Con todo, es también necesario considerar el peso que ha ganado en el núcleo duro de Abascal el sector que orbita en torno al integrismo católico cercano al Opus Dei (Jorge Buxadé, Ignacio y Juan Garriga, Ignacio de Hoces), que alza las mismas banderas que Hazte Oír, filial española de *Citizen Go*, presuntamente conectada a la organización secreta ultracatólica de extrema derecha El Yunque (Ramos, 2024). En todo caso, el citado concepto de Polo-Artal (2024) recoge la conceptuación para Vox del binomio hombre/mujer y autóctono/alóctono con particularidades propias producto de la acumulación discursiva histórica en temas de género y raciales, como la fuerte reacción antifeminista producto de grandes movilizaciones feministas, el desarrollo del antigenerismo desde sectores ultracatólicos o la representación ambivalente de la figura de la otredad musulmana.

El discurso antifeminista de Vox ha sido estudiado también por Esperanza Alcaide-Lara (2022), quien llega a la conclusión de que las líderes femeninas del partido representan a mujeres de todas las edades, madres y trabajadoras para, por un lado, generar afiliación política; por otro, provocar el rechazo al movimiento feminista; y, por último, legitimar su discurso a través de la vieja estrategia de elegir un cuerpo femenino para que reproduzca el discurso antifeminista. Como afirma: "no son hombres imponiendo sus ideas machistas. Son mujeres (posición), madres y hermanas (emoción), políticas (responsabilidad), quienes denuncian el discurso injusto del feminismo" (Alcaide-Lara, 2022: 293). Por su parte, Asunción Bernárdez-Rodal et al. (2020) confirmaron también la importancia del discurso antifeminista y su vínculo con el discurso antiinmigración y el eje ultranacionalista en las campañas electorales de Vox.

Como se ha adelantado, la religión no es un elemento caracterizador universal de todos los proyectos de la extrema derecha, aunque sí puede ser un factor significativo en muchos de ellos. En el capítulo 3 (§ 2.3), se verá el impacto de las iglesias evangélicas en el continente americano y su relación con la expansión del reaccionarismo. Cabe adelantar que la relación de la extrema derecha con la religión varía considerablemente dependiendo del contexto cultural, histórico y geopolítico de cada región, convirtiéndose en algunos casos en un elemento de su retórica política, más identitario que devocional, y enfocando el cristianismo como parte de la identidad cultural europea frente a la inmigración musulmana. En estudios previos analizamos los marcos de representación de la mujer en el discurso de las líderes políticas de Vox, estudiando el discurso de las diputadas del Congreso en la XIV Legislatura, Macarena Olona, Carla Toscano y Rocío de Meer (Polo-Artal y Camargo Fernández, 2023; Camargo Fernández y Polo-Artal, 2024). Los resultados muestran marcos de representación de la mujer muy similares a los desplegados por Giorgia Meloni en Italia (Borrelli y Fernández Riquelme, 2022) y por Marine Le Pen en Francia (Pettersson et al, 2023). En nuestros trabajos se observa cómo el marco de la "mujer española y católica" entronca con el marco de la "mujer madre", sirviendo al discurso de la ultraderecha que presenta a la mujer ligada al nativismo, argumento central para activar el dispositivo de repronormatividad. Este dispositivo sitúa la maternidad de las mujeres blancas occidentales como un imperativo ante las supuestas amenazas de "el gran reemplazo" y "el invierno demográfico", anteriormente explicadas.

Finalmente, como señalan José Antonio Sanahuja y Camilo López Burián (2022), el rechazo al globalismo por parte de la ultraderecha, recogido en la Tabla I, es resignificado por Vox registrando la nueva noción de "Iberosfera", concepto que sirve a la formación de Abascal para el reaprovechamiento de ideologías y enfoques tradicionales de la historia de España, destacando, además, su vínculo con la América lusófona (Brasil), así como con Portugal. El concepto de "Iberosfera" ha encontrado encaje en las prácticas transnacionales de las nuevas derechas en el ámbito iberoamericano con la creación del Foro de Madrid, opuesto al izquierdista Foro de São Paulo, y con el impulso de un nuevo internacionalismo reaccionario para Iberoamérica.

Asimismo, la lucha abierta contra sindicatos y derechos laborales es otro aspecto que, por táctica electoralista, no siempre muestran de forma explícita los proyectos de la ultraderecha, apostando en algunos casos por la retórica tercerista u otras estrategias de captación del voto obrero que se verán más adelante (capítulo 3, §1.2). Es conveniente, no obstante, recordar que en cuanto Vox tuvo acceso a posiciones de gobierno tras sus acuerdos con el Partido Popular, como ocurrió con el cogobierno de Castilla y León, el partido de Abascal atacó frontalmente la financiación autonómica de los sindicatos (con recortes también a la patronal), al recortar a la mitad las ayudas dedicadas a diálogo social, a la prevención de riesgos laborales, así como a los fondos destinados a la orientación profesional y al autoempleo[13]. Por último, en cuanto a la caracterización como "populista" de los proyectos políticos de la extrema derecha actual, ya se explicó nuestra posición en § 2.2 de este capítulo.

3.2. Los imaginarios sociodiscursivos: la construcción de la ideología y el sentido común reaccionarios

Los "imaginarios sociales" son, de acuerdo con el filósofo griego Cornelius Castoriadis, el modo en que los seres humanos comprendemos el mundo a partir de las representaciones que se

---

[13] *Europa Press*, 13/12/2022: https://www.europapress.es/castilla-y-leon/noticia-ugt-ccoo-anuncian-querella-criminal-contra-gallardo-medidas-cargadas-odio-sindicatos-20221215121230.html.

forman a través de la memoria colectiva, no solo compuestas por principios racionales o necesidades materiales. Los imaginarios permiten a los seres humanos dar sentido a su experiencia diaria y estructurar su percepción del mundo de manera creativa, lo cual incluye tanto los aspectos tangibles como intangibles de la realidad, desde las normas y valores, hasta los mitos y narrativas que circulan en una sociedad (Castoriadis, 2011 y 2013). De este modo, la socialización de los individuos implica la internalización de los imaginarios sociales que forman parte de la memoria colectiva de cada sociedad.

Uno de los aspectos de mayor relevancia al analizar la ola reaccionaria global es la configuración de determinados imaginarios sociales con los que el pensamiento neoconservador está influyendo en la creación de un nuevo sentido común. Este nuevo *senso comune*, construido sobre cosmovisiones cada vez más autoritarias, racistas, sexistas y excluyentes, está logrando que el malestar ciudadano se canalice en términos reaccionarios, contraponiéndose al *buon senso* que –según Gramsci (1929-1935)– habita dentro de la masa confusa del sentido común. Ejemplo de ello es el resurgir de las "comunidades imaginadas de la nación" de las que hablaba Benedict Anderson (1993), las cuales sirven en momentos de crisis para dotar de un sentimiento de conexión mutua y destino compartido a millones de personas que no se conocen entre sí. En el *revival* nacionalista alentado por la ofensiva reaccionaria el "imaginario social de la nación" es un eje vertebrador de identidades, del mismo modo que el "imaginario soberano" de base autoritaria ha servido –como explica el sociólogo Christian Laval (2022)– para construir la creencia de que solo a través de la soberanía del estado-nación, antagonista de la globalización, se puede llegar a soluciones a las crisis sin dejar de ser actores fuertes del propio capitalismo:

El autoritarismo de los Modi, Erdogan, Bolsonaro, Putin, Trump y muchos otros desvía la cólera popular hacia chivos expiatorios, inmigrantes, extranjeros en general, intelectuales, musulmanes o judíos según los casos, lo que no impide en absoluto a estos dirigentes llevar a cabo políticas *probusiness*, particularmente radicales, sobre todo en materia fiscal y social.

El papel del discurso para la creación y difusión de los imaginarios sociales ha sido destacado desde el análisis del discurso y la pragmática francesa por Patrick Charaudeau, quien ha desarrollado el concepto de "imaginarios sociodiscursivos" (ISD) para enfatizar la idea de que las representaciones sociales de los imaginarios se crean mediante discursos socialmente compartidos (Charaudeau, 2007 y 2021). Los ISD son, por tanto, representaciones compartidas a través del discurso que reflejan las creencias, valores y percepciones de un grupo social en un contexto histórico y cultural determinado y que acaban por formar parte del acervo común en un momento sociohistórico concreto.

Al analizar el trumpismo discursivo, observamos cómo en la última década se han generado ISD que han ido modificando la conceptualización de realidades sobre las que la (ultra) derecha quiere ganar influencia, a la par que han transformado el sentido común de la gente. Esto se ha logrado, a menudo, mediante usos polifónicos y lenguaje repetido (Camargo Fernández, 2004), es decir, con la cita literal o aproximativa de palabras o ideas emitidas por los líderes de la ola reaccionaria en distintas latitudes del mundo, que construyen o activan imaginarios sociodiscursivos comunes en el contexto de la era de la imitación iliberal (Krastev y Holmes, 2019). Por ejemplo, en 2022 Ayuso afirmó: "*El socialismo es ruina*, y este gobierno es un claro ejemplo", una idea de la que la presidenta de la Comunidad de Madrid se ha hecho eco de diferentes formas en numerosas ocasiones con posterioridad. En 2024, invitado por la propia Ayuso a dar un discurso desde el balcón de la sede del Gobierno de la Comunidad para entregarle la medalla Internacional de Madrid, incluyéndolo a la vez en su campaña contra Pedro Sánchez, el presidente argentino Javier Milei, quien se refirió a Ayuso en todo momento como "la presidente", dijo ante el público: *No dejen que el socialismo les arruine la vida*". Milei añadió que la justicia social es un "monstruo empobrecedor", a la cual consideró "profundamente injusta y violenta" porque "le quita a unos para dárselos a otros", después del "robo" de los impuestos que no se pagan sino "a punta de pistola" y con la amenaza de "ir preso"[14]. Finalmente, añadió: "Parece que ese rugir, desde un lugar alejado de Sudamérica, empezó a llegar a todo el mundo. Ya dio una lección a Europa recientemente y creemos que en el mundo volverán las *ideas de la libertad, que son las únicas que traen prosperidad*".

La propia Ayuso había utilizado frecuentemente durante la pandemia un discurso de resonancias libertarias, conectado con las ideas del liberalismo clásico y la teoría del orden espontáneo del economista austriaco Friedrich Hayek, que cristalizaría en la falsa disyuntiva del eslogan de campaña "Comunismo o Libertad" (Fernández Riquelme, 2022b; Martín Rojo, 2023). La disputa del sentido de la palabra "libertad" en el contexto de los cierres pandémicos, garantizaría a Ayuso la victoria en la Comunidad de Madrid en la contienda electoral de 2021. La reproducción de imaginarios sociodiscursivos a través resignificación de conceptos como "socialismo", "robo" o "libertad", es, en suma, uno de los recursos de la nueva era de la imitación iliberal en la que nos encontramos y sobre la que volveremos en los capítulos 3, 4 y 5. De igual modo, la circulación del discurso también se ha demostrado como un

---

[14] *Servimedia*, 21/04/2024: https://www.servimedia.es/noticias/milei-advierte-desde-madrid-junto-ayuso-no-dejen-socialismo-arruine-vida/1410189566.

recurso clave para la construcción de las identidades políticas, como exploramos en trabajos anteriores (Camargo Fernández, 2008 y 2010), que, en el ejemplo del citado discurso de Milei, son identidades basadas en el paleolibertarismo, el antiigualitarismo y el anticomunismo.

Charaudeau señala la existencia de imaginarios políticos de tradición, modernidad o soberanía popular, pero también de imaginarios de degeneración de las esferas políticas. Por ejemplo, estos últimos son muy productivos en la retórica antipolítica, cada vez más presente en el discurso de las extremas derechas, y que se ha puesto en circulación a través del argumento que dice que "los políticos son unos sinvergüenzas", por lo que hay que combatir la "partitocracia". El discurso contra la partitocracia es uno de los ejes centrales de la campaña permanente a través de Telegram del agitador español de extrema derecha, y ahora europarlamentario, Luis Pérez "Alvise", líder de la agrupación de electores "Se Acabó la Fiesta". El propio nombre de la formación puede analizarse como un imaginario sociodiscursivo que conecta con el mismo argumento arriba referido que reza que "los políticos son unos vividores", cuya "fiesta" es pagada por los contribuyentes.

Mediante la repetición de los ISD del cuerpo de doctrina de la derecha (Charaudeau, 2019: 112), los portavoces de los partidos ponen en circulación mensajes que son viralizados en plataformas de mensajería por parte de votantes anónimos, por creadores de contenido e *influencers* de extrema derecha en redes sociales –a menudo con mayor influencia que los propios diputados ultras– o por periodistas y tertulianos en medios de comunicación del ecosistema de la (ultra)derecha. Así se generan nuevas cosmovisiones de signo reaccionario que van calando en capas cada vez más amplias, y sociológicamente diversas, de nuestras sociedades, creando un nuevo sentido común de época que se deposita como lluvia fina en la memoria colectiva y que, paulatinamente, se va transformando en votos a las formaciones reaccionarias. Por ejemplo, en una conversación emitida a través de X entre Elon Musk y Donald Trump celebraban como positivos los efectos de las inundaciones de tierra firme por el aumento del nivel del mar debido al calentamiento global, dado que se convertían en una "oportunidad" que permitiría construir y tener "más casas frente al mar".

3.2.1. Imaginarios sociodiscursivos e ideología

La penetración y expansión de los ISD del neoconservadurismo puede conectarse con la construcción ideológica, en el sentido en el que la conciben autores como José Del Valle y Vítor Meirinho-Guede (2016) o Teun Van Dijk (2024). Para los primeros, no existe una relación funcional unidireccional entre ideología y realidad social, ya que aquella es a la vez causa y efecto de esta, de forma que la ideología está ya presente en la experiencia de las condiciones materiales y consecuentemente influye sobre ellas; pero, al mismo tiempo, es moldeada por estas. Señalan también estos autores que la ideología sirve como máscara de conflictos de clase, de modo que "los agentes sociales pueden "apropiarse" de la ideología para disputar las relaciones sociales que esta, en principio, había legitimado" (Del Valle y Meirinho-Guede, 2016: 629). Van Dijk, por su parte, propone una "teoría general de la ideología" según la cual no hay un cuerpo ideológico unitario en las fuerzas reaccionarias, sino más bien posiciones políticas estratégicas sobre actitudes basadas en diversas ideologías ya existentes en la sociedad, especialmente el racismo (que incluye xenofobia, antisemitismo, islamofobia, etc.) y el nacionalismo (también llamado "nativismo"). Estas actitudes basadas en ideologías no se desarrollaron como ideas nuevas y originales de la derecha radical, sino como una reacción a la creciente aceptación de actitudes liberales basadas en otras ideologías progresistas que se han desarrollado en gran parte del mundo, especialmente en Europa y Estados Unidos, a partir de la década de 1960 (Norris e Inglehart, 2019). De acuerdo con Van Dijk (2024), cuanto más ampliamente fueron aceptadas estas actitudes, e incluso una vez convertidas en dominantes en algunos países (o en sus centros intelectuales y ciudades, entre las generaciones más jóvenes, mejor educadas, así como entre las mujeres), los miembros de los partidos conservadores de derecha se volvieron más radicales en la formulación y propagación de actitudes reaccionarias y formaron partidos de extrema derecha, idea esta similar a la defendida por Pippa Norris (2005).

En esta línea, puede plantearse la hipótesis de que la propagación de la ideología reaccionaria entre los votantes conservadores por parte de las "élites simbólicas" con acceso preferencial al discurso público (otros políticos conservadores, periodistas, economistas, intelectuales, tertulianos, *influencers*, académicos, etc.) y con capacidad para diseminar imaginarios sociodiscursivos reaccionarios, está entre las principales causas del desplazamiento generalizado hacia la derecha y, por lo tanto, del aumento del apoyo a los partidos de extrema derecha en muchos países del mundo. A todo ello hay que añadir los efectos de las sucesivas crisis económicas del capitalismo en su fase neoliberal y la falta de alternativas para capas cada vez más amplias de la población.

A partir de la década de los 80 de finales del siglo XX ya se habían puesto en marcha los imaginarios sociales de la primera oleada del neoliberalismo autoritario, de la mano de Margaret Thatcher y Ronald Reagan, en los que se exacerbaron las salidas individuales a la crisis. El "no hay alternativa" al modelo económico neoliberal de la doctrina TINA supuso la destrucción de decenas de miles de empleos y del sindicalismo inglés más combativo (Fairclough, 2000 y 2001). Como se expone en el capítulo 3, el siglo XXI arranca con el gran *shock* del 11-S y el atentado a las Torres Gemelas de 2001, con su réplica de 2004 en los atentados yihadistas de la red de trenes de cercanías en Madrid, lo cual traería un primer impulso a los imaginarios de la islamofobia, con la llamada "guerra contra el terror" y la retórica securitaria ligada al antiterrorismo (Beshara, 2018), que pronto sería extendida a refugiados e inmigrantes no blancos y no occidentales. La segunda ola reaccionaria vendría con posterioridad a la crisis económica de 2008, en la que distintos proyectos de la extrema derecha pondrían en marcha nuevos imaginarios sociodiscursivos, usando ya las redes sociales y plataformas *online* para ello. La tercera ola neoconservadora que ha acelerado el proceso de expansión de la internacional reaccionaria con la creación de imaginarios sociodiscursivos del negacionismo y del conspiracionismo es la pandemia de Covid-19, con QAnon y el movimiento antivacunas como sus máximas expresiones. Estos discursos se han disfrazado, además, con una retórica *antiestablishment* (Martín Rojo y Delgado, 2021) para hacerlos pasar como rebeldes. Como explica Wodak en una entrevista reciente[15]:

> Básicamente hay tres aspectos en el pensamiento de la extrema derecha: tienen que protegerse contra aquellos que "están arriba", las élites; tienen que protegerse contra aquellos que "están afuera" (migrantes, musulmanes, refugiados, lo que sea); y tienen que protegerse contra "los de abajo", contra aquellos que abusan del sistema de bienestar (quienes piden en las calles, los desempleados) (Uval, 2023).

En la Tabla II se recogen ejemplos de diferentes imaginarios sociodiscursivos de la ofensiva reaccionaria, así como los argumentos sobre los que se construyen:

---

[15] *La Diaria*, 16/12/2023: https://ladiaria.com.uy/mundo/articulo/2023/12/la-extrema-derecha-provoca-escandalos-y-asi-logra-la-hegemonia-en-los-medios/.

Argumentos	Ejemplos de imaginarios sociodiscursivos (ISD)
Argumento de la retórica de la escasez "no hay para todos". Se expresa con ISD de expulsión en clave racista, nacionalista e identitaria (nativismo).	**VOX** (ejemplos en redes sociales, discursos de campaña y en sede parlamentaria) *"invasión migratoria"*, *"brutal avalancha"* *"paguitas"*, *"menas"*, *"los españoles primero"*, *"más muros y menos moros"*.
Argumento de la retórica *antiestablishment*. Se expresa con ISD de confrontación contra las élites y retórica agresiva.	**DONALD TRUMP** (discursos de campaña y en redes sociales) *"limpiar la ciénaga de Washington"*, "si no gano las elecciones, habrá *un baño de sangre"*, "detener a las *élites globalistas"*.
Argumento de la retórica antitotalitaria, contra el gobierno del PSOE y sus socios	**VOX, PP, CIUDADANOS** (en redes, ruedas de prensa y en sede parlamentaria) *"dictadura progre"*, *"el sanchismo"*, *"gobierno filoetarra"* "expulsar al *autócrata"*, *"golpe de estado socialcomunista"*, *"leyes liberticidas"*, *"Antiley totalitaria, antihistórica y antisocial"*[16].

---

[16] Dicho de la Ley 20/2022, de 19 de octubre, Memoria Democrática. Grupo parlamentario Vox: https://www.voxespana.es/grupo_parlamentario/actividad-parlamentaria/antiley-totalitaria-antihistorica-y-antisocial-asi-califica-hoces-la-memoria-democratica-de-erc-20240206.

Argumento de la retórica antiigualitaria "los pobres y las mujeres reciben demasiadas ayudas"[17].	VOX, PP (Madrid) (en entrevistas, en sede parlamentaria, en discurso oficialdel 8 de marzo) "despachos de abogadas *feminazis*"[18], "acabar con las ayudas a los *chiringuitos feministas*", "derogar esa *porquería legislativa*", "cuándo se celebra *el día del hombre*"[19].

Tabla 2. Imaginarios sociodiscursivos de la ofensiva reaccionaria (elaboración propia)

Otros imaginarios sociodiscursivos del trumpismo discursivo que se desarrollarán en futuros trabajos son "*jovenlandeses*", "*plandemia*", "totalitarismo de la *religión climática*" o "*defender nuestras fronteras* con más *inversión en Defensa*". En cuanto a "*jovenlandeses*" adelantamos que se trata de un ISD de la retórica de la polarización con el exogrupo, al que se responsabiliza de las crisis en una lógica nativista e islamófoba. En este neologismo se recurre a la metonimia y a la derivación irónica y paródica con un eco deformado sobre el modo en el que, según la ultraderecha, los medios de comunicación se refieren a los magrebíes cuando se informa de la comisión de delitos y se

---

[17] Este argumento se construye, a su vez, sobre imaginarios antifeministas y misóginos de la era Reagan que decían que las mujeres eran perceptoras de excesivos beneficios sociales, lo cual resultó ser un bulo, así como sobre los argumentos del orden discursivo neoliberal, como el "no hay tal cosa como la sociedad" de Thatcher o el "que los fracasados fracasen" del Tea Party (véase, capítulo 2).

[18] Dicho por Javier Ortega-Smith en una entrevista: https://cadenaser.com/ programa/2018/12/05/hora_25/1543997510_215497.html.

[19] Pregunta retórica emitida en su discurso institucional del Día 8 de Marzo por la Presidenta de la Comunidad de Madrid: https://www.abc.es/sociedad/ayuso-pregunta-celebra-dia-hombre-pleno-acto-20240308140243-nt.html.

quiere ocultar su nacionalidad: "Unos jóvenes asaltaron a una pareja ayer…", "Unos jóvenes habrían irrumpido en la vivienda de…", de lo que se deriva que son "*jovenlandeses*". Preguntada por su significado, la cuenta @RAEInforma responde así sobre su significado:

RAE ✔
@RAEinforma

#RAEconsultas En efecto, en páginas de Internet y redes circulan «Jovenlandia/jovenlandés» como topónimo/gentilicio irónicos, para aludir a jóvenes de origen extranjero que aparecen en noticias, generalmente como (presuntos) autores de delitos, y cuya nacionalidad se obvia.

10:27 a. m. · 14 dic. 2023 · **1,9 M** Reproducciones

◯ 518   ↻ 4 mil   ♡ 14 mil   🔖 1 mil   ⬆

Imagen 1. Significado de "jovelandeses". Fuente: X, @RAEinforma, 6/03/2024

Como explica Charaudeau (2007), los imaginarios socio-discursivos pueden convertirse en *topos* o argumentos y sedimentarse con una polaridad negativa que bloquea la posibilidad de realizar una interpretación positiva de lo recreado por el imaginario, sobre todo en determinados contextos de inscripción. El imaginario de la inmigración quedará marcado siempre de forma negativa para la extrema derecha; el de las lenguas cooficiales, también; el del feminismo y el ecologismo, igual; lo mismo sucede con las políticas sociales para combatir las desigualdades… El valor intrínseco otorgado al imaginario se fosiliza de tal forma que se crea una automatización en las imágenes que se activan a través del lenguaje, quedando así asociadas a toda una serie de atributos negativos.

Capítulo II.
Las pasiones movilizadoras del discurso fascista

La inflación, el paro, las crisis políticas y, no en menor grado, la estupidez extranjera habían soliviantado al pueblo alemán: para el pueblo alemán el orden ha sido siempre más importante que la libertad y el derecho. Y quien prometía orden (el propio Goethe dijo que prefería una injusticia a un desorden) desde el primer momento podía contar con centenares de miles de seguidores.

STEPHEN ZWEIG (1942)

La fuerza que posee la propaganda totalitaria [...] descansa en su capacidad de aislar a las masas del mundo real.

HANNAH ARENDT (1951)

1. LAS PASIONES MOVILIZADORAS DEL DISCURSO FASCISTA EN EL PERIODO DE ENTREGUERRAS

La importancia del lenguaje y de la comunicación de mensajes implícitos en el discurso público fascista para involucrar a las masas en los proyectos totalitarios europeos de los años treinta del pasado siglo es un hecho incuestionable. Convencer de la necesidad de un proyecto de supuesta salvación nacional, que otorgaba plenos poderes a un líder suspendiendo libertades y mediante el ejercicio de la violencia, requirió del manejo de recursos retóricos, verbales y no verbales, que han sido destacados por figuras contemporáneas de ese periodo histórico (Polanyi, 1940; Zweig, 1942; Trotksy, 1944; Klemperer, 1946; Arendt, 1951; Adorno, 1967; Levi, 1986), así como por la bibliografía especializada (Griffin, 1998; Wodak, 2001; Reisigl, 2006; Engel y Wodak, 2013; Wodak y Richardson, 2013; Paxton, 2019). La neolengua nazi-fascista fue, en efecto, una de las principales creaciones del totalitarismo del periodo de entreguerras, necesaria para garantizar el éxito y mantenimiento de su proyecto. La configuración de nuevos imaginarios sociales mediante el uso del lenguaje se garantizó mediante el monopolio del partido sobre los medios de comunicación de masas; el reduccionismo proposicional; la emocionalidad fática de la comunicación; un mesianismo pseudo-religioso que prometía redención; un militarismo generalizado de orden y obediencia; iniciativas de manipulación y planificación del lenguaje y la denuncia como fenómeno masivo.

El capítulo 2 de la obra de referencia *Anatomía del fascismo*, del historiador norteamericano Robert Paxton (2019), se centra en las pasiones movilizadoras del discurso fascista. Paxton explica que el primer ingrediente esencial consistió en la construcción de un imaginario social de crisis abrumadora contra la que no servían las soluciones tradicionales, mientras que el segundo se basó en el doble juego de la primacía y la victimización del grupo que padece las consecuencias de dicha crisis. Con la activación del sentimiento de agravio colectivo, el fascismo consiguió justificar cualquier acción, sin límites legales y morales, contra los enemigos, tanto internos como externos. El miedo a la decadencia del grupo ("el pueblo elegido"), debido a la influencia de los enemigos extranjeros o nacionales, es otra pasión movilizadora destacada por Paxton, con el cual se explica la necesidad de una comunidad más pura y en defensa de la cual la violencia se torna en una actuación justificada. La salvación ante la decadencia hace necesaria también la autoridad de jefes naturales, lo que culmina en la propia naturalización de la existencia de un caudillo, superior en todo, y capaz de encarnar el destino histórico de la nación. Estas son, por tanto, las cinco "pasiones movilizadoras", en el sentido más etimológico del *pathos* griego ("emoción", "sufrimiento"), activadas en el discurso fascista, que sirvieron para conectar con las masas en la Europa de los años 20 y 30 del siglo pasado, según Robert Paxton: construcción del imaginario de crisis de la nación, señalamiento de los culpables, activación del sentimiento de agravio colectivo, miedo a la decadencia y necesidad de un líder para evitarla, rasgos muy similares a los explicados en la caracterización del discurso de las extremas derechas actuales vista en el capítulo 1.

1.1. Caracterización del fascismo

La definición de fascismo sigue siendo hoy objeto de debate entre los especialistas y excede, con mucho, los límites de este libro. El historiador británico Roger Griffin utiliza tres palabras para definir el fascismo del periodo de entreguerras, "ultranacionalismo populista palingenésico" (Griffin, 1998: 13), que guardan cierta similitud con las pasiones movilizadoras de Paxton anteriormente resumidas. Sin entrar en la polémica sobre el carácter revolucionario del fascismo esgrimido por Griffin y rebatido por otros especialistas, su definición, basada en aspectos del discurso fascista, resulta de especial interés aquí. El historiador británico argumenta que el fascismo se presenta a sí mismo como necesario para rejuvenecer, revitalizar y reconstruir la nación después de un período de decadencia, crisis y/o declive. La construcción discursiva del imaginario de dicha crisis, de sus causantes y sus consecuencias, es relevante, pues el declive debe ser percibido como real por determinados sectores de la sociedad, para que vean amenazado, así, su *statu quo* y exijan mano dura para recuperarlo. A estas capas de la población es a las que el discurso fascista presenta como "el pueblo" o "la nación", cuyos privilegios están en riesgo. El término victoriano *palingénesis*, que significa "renacimiento de las cenizas", es utilizado para caracterizar el espíritu central motivador del fascismo, aunque solo cuando se combina con los otros elementos del sintagma ("ultranacionalismo populista"), su mínimo fascista adquiere un sentido de forma política. A estos elementos debe sumarse el supremacismo, que en el nazismo se basó en la idea de superioridad racial, mientras que en otros regímenes fascistas europeos se exaltó la pureza étnica o la superioridad de un grupo nacional específico sobre los demás. Esta es una forma de supremacismo en la que la nación o grupo, visto como superior, justifica su dominación o exclusión de otros. Por ejemplo, el fascismo en la Italia de Mussolini enfatizó la grandeza de la cultura y la civilización italianas, promoviendo un nacionalismo que despreciaba a otros grupos y culturas considerados inferiores.

El economista político y sociólogo húngaro Karl Polanyi enfatizó en sus textos sobre el fascismo, escritos entre 1923 y 1940, que se trata de una "forma de solución revolucionaria que mantiene el capitalismo intacto" (Polanyi, 2020: 70). Polanyi considera que la verdadera razón de ser del fascismo es mantener en funcionamiento el sistema económico vigente, produciendo así un cambio completo en la base de la sociedad que no afecte a dicho sistema. La razón por la que las clases propietarias abrazaron los sistemas totalitarios fue, precisamente, porque la profunda crisis económica empujó al pueblo a reclamaciones democráticas que ponían en peligro su posición de clase (Ruiz Sanjuán, 2022). De este modo, la burguesía apoyó la democracia mientras la pudo utilizar a su favor, pero cuando se convirtió en una amenaza no dudó en avalar la subversión de la institucionalidad democrática planteada por el movimiento fascista. Esto hizo patente la incompatibilidad mutua entre democracia y capitalismo, sistemas que habían convivido durante el periodo histórico anterior, produciendo la ilusión de que eran los lados político y económico del mismo proceso. Cuando la economía de mercado entró en una crisis incontrolable tras la Primera Guerra Mundial se produjo la alianza estratégica entre las clases burguesas y el fascismo para asegurar la pervivencia del sistema capitalista, por lo que "la doctrina política y la teoría del Estado características del fascismo no son, en síntesis, nada más que la eliminación del pensamiento democrático, de las instituciones democráticas, de las formas sociales, políticas y económicas de la civilización democrática" (Polanyi, 2020: 40-41). El carácter *demofóbico* del fascismo es, en definitiva, una manifestación que ya estaba presente en el mismo sistema capitalista.

Desde un punto de vista discursivo, a pesar de la retórica anticapitalista que mantuvo el movimiento fascista en su fase de ascenso al poder, este nunca actuó contra las relaciones de propiedad vigentes ni contra ningún otro elemento del sistema. Se trató siempre de declaraciones puramente demagógicas utilizadas para atraer a las masas, que desaparecieron tan pronto como se ascendió al poder. El fascismo se sitúa en todo momento del lado de las clases capitalistas laminando las conquistas sociales, de forma que, mientras combate a los nacionalistas alemanes en el terreno político recurre a una fraseología "verdaderamente bolchevique" y "una vez eliminado el adversario, se apropia con toda tranquilidad de la política económica que había combatido" (Polanyi, 2020: 49). Así, el nazismo aplastó a las organizaciones políticas y sindicales de los trabajadores para erradicar la amenaza del movimiento obrero en el contexto de la devastadora crisis económica y social de la posguerra (Ruiz Sanjuan, 2022), implantando un poder totalitario guiado por un poderoso aparato de propaganda.

En este mismo sentido reflexiona la filósofa Hannah Arendt (1951) en *Los orígenes del totalitarismo*, cuando explica la necesidad del uso del terror y la propaganda en los regímenes totalitarios. El terror, para mantener el control, silenciar la oposición y asegurar la lealtad absoluta. La propaganda, para distorsionar la realidad y sostener la ideología del régimen. En cuanto al papel de la ideología nacionalsocialista, Arendt argumenta que es un elemento central, dado que proporciona un marco pseudocientífico para justificar las acciones y políticas totalitarias. De este modo, el nazi-fascismo intenta crear una realidad alternativa, que desplaza los hechos objetivables y racionales, imponiendo una narrativa subjetivada oficial que moldea la percepción y el comportamiento de las masas.

La deshumanización de los considerados enemigos a exterminar por el nazismo también se hacía efectiva mediante el uso de la brutalización del lenguaje en los campos de concentración, en donde –como narró el escritor antifascista judío, superviviente del campo de concentración Auschwitz-Monowitz, Primo Levi– las órdenes se repetían "en voz alta y rabiosa, después de un alarido estremecedor, como si se dirigiese a un sordo, o a un animal doméstico" (Levi, 1986: 79). En su estremecedor relato *Los hundidos y los salvados*, Levi da cuenta de la imposibilidad de la vida en el *Lager* (campo), describiendo sus recuerdos sobre el trato deshumanizador en el que el grito había sustituido a las palabras con significado. Sus primeros días en Monowitz –afirma Levi– habían quedado

> [...] grabados en forma de película desenfocada y frenética, llena de ruido y de furia, y carente de significado: un ajetreo de personajes sin nombre ni rostro sumergidos en un continuo y ensordecedor ruido de fondo del que no afloraba la palabra humana. Una película en blanco y negro, sonora pero no hablada (Levi, 1986: 81).

1.2. EL DISCURSO *ANTIESTABLISHMENT* COMO POSE RETÓRICA

Un elemento consensual es la relación duradera entre el fascismo y la protección del modelo de producción capitalista, ya destacada por Polanyi (2020). La conferencia pronunciada en Viena por Theodor Adorno en 1967 sobre los *Rasgos del nuevo radicalismo de derecha* contiene claves iluminadoras al respecto. Adorno explica con claridad la relación de contigüidad entre fascismo y democracia capitalista, exponiendo que las condiciones para la emergencia de nuevos movimientos fascistas seguían activas en el continente europeo 20 años después de su derrota. Para el filósofo alemán, el fascismo no siempre emerge como un régimen consolidado, sino que, a menudo, permanece aletargado hasta que se crean las condiciones para que una situación de deterioro social para la nación ("nosotros") pueda ser achacada a enemigos, exteriores o interiores ("los otros"), el chivo expiatorio a batir. En la Europa de entreguerras, la destrucción del movimiento obrero y del socialismo –los antagonistas para el fascismo originario– garantizaría el control del capitalismo al estado totalitario, tejiéndose de este modo una alianza conveniente y cordial entre empresarios, grandes terratenientes y el movimiento fascista[20], a la que se irían uniendo la policía y el ejército.

El pretendido discurso *antiestablishment* y contra la globalización, en el que se acusa a las élites capitalistas de causar la Gran Recesión, fue popularizado por Trump y se ha convertido en seña de identidad de la nueva política reaccionaria. Hoy tenemos sobradas muestras, especialmente al observar sus programas económicos, de que este discurso antisistema es solo re-

---

[20] En *La lucha contra el fascismo*, Trotsky describe a estos sectores en la Alemania nazi del siguiente modo: "El ejército político de Hitler está compuesto de funcionarios, tenderos, empleados, comerciantes, campesinos y todas las clases intermedias y vacilantes. Desde el punto de vista de la conciencia social, son polvo" (Trotsky 1944: 315).

tórica populista para ganar adhesiones entre los perdedores del capitalismo y la globalización, que está totalmente desprovista de una confrontación con el sistema de gobernanza neoliberal. De hecho, sus representantes políticos son también miembros de las élites económicas de sus respectivos países, por lo que buscan mantener el *statu quo* capitalista. En determinados casos, como sucede con el PP y Vox en España, algunos de sus miembros pertenecen a la aristocracia. Para el caso de Trump, como explica Rubén Juste (2020), el multimillonario presidente y anterior estrella de la televisión instaló a todo un séquito de empresarios a su alrededor que eran autónomos de los partidos políticos, del Partido Republicano, e incluso de las grandes familias internas del *Grand Old Party*. Uno de los principales asesores económicos de Trump y hombre de confianza durante la primera etapa de su mandato, Stephen A. Schwarzman, es el presidente del fondo de inversión Blackstone. Para las elecciones de otoño de 2024, el CEO de Blackstone ha vuelto a dar su apoyo a Trump, aunque para esta ocasión el candidato ha decidido reforzar las alianzas con las empresas tecnológicas de Silicon Valley y el discurso dirigido a los votantes de clase trabajadora blanca de los estados del cinturón industrial, el llamado "cinturón de óxido".

El discurso falsamente antisistema de la "extrema derecha 2.0" (Forti, 2021) es, por tanto, análogo al de los años 30, en el sentido de que su triunfo no puede suponer un cambio de régimen a corto plazo basado en un giro hacia un sistema no capitalista (ya se ha dicho que también en aquel caso resultó ser una argucia retórica). Más bien al contrario. Lo que buscan estos partidos es que las clases dirigentes nacionales acojan su programa y los adopten como nueva representación política, llevando a cabo una fuerte ofensiva anti-popular que agudice las políticas racistas de división de las clases subalternas, algo que pudo comprobarse en los pogromos contra inmigrantes en Inglaterra durante el verano de 2024.

Dentro de este mismo encuadre, las fuerzas de la ultra-derecha han intentado giros discursivos o propuestas de tintes obreristas, para beneficiar, supuestamente, a las clases trabajadoras en un intento de escorarse hacia un remedo de la "tercera posición"[21]. Estos guiños terceristas se vieron, sobre todo, en la campaña electoral de Trump en 2016, en la que logró que los obreros olvidados de los estados del cinturón de óxido, en el medio oeste, le dieran su apoyo. También han aparecido en los discursos del partido de Le Pen en Francia, con su penetración hace años en los sindicatos y la apropiación de parte de sus propuestas, y también en España de la mano de Vox, que impulsó la creación del sindicato Solidaridad, con una muy escasa base de trabajadores, pero políticamente activo en la confrontación de las tractoradas del sector del campo contra el gobierno a principios de 2024. Asimismo, desde el sector falangista de Vox, encabezado por Jorgé Buxadé, se ha promovido en las celebraciones del partido el cántico del himno neofascista "Obrero y español", mientras que en el *storytelling* prefabricado para sus campañas electorales, el partido de Abascal ha viralizado en sus redes vídeos aparentemente improvisados y grabados *in situ* (en realidad previamente preparados y enlatados), en los que se ve a obreros con ropa de faena con un discurso lacerante contra la izquierda, el feminismo y las política del Ministerio de Igualdad.

A pesar de estas maniobras discursivas distractoras, similares a las del fascismo de entreguerras, es palmario que el programa político de la ultraderecha defiende una economía no

---

[21] Resumidamente, la tercera posición, o tercera vía, es un hiperónimo o palabra baúl bajo la que se engloban propuestas políticas que, en diferentes momentos históricos, plantean opciones no bipolares (ni capitalismo, ni socialismo; ni individualismo, ni colectivismo; ni izquierda, ni derecha). En la praxis política, estos movimientos emergieron junto al fascismo y el nacionalsocialismo a principios del siglo XX, con la exaltación del partido único y la nación frente al individuo o la clase social. En España, la Falange Española, de Primo de Rivera, y las JONS, de Ramiro Ledesma, usaron la retórica tercerista para la defensa de sus posiciones políticas.

intervencionista y la autorregulación del mercado, aboga por la reducción y privatización de los servicios públicos, ataca a los sindicatos y propone recortar derechos laborales y sociales en beneficio de la producción. La alianza entre fascismo y capitalismo, por tanto, es otro aspecto perdurable que tiene reflejo en el discurso actual de la ofensiva reaccionaria. Como afirma Urbán:

> [...] en ese supuesto rechazo de la extrema derecha a la globalización y la emergencia de proyectos proteccionistas no hay ninguna proyección antineoliberal, más bien responde a una batalla sobre cómo gestionar el desorden global neoliberal donde un sector de las clases dominantes apuesta por intentar una recomposición en clave nacional (Urbán, 2024: 23-24).

Por último, es importante insistir en que los dos periodos que conocemos de emergencia del autoritarismo reaccionario siguen a dos grandes crisis económicas: la Gran Depresión posterior al crac del 29 y la Gran Recesión de 2008. El hecho de que una situación objetiva de recesión del sistema capitalista actúe como contexto general tanto del fascismo de entreguerras como de la ofensiva autoritaria actual nos devuelve a la idea de contigüidad entre fascismo y capitalismo defendida por Adorno.

2. ANÁLISIS CRÍTICO DEL DISCURSO NACIONALISTA TOTALITARIO DE ENTREGUERRAS

Un elemento central de la teoría del análisis crítico del discurso (ACD) es la asunción de que los procesos de cambio social son también procesos de cambio en el discurso y que estos cambios discursivos pueden influir, a su vez, en los procesos de cambio social (Fairclough y Wodak, 2000). El discurso del fascismo europeo del siglo XX es un buen ejemplo de esta relación de ida y vuelta y ha sido también, por ello, estudiado desde el

Enfoque Histórico Discursivo (Reisigl, 2006; Engel y Wodak, 2013; Wodak y Richardson, 2013). Las investigaciones en este campo nos permiten profundizar en las diferencias existentes entre la forma de comunicar de los líderes fascistas del periodo de entreguerras y el discurso de la ola reaccionaria actual. Resulta sencillo observar que las arengas incendiarias de Hitler y Mussolini, de tono marcadamente militar y lenguaje belicoso con frecuente incitación a la violencia, son diferentes tanto en su puesta en escena, gestualidad y prosodia, como en sus implicaturas, presuposiciones y significados semánticos, a las empleadas por los y las dirigentes las fuerzas de la (ultra)derecha actual. Son discursos que pertenecen a otro contexto histórico y que hoy perderían su efecto persuasivo de seguir la retórica de "camisa parda y correajes".

Aunque excede los límites de este ensayo, es interesante también observar, a través de testimonios de la época, cómo ya entonces el efecto de los discursos de Hitler y Mussolini no fue siempre la devoción de las masas que aparece recogida en la filmografía del momento, sino una suerte de resignación patriótica angustiosa, casi mecánica, desprovista de toda heroicidad. Así lo describe el escritor austriaco Stephen Zweig en sus memorias, poco antes de suicidarse:

> […] en Italia y Alemania, las masas dirigían sus miradas angustiadas hacia Mussolini y Hitler: ¿a dónde nos conducirían ahora? Es verdad que nadie podía oponerse, pues estaba en juego la patria: y los soldados cogieron el fusil y las madres soltaron a sus hijos, pero ya no como antes, ya sin esa fe ciega en que el sacrificio era inevitable. Obedecían, pero no lanzaban gritos de júbilo. Iban al frente, pero ya no soñaban con ser héroes; los pueblos y los individuos habían empezado a darse cuenta de que solo eran víctimas de la estupidez humana o política o de una fuerza del destino malévola e incomprensible (Zweig, 1942: 289).

2.1. La Lengua del Tercer Imperio. LTI, de Victor Klemperer

El filólogo romanista judeoalemán Victor Klemperer denominó en sus clandestinos "Apuntes de un filólogo", *Lengua del Tercer Imperio. LTI* –nótese cómo ironiza el autor sobre la afición de los nazis por las siglas–, al lenguaje público del nacional-socialismo. En esta obra y en sus diarios, caracterizó a la neolengua nazi por una grandilocuencia tan inflada como vacía y por el uso de estrategias lingüísticas al servicio de las "pasiones movilizadoras" anteriormente descritas, destacando siempre el anclaje emocional de su matriz discursiva. Casado con una alemana "aria", el filólogo Klemperer escribe durante el mandato nazi en Dresde a escondidas, sometido a durísimas leyes raciales por su condición de judío, bajo restricciones de todo tipo: despojado de derechos civiles, no puede dar clases en la universidad, ni conducir coches, escuchar radios extranjeras, tener máquina de escribir, fumar, ni usar aparatos ópticos, incluidas cámaras de fotos. Pone por ello toda su atención en estudiar, con precisión de cirujano, el lenguaje con el que se levanta el totalitarismo en la República de Weimar, a partir de la crisis de deuda posterior a la Primera Guerra Mundial.

Como ejemplos más frecuentes de productores de la Lengua del Tercer Imperio Klemperer cita a Hitler y Goebbles, su ministro de Propaganda, ambos con un estilo similar que se caracterizaba por huir de las proposiciones razonadas y por la manifestación de sentimientos viscerales. La importancia y el impacto social de esa neolengua y de sus recurrentes "secuestros semánticos" –como Klemperer los denomina– es tal, que la frase elegida por el romanista para abrir el Prólogo de su obra, citando al filósofo Franz Rosenzweig, dice "El lenguaje es más que sangre". Germán Labrador y Jorge Gaupp (2020) resumen así el impacto de la neolengua fascista en su exhaustivo análisis de la recepción de Klemperer en España:

El fascismo no fue un nuevo lenguaje que prometiese cámaras de gas, torturas y genocidios, sino un uso distinto del lenguaje nacionalista ya existente, que hablaba de libertad, unidad, economía y familia. Quizá por eso también resultaba tan *natural* para tantos en su inicio. Desde la perspectiva de su pragmática, cabría entonces definir el fascismo como un estado particular de la lengua, una activación radical del léxico propio del Estado-nación y de la moral con la que éste se integra en la vida cotidiana (Labrador y Gaupp, 2020: 111-112).

Klemperer habla de otros fenómenos relevantes de la Lengua del Tercer Reich, como la proliferación de neologismos y la resignificación de términos propios del lenguaje nacional-tradicionalista alemán, la utilización sistemática de la hipérbole o la repetición *ad nauseam* de consignas, así como de otros aspectos más interesantes y premonitorios de su obra: la constatación del efecto performativo de las palabras y de su poder para transformar la realidad, algo que se desarrollaría con posterioridad en la teoría de los actos de habla de Austin (1962). En este sentido, Klemperer afirma:

Las palabras pueden actuar como dosis ínfimas de arsénico: uno las traga sin darse cuenta, parecen no surtir efecto alguno, y al cabo de un tiempo se produce el efecto tóxico. Si alguien dice una y otra vez "fanático" en vez de "heroico" y "virtuoso", creerá finalmente que, en efecto, un fanático es un héroe virtuoso y que sin fanatismo no se puede ser héroe. […] En muchos aspectos el lenguaje nazi remite al extranjero, pero gran parte del resto proviene del alemán prehitleriano. No obstante, altera el valor y la frecuencia de las palabras, convierte en bien general lo que antes pertenecía a algún individuo o a un grupo minúsculo, y a todo esto impregna palabras, grupos de palabras y formas sintácticas con su veneno, pone el lenguaje al servicio de su terrorífico sistema y hace del lenguaje su medio de propaganda más potente (Klemperer, 1946: 31-32).

Al definir la característica básica de la LTI, el filólogo judeoalemán elige un sintagma que da título al capítulo tercero de sus *Apuntes*: "La pobreza". Explica Klemperer que "es como si hubiese prestado voto de pobreza", desarrollando a continuación cómo esa simpleza del lenguaje, procedente del lenguaje militar, y ya presente en *Mein Kampf*, penetró en todas las capas de la sociedad alemana tras la llegada al poder del partido nazi en 1933:

> *Mi lucha*, la biblia del nacionalsocialismo, se publicó por vez primera en 1925, y desde entonces su lenguaje quedó básicamente fijado, en el sentido literal de la palabra. Mediante la "toma del poder" por el Partido en 1933, pasó de lenguaje de grupo a lenguaje del pueblo, es decir, se apoderó de todos los ámbitos públicos y privados: de la política, de la jurisprudencia, de la economía, del arte, de la ciencia, de la escuela, del deporte, de la familia, de los jardines de infancia y de las habitaciones de los niños […]. Por supuesto, la LTI se apoderó también, y con particular ahínco, del ejército; de hecho, existe cierta reciprocidad entre el lenguaje militar y la LTI, o, para ser más preciso, el lenguaje militar influyó primero en la LTI y luego esta corrompió el lenguaje del ejército (Klemperer, 1946: 37).

Pero para el romanista lo más sorprendente e indignante es algo que revela a medida que avanzan las páginas de su libro: la omnipresencia de determinados significantes y de nuevos significados a través de la propaganda. Destaca en este sentido la expansión de expresiones litúrgicas en la relación del líder con las masas (el *Sieg Heil*, "Victoria, Salvación", que se responde tras las arengas hitlerianas); el uso de metáforas que animalizaban a los opositores, a las minorías y, sobre todo, a los judíos ("son como gusanos devorando un cadáver", se lee en *Mi lucha* con relación a los judíos, a quienes también denomina "sanguijuelas", "parásitos", "vampiros", "ratas" o "manada de lobos"); y la resemantización de expresiones para referirse a los trabajadores como si de máquinas se tratara, como sucede como el verbo "coordinar" (Klemperer, 1946: 226). Klemperer también se fija en el discurso de Mussolini, a quien presenta como un orador menos histriónico que Hitler, y manifiesta su incomprensión ante los efectos que la "retórica evidente y totalmente contraria al carácter lingüístico alemán" tuvo entre millones de alemanes, sin acertar a encontrar una explicación a ello, salvo el poder de sugestión y persuasión de esa nueva manifestación discursiva:

> Nunca entendí cómo pudo, con sus burdas frases muchas veces construidas de manera lesiva para la lengua alemana, con una retórica evidente y totalmente contraria al carácter lingüístico del alemán, ganarse a las masas y cautivarlas y sojuzgarlas durante un período tan terriblemente largo. Pues por mucho que se atribuya a la influencia prolongada de una sugestión que existió en su día, así como a la acción de una tiranía carente de escrúpulos y al terror ("prefiero creer en la victoria a que me ahorquen", decía un chiste berlinés de la última fasc), queda el hecho espantoso de que la sugestión pudo gestarse y perdurar en millones de personas hasta el último momento, en medio de todas las atrocidades (Klemperer, 1946: 85).

2.2 EL DISCURSO DE HITLER Y MUSSOLINI VISTO POR LEÓN TROTKSY[22]

Las características discursivas de la neolengua nazi-fascista son también descritas, en una la línea similar, en los textos recogidos en la obra de Trotksy *La lucha contra el fascismo*, colección de documentos escritos entre 1930 y 1940 en los que se analiza el ascenso del nazismo y el fascismo europeos, recogien-

---

[22] 1944 es la fecha en la que la editorial estadounidense *Pioneer Publishers* publica por primera vez la compilación de materiales relativos al fascismo del revolucionario ruso. Se citan las páginas por la edición del archivo de marxists.org: https://www.marxists.org/espanol/trotsky/eis/1944-00-00-contrafascismo.pdf. Puede consultarse, asimismo, la reciente edición de *La lucha contra el fascismo* publicada por la editorial Sylone en 2022.

do las características formales y de contenido de los discursos de
Hitler en los términos siguientes:

> Al comienzo de su carrera política, Hitler resistió sólo
> a causa de su gran temperamento, de una voz más fuerte que
> la de los otros, y una mediocridad intelectual mucho más
> autosuficiente. No puso en marcha ningún programa acabado,
> si se descarta la sed de venganza del soldado. Hitler empezó
> con ofensas y quejas sobre los términos de Versalles, el elevado
> coste de la vida, la falta de respeto hacia el digno oficial
> retirado, y las intrigas de los banqueros y periodistas del credo
> de Moisés. El país estaba lleno de gente arruinada, anegada,
> con cicatrices y heridas recientes. Todos ellos querían aporrear
> la mesa con su puño. Hitler podía hacerlo mejor que los demás.
> Ciertamente, no sabía cómo curar el mal. Pero sus arengas
> resonaban a veces como órdenes, a veces como ruegos dirigidos
> a un destino inexorable. […] Todos los discursos de Hitler
> armonizaban con este tono. Un sentimentalismo informe, una
> ausencia de pensamiento disciplinado, una ignorancia pareja a
> una erudición desordenada: todos estos menos se convirtieron
> en más (Trotsky, 1944: 246).

Destaca con fuerza la síntesis de las estrategias discursivas usadas por Hitler, según Trotsky: victimismo, venganza y
chivos expiatorios, por su similitud con las actualmente usadas
por los líderes de las fuerzas de la ultraderecha. Son también
de interés las características que atribuye a sus actos de habla,
su voz, su gestualidad y su carácter: tono fuerte, puño cerrado,
actos directivos, expresivos o rogatorios, y sentimentalismo. No
oculta valoraciones en línea con las que veíamos de Klemperer:
mediocridad, ignorancia, autosuficiencia. Estas características
no las encuentra de igual modo en el discurso de Mussolini, a
quien Trotsky describe como alguien más pragmático, adapta-
tivo y maleable, religioso por conveniencia y no por devoción,

con habilidad para retorcer argumentos de su inicial marxismo y llevar a las clases medias hacia las tesis fascistas, basándose oportunistamente en la división entre burguesía y proletariado.

Un dato interesante con respecto al origen de los dos jefes del nacionalismo autoritario de entreguerras es que, a diferencia de los líderes reaccionarios del siglo XIX, ambos son de origen plebeyo, no aristócratas, por lo que no rechazan a las masas, sino que buscan un contacto directo con ellas para poder manipularlas a través de sus discursos. De Mussolini, quien en sus encuentros con Hitler se manifestaba como macho alfa del fascismo europeo y que, además, hablaba también alemán frente al monolingüe Hitler, Trotsky destaca su cinismo y oportunismo:

> Intelectualmente, Mussolini es más audaz y más cínico. Puede decirse que el ateo romano sólo utiliza la religión de la misma forma que la policía y los tribunales, en tanto que su colega berlinés cree realmente en la infalibilidad de la Iglesia de Roma. Durante la época en que el futuro dictador italiano consideraba a Marx como "nuestro común maestro inmortal", defendía, no sin habilidad, la teoría que contempla en la vida de la sociedad contemporánea ante todo la acción recíproca de dos clases, la burguesía y el proletariado. Ciertamente, escribía Mussolini en 1914, entre ellas hay numerosas capas intermedias que aparentemente constituyen "un tejido conjuntivo del colectivo humano"; pero "durante los periodos de crisis, las clases intermedias gravitan, según sus ideas e intereses, hacia una u otra de las clases fundamentales". ¡Una muy importante generalización! [...] El análisis científico de las relaciones de clase, predestinado por su creador a la movilización del proletariado, permitió a Mussolini, después de haber saltado al campo opuesto, movilizar a las clases medias contra el proletariado. Hitler realizó la misma proeza al traducir la metodología del fascismo al lenguaje del misticismo (Trotsky, 1944: 246-247).

A ambos líderes autoritarios los caracteriza, como se observa, por su capacidad de manipulación a la hora de producir discursos persuasivos, aprovechando las incertezas de las capas intermedias en periodos de crisis para provocar reacciones adversas contra el proletariado y provocar la buscada alianza entre las clases medias y el fascismo. Por otro lado, a Hitler le atribuye la "proeza" de traducir el fascismo al lenguaje del misticismo, en clara alusión a la capacidad de mezclar su propaganda política con simbolismo, mitología, rituales y la idea de un destino nacional y racial cuasi predestinado. Como es sabido, los nazis se caracterizaron no solo por incorporar elementos irracionales, emocionales y casi religiosos a su discurso, sino por la utilización de mitos y leyendas germánicas, así como ideas pseudocientíficas de pureza racial y antisemitismo.

2.3. George Steiner y el balance de los lenguajes totalitarios

En los ensayos publicados en 1967 *Lenguaje y silencio*, el filósofo, ensayista y traductor George Steiner, nacido en Francia en seno de una familia judía de origen austriaco que en 1940 se exilió en Estados Unidos huyendo del nazismo, diserta sobre la literatura, el lenguaje y lo inhumano. En determinadas partes de su obra se centra en las presiones del lenguaje de las mentiras totalitarias y en algunas de sus consecuencias: la deshumanización a través de eufemismos y la violencia, la manipulación de las masas y la responsabilidad de los intelectuales. A Steiner le preocupan el lugar del lenguaje en la sociedad y su relación con el pensamiento, la realidad y la cultura, en lo que es una suerte de tratado de filosofía del lenguaje y de filosofía de la creación literaria. Se centra en lo que denomina "bestialidades" de los regímenes totalitarios y en la yuxtaposición de lo inhumano y lo humano que la civilización central europea (y letrada) de entreguerras fue capaz de producir simultáneamente:

> Poco a poco, las palabras perdían su significado original y adquirían acepciones de pesadilla. *Jude*, *Pole*, *Russe* vinieron a significar piojos con dos patas, bichos pútridos que los maravillosos arios debían aplastar «como cucarachas que corren por una pared mugrienta», como decía un manual del partido. «La solución final», *endgültige Losung*, acabó por significar la muerte de seis millones de seres humanos en los hornos crematorios. El idioma no sólo fue infectado por estas bestialidades sin cuento. Fue impelido también a fortalecer innumerables falsías, a convencer a los alemanes de que la guerra era justa y victoriosa en todas partes (Steiner, 1967: 120).

El autor considera que el lenguaje ya no es relevante para todos los modos principales de acción, pensamiento y sensibilidad tras la demostración de fuerza ejercida por el totalitarismo. Así, explora cómo se puede manipular para servir a fines totalitarios, dado que el nazismo y el fascismo no solo distorsionaron el lenguaje para sus fines propagandísticos, sino que también corrompieron el pensamiento y la moralidad a través de su uso de la palabra. Steiner reflexiona también sobre cómo los regímenes totalitarios deshumanizan a sus enemigos y a sus propios ciudadanos a través de una retórica que justifica la violencia y la represión. Este proceso es esencial para comprender cómo se banalizaron las atrocidades cometidas bajo el nazismo y el fascismo.

> Los idiomas contienen inmensos depósitos de vida. Pueden absorber masas de histeria, incultura y mojigatería (George Orwell puso de manifiesto que al inglés le estaba ocurriendo lo mismo actualmente). Pero todo tiene un límite. Si se utiliza para concebir, organizar y justificar Belsen[23]; si se usa para ingeniar detalles de los hornos crematorios; si se

---

[23] Con Belsen se alude al campo de concentración nazi Bergen-Belsen, ubicado en la Baja Sajonia (Alemania) cerca de las ciudades de Bergen y Belsen. Conocido por

emplea en la deshumanización del hombre a lo largo de doce años de bestialidad calculada, algo irremediable acaba por ocurrir en su interior. Si se hace palabra de cuanto hicieron Hitler, Goebbels y los cien mil *Untersturmführer*[24], las palabras se convierten en vehículos de terror y falsedad. Algo irremediable acaba por ocurrir a las palabras. Algo de las mentiras y del sadismo acaba por instalarse en el núcleo del idioma (Steiner, 1967: 121).

Otro tema recurrente en Steiner es la responsabilidad de los intelectuales y los artistas en tiempos de barbarie. Argumenta que la alta cultura no inmuniza contra la barbarie y que los intelectuales tienen una responsabilidad especial para oponerse a las ideologías totalitarias:

> Es evidente que el crítico tiene una responsabilidad especial ante el arte de su propia época. Debe preguntarse no sólo si tal arte constituye un adelanto o un refinamiento técnicos, si añade un giro estilístico o si juega astutamente con la sensibilidad del momento, sino también por lo que contribuye o lo que sustrae a las menguadas reservas de la inteligencia moral. ¿Qué medida del hombre propone esta obra? La cuestión no es fácil de plantear ni puede enunciarse con tacto infalible. Pero la nuestra no es una época corriente. Se esfuerza bajo la tensión de lo inhumano, experimentada en una escala de magnitud y de horror singulares; y no está lejos la posibilidad de la catástrofe. Sería extraordinario permitirse el lujo de guardar distancias, pero es imposible (Steiner, 1967: 25-26).

---

sus terribles e inhumanas condiciones de trato a los prisioneros, en él murió de tifus en 1945, poco antes de la liberación del campo, la diarista judeo-alemana Ana Frank.

[24] *Untersturmührer* es un término en alemán que se traduce al español como "líder de asalto subordinado" o "subteniente". Este título era un rango militar utilizado por las SS (*Schutzstaffel*) en la Alemania nazi durante la Segunda Guerra Mundial.

Y alude a aquellos escritores que, teniendo capacidad de influir, se convierten en colaboracionistas y, por tanto, en cómplices del autoritarismo, optando por seguir con su producción:

> La cuestión de si el poeta debe hablar o callar, de si el lenguaje está en condiciones de casar con sus necesidades, es una cuestión real. «Ninguna poesía después de Auschwitz», dijo Adorno, y Sylvia Plath plasmó el significado latente de esta afirmación de una manera al mismo tiempo histriónica y profundamente sincera. ¿Ha perdido nuestra civilización en virtud de la inhumanidad que implantó y que justificó - somos cómplices de lo que nos deja indiferentes- el derecho a ese lujo indispensable que llamamos literatura? [...]. No digo que los escritores deban dejar de escribir. Esto sería fatuo. Me pregunto si no están escribiendo demasiado, si el diluvio de letra impresa a través del cual luchamos por abrirnos paso, aturdidos, no representa por sí mismo una subversión del significado (Steiner, 1967: 71).

Por ello, le preocupa que los poetas ejerzan su importante función de salvaguardar la fuerza vital del habla, así como que las personas aprendan idiomas extranjeros, aunque solo sea para ser conscientes de las limitaciones de los suyos propios. Steiner sugiere que, si existe algún remedio, solo puede residir en prestar más atención cuidadosa a la vida del lenguaje, a las complejas energías de la palabra en nuestra sociedad y cultura y a su no perversión con finalidades deshumanizadoras y autoritarias.

2.4. La neolengua del *Ur-Fascismo* para Umberto Eco

El semiólogo y escritor italiano Umberto Eco era un niño durante la época del fascismo y creció en la Italia posterior a su derrota. El 25 de abril de 1995 pronuncia en la Universidad de Columbia, Nueva York, su célebre conferencia "Ur-

Fascismo" (*Fascismo eterno*), como parte de un evento con-
memorativo del 50 aniversario de la liberación de Europa del
régimen nazi-fascista. En la misma, identifica y analiza sus
características esenciales, argumentando que estas pueden
surgir en cualquier momento y lugar, bajo distintas formas
y contextos, una manifestación en la que resuenan las ideas
de Adorno recogidas al inicio de este capítulo. Su análisis
destaca la naturaleza persistente y camaleónica del fascismo,
proporcionando una guía para reconocer y resistir a sus manifestaciones que, como ya adelantamos, pueden siempre mutar
para adaptarse:

> El término «fascismo» se adapta a todo porque es posible
> eliminar de un régimen fascista uno o más aspectos, y siempre
> podremos reconocerlo como fascista. Quítenle al fascismo
> el imperialismo y obtendrán a Franco o Salazar; quítenle el
> colonialismo y obtendrán el fascismo balcánico. Añádanle al
> fascismo italiano un anticapitalismo radical (que nunca fascinó
> a Mussolini) y obtendrán a Ezra Pound. Añádanle el culto de la
> mitología celta y el misticismo del Grial (completamente ajeno
> al fascismo oficial) y obtendrán uno de los gurús fascistas más
> respetados: Julius Evola (Eco, 1995: 10).

Eco propone una lista de catorce características típicas de
lo que denomina "fascismo eterno", la última de las cuales, la
número 14, hace referencia explícita al discurso. Al igual que
Victor Klemperer, lo denomina neolengua, siguiendo así la gran
distopía de George Orwell, *1984*:

> El Ur-Fascismo habla «neolengua». La «neolengua»
> fue inventada por Orwell en *1984*, como lengua oficial del
> Ingsoc, el socialismo inglés, pero elementos de Ur-Fascismo
> son comunes a formas diversas de dictadura. Todos los textos
> escolares nazis o fascistas se basaban en un léxico pobre y una

sintaxis elemental, con la finalidad de limitar los instrumentos para el razonamiento complejo y crítico. Mas debemos estar preparados para identificar otras formas de neo habla, incluso cuando adopten la forma inocente de un popular *reality show* (Eco, 1995: 16).

Es llamativa la coincidencia de las reflexiones de Eco con las apreciaciones de Klemperer respecto de la pobreza léxica y la sintaxis elemental, relacionadas con la necesidad de evitar el pensamiento crítico. También resulta de interés el señalamiento de los *reality shows*, que comenzaban a popularizarse en la televisión de Berlusconi en los años 90, como espacios de reproducción de una neolengua con similares características a la que el semiólogo piamontés describe. Desde el punto de vista del lenguaje externo, en un punto anterior desarrolla la idea de que, dentro del fascismo, el desacuerdo es considerado una traición, por lo que manifestar cualquier crítica interna siempre será percibido como un acto disidente. Esto lleva a la unanimidad discursiva e ideológica y al rechazo, a la postre, hacia formas de pensamiento exógenas (las de "los intrusos" o "los otros"), dando lugar, de manera inexorable, al racismo:

> Ninguna forma de sincretismo puede aceptar el pensamiento crítico. El espíritu crítico opera distinciones, y distinguir es señal de modernidad. En la cultura moderna, la comunidad científica entiende el desacuerdo como instrumento de progreso de los conocimientos. Para el Ur-Fascismo, el desacuerdo es traición. El desacuerdo es, además, un signo de diversidad. El Ur-Fascismo crece y busca consenso explotando y exacerbando el natural miedo a la diferencia. El primer llamamiento de un movimiento fascista, o prematuramente fascista, es contra los intrusos. El Ur-Fascismo es, pues, racista por definición (Eco, 1995: 12-13).

2.5. EL DISCURSO REACCIONARIO DEL NACIONALCATOLICISMO ESPAÑOL

El discurso de la dictadura fascista española, las fuentes de las que bebe y su continuidad hasta el presente son objeto de un detallado análisis, ilustrado con numerosos ejemplos, en el libro *El discurso reaccionario de la derecha española. De Donoso Cortés a Vox*, del profesor Pedro Fernández Riquelme (2022). El fundador y director de la revista de lingüística materialista *Refracción* explica la matriz discursiva sobre la cual construye su acción política desde el siglo XIX hasta el presente la derecha reaccionaria española comenzando por el análisis de la retórica afrancesada y la retórica conservadora. Esta dicotomía nace como fruto del fracaso de las revoluciones liberales en la España del siglo XIX y la reacción antiliberal que la invasión francesa supuso. Fernández Riquelme se centra en el discurso de varias figuras fundamentales en la construcción del discurso reaccionario: Emilio Castelar, Donoso Cortés y Menéndez Pelayo, artífices de la construcción ideológica de constantes discursivas que reaparecerán a modo de *topoi*[25] históricos en el pensamiento posterior, como el anclaje de la relación entre catolicismo e hispanidad, o la idea de preservación patriótica de España por encima de la libertad y la democracia. El discurso pronunciado por Castelar en las Cortes en 1873, tras la rebelión cantonal que tuvo lugar durante la Primera República, del que se imprimieron doscientos mil ejemplares en folletos, es uno de los mejores ejemplos recogidos por Fernández Riquelme del prototipo de discurso nacional-populista, en el que prima la exaltación sentimental sobre los argumentos razonados y la narración personal sobre la

---

[25] Los *topoi* son tópicos o lugares comunes en la argumentación que se presentan como aparentemente incuestionables (Anscrombe y Ducrot 1983). En el Enfoque Histórico Discursivo, los *topoi* resultan fundamentales para desentrañar el sentido de presuposiciones que se presentan como ciertas y que son reconocibles por su repetición y esencialidad en el relato de acontecimientos históricos relacionados con el fascismo y el antifascismo en Europa (Wodak, 2001; Reisigl, 2006; Camargo y Urbán, 2022).

argumentación. Se recurre en él, además, a un pasado mitificado y a una selección léxica del campo semántico del nacionalismo:

> Yo quiero ser español y solo español; yo quiero hablar el idioma de Cervantes; quiero recitar los versos de Calderón; [...] quiero considerar como mis pergaminos de nobleza nacional la historia de Viriato y el Cid; quiero llevar en el escudo de mi Patria las naves de los catalanes que conquistaron Oriente...; quiero ser de toda esta tierra, aunque me parece estrecha...; de toda esta tierra ungida, sacrificada por las lágrimas que le costara a mi madre mi existencia; yo amo con exaltación a mi Patria, y antes que a la libertad, antes que a la República, antes que a la federación, antes que a la democracia, pertenezco a mi idolatrada España (*apud* Fernández Riquelme, 2022: 34-35).

Por su parte, Donoso Cortés y Menéndez Pelayo abordarán lo que llaman "el problema de España" y popularizarán el término "antiespañol", con el que puede calificarse a todos sus enemigos, como respuesta al supuesto problema de decadencia de la nación. Para estos pensadores solo en el cristianismo, la fe en Dios y el varón español puede estar la salvación. Con Donoso se inicia, además, la larga tradición, aún vigente, de los discursos de odio contra las posiciones políticas y sistemas de participación no autoritarios que están en la base de las democracias liberales:

> El liberalismo y el parlamentarismo producen en todas partes los mismos efectos: ese sistema ha venido al mundo para castigo del mundo: él acabará con todo, con el patriotismo, con la inteligencia, con la moralidad, con la honra. Es el mal, el mal puro, el mal esencial y substancial. Eso es el parlamentarismo y el liberalismo. Una de dos: o hay quien dé al traste con ese sistema, o ese sistema dará al traste con la nación española (*apud* Fernández Riquelme, 2022: 43).

Menéndez Pelayo es el "portaviones ideológico" de la Lengua del Nacional-Catolicismo (LNC), que alcanzaría su punto álgido durante el franquismo (Labrador y Jorge Gaupp, 2020: 148-149). Su noción de la "anti-España", con la que definen a todos aquellos que a lo largo de la "historia nacional" se habían opuesto a la unidad religiosa en torno al catolicismo está en el origen de la LNC, que también se nutre de la crítica a la modernización y la secularización, así como del miedo y el rechazo a cualquier conato de revolución social, por un lado, y al separatismo vasco y catalán, por otro.

Con estos mimbres se teje el nacimiento del discurso fascista en España, momento histórico crítico en el que se produce la traslación política, en clave militar y autoritaria, de la ideología nacionalista anteriormente descrita. Durante la dictadura de Primo de Rivera (1923-1930), tiene lugar la revitalización discursiva de representaciones históricas medievales, la estigmatización de lo extranjero y la vuelta a la violencia y la fe como fórmulas salvadoras para la nación. La obra de Ramiro de Maeztu y su revista y *Acción española* serán dispositivos esenciales para el lanzamiento del concepto de "Hispanidad". Maeztu destaca por potenciar la retórica militarista imperial y belicista, la visión teocrática de España, con derivadas antiigualitaristas ante lo que consideran la "amenaza del comunismo":

> Es evidente que todos nuestros males se reducen a uno: la pérdida de nuestra idea nacional. Nuestro ideal se cifraba en la fe y en su difusión por el haz de la tierra. Al quebranto de la fe siguió la indiferencia. No hemos nacido para ser kantianos. Ningún pueblo inteligente puede serlo. Si la chispa de nuestra alma no se identifica con la Cruz, mucho menos con ese vago Imperativo Categórico que solo nos obligaría a desear la felicidad del mayor número, aunque el mayor número se compusiera de cínicos e hijos del placer (*apud* Fernández Riquelme, 2022: 78).

El nacimiento por la fusión de la Falange Española de Primo de Rivera con las JONS de Ramiro Ledesma y Onésimo Redondo daría lugar al partido fascista FE de las JONS en 1934, con un discurso nacional-sindicalista de corte autoritario[26]. Pero la Lengua del Nacional-Catolicismo tomará forma discursiva de estado a través de la propaganda franquista y de sus axiomas políticos, dando cuerpo político a la ideología del catolicismo reaccionario articulada a lo largo del periodo anterior. Con el golpe de estado de Franco contra la Segunda República en julio de 1936, el luego dictador activaría el eje de la conspiración judeo-masónica dentro de los marcos del chivo expiatorio y del miedo al enemigo exterior:

> ¡Españoles!:
>
> A cuantos sentís el santo amor a España, a los que en las filas del Ejército y Armada habéis hecho profesión de fe en el servicio de la Patria, a los que jurasteis defenderla de sus enemigos hasta perder la vida, la Nación os llama a su defensa. La situación en España es cada día que pasa más crítica; la anarquía reina en la mayoría de sus campos y pueblos [...]. Huelgas revolucionarias de todo orden paralizan la vida de la Nación [...]. La Constitución, por todos suspendida y vulnerada, sufre un eclipse total; ni igualdad ante la Ley, ni libertad, aherrojada por la tiranía, ni fraternidad cuando el odio y el crimen han sustituido al mutuo respeto, ni unidad de la Patria, amenazada por el desgarramiento territorial más que por regionalismos que los propios poderes fomentan [...]. Pero, frente a eso, una guerra sin cuartel a los explotadores de la política, a los engañadores del obrero honrado, a los extranjeros y a los extranjerizantes que directa o solapadamente intentan destruir a España (*apud* Fernández Riquelme, 2022: 82-83).

---

[26] Para una revisión exhaustiva sobre el lenguaje empleado por el movimiento Falange Española desde el momento de su irrupción en el panorama político español de los años treinta hasta 1945, véase Soler Gallo (2018).

Edgar Straehle (2024) ha analizado la presencia, poco conocida, de la retórica revolucionaria en Franco, un marco que a
nivel público promovió de múltiples maneras, y en diferentes
contextos, hasta los años 60. Este rasgo discursivo coincide con
lo explicado al inicio del capítulo sobre la fraseología bolchevique presente en los primeros discursos del fascismo de entreguerras. Y es también una característica propia de un franquismo
dúctil en el plano retórico, en el que la revolución se convirtió en
uno de sus marcos, complementario con el de Cruzada, siempre
con una semántica elástica:

> Esta es, españoles, nuestra Revolución Nacional, que
> espíritus mezquinos y rutinarios no saben o no quieren
> comprender. Pues bien, yo lanzo desde aquí solemnemente la
> consigna: "Revolución Nacional Española", y digo: ¿Es que
> un siglo de derrotas y de decadencias no exige, no impone, una
> revolución? Ciertamente que sí. Una revolución de sentido español
> que destruya un siglo de ignominias importador de las doctrinas
> que habían de producir nuestra muerte; en el que, al amparo de la
> libertad, la igualdad y la fraternidad y de toda la tópica liberalesca,
> se quemaban nuestras iglesias y se destruía nuestra Historia [...]
> Una revolución antiespañola y extranjerizada nos destruyó todo
> aquello. Otra revolución española genuina, recoge de nuestras
> gloriosas tradiciones cuanto tiene de aplicación en el progreso
> de los tiempos, salvando los principios, las doctrinas de nuestros
> pensadores del tradicionalismo y de nuestras cabezas jóvenes de
> hoy, y da al mundo pruebas constantes de su capacidad creadora,
> como ésta reciente y magnífica del Fuero del Trabajo (*apud*
> Straehle, 2024: 119).

Como dijera Manolo Vázquez Montalbán (1977: 134), la
más acabada y perfecta obra del régimen no habían sido los pan-
tanos ni las Copas de Europa del Real Madrid. La gran obra del
régimen era el lenguaje. De este modo, el llamado franquismo

sociológico sería también un "franquismo lingüístico" (Labrador y Gaupp, 2020: 118), el producto final elaborado a través del trabajo de dos siglos de pensamiento reaccionario español. Actualmente, en España, es la ultraderecha de Vox la que exhibe un discurso más cercano al del nacionalcatolicismo, desprovisto de la retórica militar, pero conservando aún muchos de sus ingredientes semántico-pragmáticos.

Recapitulando lo dicho hasta aquí, a través de los diferentes ejemplos analizados se constata un hilo conductor del discurso fascista, con *topoi* o lugares comunes en la argumentación, que se repiten y reaparecen en nuestros días: hay una situación de crisis en la que se activa el miedo y hay una serie de chivos expiatorios, presentados como culpables de la crisis, a los que hay que expulsar o eliminar, todo ello bajo la dirección de un líder carismático que puede salvar a la nación de su decadencia para hacerla renacer. Este proceso es conducido por unas élites reaccionarias que logran persuadir al pueblo de que luchan de su lado. Con estos ingredientes discursivos se da vida al monstruo que después –la Historia del siglo XX así lo ha demostrado– tanto cuesta derrotar.

Capítulo III.
Los discursos de la ofensiva reaccionaria del siglo XXI

> ¿De qué sirve decir la verdad sobre el fascismo que se condena si no se dice nada contra el capitalismo que lo origina?
>
> Atribuida a BERTOLD BRECHT (ca. 1930-1940)

> La economía es el método. El objetivo es cambiar el corazón y el alma.
>
> MARGARET THATCHER (1981)

1. *SHOCKS* GLOBALES DEL NEOLIBERALISMO EN EL PRIMER CUARTO DE SIGLO

El primer cuarto del siglo XXI ha supuesto la consolidación de una ola reaccionaria global construida sobre lo que la politóloga estadounidense Wendy Brown (2021) ha llamado las ruinas del neoliberalismo. En casi 25 años de siglo han tenido lugar diversas crisis del capitalismo y *shocks* de repercusión mundial, tras los que el malestar social generado se ha ido canalizando, cada vez más, en términos reaccionarios. Las ramificaciones de la lógica neoliberal han hecho, por un lado, que la rentabilidad del capital y la acumulación de bienes sean más importantes que la plasmación de los ideales de libertad, justicia e igualdad que alentaran las revoluciones de las clases subalternas en los siglos XIX y principios del XX. En aras de dicha acumulación capitalista, se ha llegado al punto de justificar o relativizar injusticias de todo tipo, con la aceleración de la industria y los discursos de la guerra, de efectos devastadores en el presente para los derechos humanos y la vida en diversos puntos del planeta. La precarización de las condiciones de vida para la gente joven, la explotación laboral y el caos ecológico han colapsado la búsqueda de horizontes y de espacios de emancipación. De hecho, los ideales a los que se vuelve la mirada ya no son –como afirma Brown (2021)– el socialismo que predijera Karl Marx, sino los modelos autoritarios, el individualismo y, en algunos contextos, la religión. En palabras del sociólogo francés Christian Laval:

> Desde hace ya cierto tiempo, la cólera de los *perdedores* de la competitividad neoliberal ha sido canalizada y desactivada, en parte, a través de ideologías y líderes demagogos, que han hecho de la nación, la etnia, la religión, y en general de la identidad comunitaria mayoritaria, un derivado electoralmente muy eficaz. Este contramovimiento autoritario, nacionalista y en ocasiones religioso utiliza los efectos destructivos de la globalización capitalista y aviva el sentimiento de desposesión y desesperanza que ha sido su consecuencia lógica (Laval, 2022: 62).

La historia de que lo que llevamos de siglo XXI puede analizarse, de este modo, bajo lo que la periodista y escritora Naomi Klein (2010) denominó "capitalismo del desastre", una doctrina formada bajo los presupuestos políticos, económicos y sociales del padre de la Escuela de Chicago, Milton Friedman, y cuyo principal objetivo es, según Klein, desmantelar los restos del "estado del bienestar" y promover la globalización del modelo de desarrollo neoliberal. Lo que la autora canadiense analiza como la "doctrina del *shock*" es un *modus operandi* que los garantes del capitalismo utilizan en distintos momentos de crisis para desarrollar su agenda política y económica, aprovechando para llevar a cabo reformas que benefician a las élites económicas, mientras perjudican a las clases populares.

En el contexto actual de crisis sistémica multipolar y desorientación en la forma de afrontar el futuro, agravada por la situación de emergencia climática, se gesta el *revival* neoconservador en clave nacionalista aquí analizado, para el cual la normalización de los discursos reaccionarios ha sido un elemento clave. La ciencia y la razón encuentran hoy enormes dificultades a la hora de proporcionar alternativas al entramado tejido por la subjetividad neoliberal y a su penetración en todos los órdenes de la vida. El nuevo orden discursivo del neoliberalismo autoritario ha contribuido a dicha penetración a través de la creación y propagación de imaginarios sociodiscursivos, en el sentido que define Patrick Charaudeau (2007) y que se explicó en el capítulo 1. A partir de la activación de emociones como el miedo, la ira o el resentimiento se están socavando los fundamentos de las cada vez más adelgazadas democracias liberales, transformándolas en otra cosa. De acuerdo con el economista Manuel Garí (2022), la propia noción de democracia dentro del mismo neoliberalismo ha ido mutando semánticamente desde finales del siglo XX, usando la doctrina del *shock* para la desmovilización popular:

> Su concepto de la democracia se reduce al voto y a las libertades individuales, condicionadas tanto por un poder político autoritario que delimita su alcance como por la intervención económica y política, bajo mano, de instituciones no sujetas a control democrático. También por el uso continuado del *shock* como medio de desarme e inmovilización popular y, si fuera necesario, como en Chile y otros países, imponiéndose violentamente (Garí, 2022: 40).

En efecto, y como se recoge en el libro de Luisa Martín Rojo y Alfonso del Percio (2019), el discurso –entendido desde el análisis crítico (ACD) como una práctica social que regula las estructuras sociales a la par que representa, crea, reproduce y cambia la realidad– está jugando un papel esencial en la construcción de nuevas subjetividades. Mediante el lenguaje de la gubernamentalidad neoliberal, se ha logrado imponer la comercialización total de la vida contemporánea, la despolitización, el cinismo, el individualismo posesivo y el refugio narcisista. Dichas subjetividades, activadas desde diferentes espacios de poder, están sirviendo no solo para desacreditar formalmente los sistemas democráticos, sino también para borrar los últimos restos del estado del bienestar. Las razones son múltiples, pero la que subyace a ellas es la configuración de todos los aspectos de la vida, y del ser humano mismo a través de toda su existencia, en un sentido económico. La política se convierte, por tanto, en gobernanza y administración, mientras que el ámbito de lo relativo a la *res publica* se transforma en estructuras de gerencia. El discurso articulado por las nuevas caras del neoliberalismo autoritario oculta con subterfugios la explotación económica del ser humano y se envuelve –como ha analizado la sociolingüista Luisa Martín Rojo– en la bandera de una *libertad* resignificada:

> El rechazo a lo políticamente correcto y el presentarse como antisistema se vinculan a las guerras culturales y son numerosos los estudios que tratan de desvelar sus claves. Sin embargo, más complejo –y también más urgente– resulta determinar cómo estos discursos contribuyen también a generar, difundir y consolidar como hegemónica una racionalidad neoliberal ultraconservadora bajo la bandera de la libertad (Martín Rojo, 2022: 77).

1.1. El 11S, la "guerra contra el terror" y el 11M

Siguiendo el planteamiento de Naomi Klein, recién inaugurado el siglo tiene lugar el *shock* del atentado contra las torres gemelas de Nueva York el 11 de septiembre 2001 y las réplicas que traería la subsiguiente *war on terror*, iniciada con la invasión de Afganistán para eliminar al supuesto cerebro de los atentados, Bin Laden, y a su organización, Al Qaeda. La llamada "guerra contra el terror", emprendida por Estados Unidos y sus aliados europeos, encajaba a la perfección en el imaginario sociodiscursivo del "choque de civilizaciones", que había colocado al islam como antagonista principal de Occidente tras la caída del Muro de Berlín y el derrumbe de la URSS (Krastev y Holmes, 2019). Entre los aliados de George W. Bush para la guerra se encuentra España, gobernada entonces por el Partido Popular de José María Aznar. Aznar sería uno de los protagonistas de la célebre foto del "trío de las Azores", en realidad, un cuarteto, junto a George Bush, Tony Blair y José Manuel Durâo Barroso, imagen que retrataría la alianza previa a la invasión de Irak.

Imagen 2. José Manuel Durao Barroso, Tony Blair, George W. Bush y José María Aznar, el 16 de marzo del 2003 en la base aérea de Lajes, en Terceira (islas Azores). Fuente: *La Vanguardia*[127].

El entonces Presidente español sería, en efecto, responsable de la participación activa del país en la invasión de Irak en 2003 y uno de los principales activos a la hora institucionalizar la mentira, al tratar de extender el *shock* del peligro de las armas de destrucción

<hr />

[27] *La Vanguardia*, 26/10/2015: https:/ azores-cuarteto-aznar-bush-blair-durao-barroso-invasion-iraq-excusas-disculpas.html.

masiva que, presunta y falsamente, obraban en poder Sadam Husein. Las investigaciones abiertas con posterioridad demostraron no solo dicha falsedad, sino la estrategia comunicativa de propaganda, coordinada entre Aznar y Blair, para justificar la invasión haciendo ver que se había hecho todo lo posible para evitarla[28].

El 11 de marzo de 2004 tendrían lugar los atentados yihadistas en los trenes de la red de Cercanías de Madrid que el Partido Popular de Aznar se afanó, pese a las evidencias tempranas, en atribuir a ETA, haciendo correr un bulo gubernamental por el que todavía el PP no ha pedido oficialmente disculpas (Sampedro, 2024). De alguna forma, esta mentira promovida desde un gobierno, con la figura de su entonces presidente llamando por teléfono a las redacciones de los principales medios de comunicación para que difundieran su versión de los hechos, es la primera batalla por el relato político sostenida sobre un bulo gubernamental en el siglo XXI europeo. Puede decirse que constituye un antecedente de lo que después harían Trump o Bolsonaro. Tres días después se celebran las elecciones generales, que pierde el Partido Popular en favor de José Luis Rodríguez Zapatero (PSOE), y a partir de entonces se inaugura la estrategia discursiva de la deslegitimación constante del gobierno, que no ha abandonado el PP desde entonces siempre que no ha gobernado, y a la que se ha sumado con posterioridad Vox. La etiqueta *gobierno ilegítimo* ha vuelto a ser en los últimos años un eje fundamental de la comunicación de los diferentes dirigentes de la (ultra)derecha[29], desde Casado y Feijóo a Abascal, constituyendo un eje preferente de la actual batalla por las ideas del Partido Popular, especialmente del PP madrileño con Ayuso y Almeida a la cabeza.

---

[28] *El Mundo*, 06/07/2016: https://www.elmundo.es/internacional/2016/07/06/5 77d430f22601d506e8b4588.html.

[29] Como ya se dijo, usamos el paréntesis en ultra, siguiendo a Víctor Sampedro (2023), para evidenciar laexistencia de vasos comunicantes entre partidos conservadores clásicos y la extrema derecha actual.

Como recuerda Alejandro García Sanjuán (2023), Aznar llegaría a reconocer en su célebre intervención en la universidad de Georgetown en septiembre de 2004, solo 6 meses después de los atentados yihadistas de Madrid, que lo ocurrido el 11M era una venganza de Al-Qaeda por la Reconquista. De este modo, el expresidente haría manifiesta su idea, varias veces repetida, de que España es una nación construida frente al islam (García Sanjuán 2023: 28). Esta misma idea ha sido replicada por otros dirigentes del PP recientemente en sus redes sociales, al calor de la propaganda islamófoba y exaltadora de la Reconquista desplegada por Vox, en la que la expulsión de los musulmanes sirve para la afirmación total de la cultura católica como último bastión nacional y mediante la cual la imagen del islam es la del enemigo histórico (Cheddadi, 2024). La campaña que condujo a la invasión y destrucción de Irak, al negocio de su posterior reconstrucción, y a una intencionada desestabilización de la zona, no habría sido posible sin activar un imaginario social de securitización, en clave nacionalista y excluyente, tras el 11-S (Miller, 2007). Todo ello sería después convenientemente aprovechado por el entonces conocido magnate neoconservador y presentador de un programa de telerrealidad, Donald Trump.

1.2. La Gran Recesión. Indignados contra la austeridad e indignados neoliberales

No mucho después del desarrollo de la denominada *war on terror* (guerra contra el terror), se produce en octubre de 2007 una convulsión económica sin precedentes en el capitalismo financiero mundial, el crac del 29 del presente siglo. Es el *shock* del periodo de crisis financiera que dio lugar a la Gran Recesión (2008-2013), cuya gestión de socialización de pérdidas y rescate a la banca trajo consigo la exacerbación de las desigualdades sociales y económicas en todo el mundo, activando el argumento de la retórica de la escasez ("no hay para todos"). Tienen lugar en este momento la crisis de las hipotecas *subprime* y el *shock* de la posterior quiebra de Lehman Brothers –la mayor bancarrota de la historia de los Estados Unidos– que da lugar al inicio de la Gran Recesión en 2008, cuya repercusión fue mundial. Como explica el politólogo Jaime Pastor:

> El triunfalismo neoliberal llega a su fin cuando estalla la crisis financiera global de 2008 y, con ella, la inauguración de la fase *punitiva*, entendida esta no tanto en su forma directamente represiva sino, sobre todo, en la de *violencia financiera*, teniendo en la crisis griega su manifestación más extrema mediante la imposición del credo neoliberal en contra de la decisión democrática del pueblo griego, expresada a través de un referéndum. La deudocracia pasaba así a estar por encima de la democracia, imponiéndose en las constituciones estatales (como ocurre en el caso español en septiembre de 2011) y tratando así de *despolitizar la economía*. Mientras tanto, el discurso de *ganadores y perdedores* se aplica no solo a los Estados, sino también a los individuos…, y a sus familias, haciendo recaer además en las mujeres más tareas de reproducción social (Pastor, 2022: 33)[30].

Efectivamente, la gestión de esta crisis económica supuso la implantación de políticas de austeridad y recortes sociales severos que afectaron a capas muy amplias de la población. Adoptando el credo neoliberal, se optó por pagar la deuda y los rescates bancarios haciendo responsable de la crisis a la mayoría social trabajadora con el argumento de la culpa por un supuesto derroche previo. Son aún recordadas las palabras del entonces ministro de Fomento y portavoz gubernamental del gobierno de Zapatero, José Blanco (PSOE): "Los españoles hemos vivido por encima de nuestras posibilidades y ahora hay que apretar-

---

[30] Todas las cursivas son del original.

se el cinturón"[31]. El cinturón se apretaría a costa de la destrucción y precarización del empleo, así como de la desinversión en servicios sociales, sanidad o educación. En muchos lugares del planeta se vio un aumento exponencial de las desigualdades y del paro estructural, así como la aparición de grandes bolsas de pobreza, que también emergerían en las grandes ciudades occidentales. Producto de la gestión neoliberal de esta crisis, surge en España en 2011 el Movimiento 15M, también conocido como *Movimiento de Los Indignados*, que impugnaría las políticas "austericidas" bajo su contundente lema "No somos mercancía en manos de políticos y banqueros". En la ciudad de Nueva York nace ese mismo año el movimiento *Occupy Wall Street* como respuesta a las desigualdades económicas y al poder de las grandes instituciones financieras, percibido por muchos como responsables de la crisis de 2008, y cuyo lema principal era "Nosotros somos el 99%".

Pero no sería el *Movimiento del 99%* el que tendría un mayor impacto en la configuración de imaginarios sociales con repercusión política en Estados Unidos, sino otro de carácter ultraconservador nacido en 2008, junto a la propia crisis, formado por neoliberales libertarianos de extracción diversa, interconectados a través de Twitter y Facebook, y cuyas protestas recibieron una amplia cobertura en el canal Fox News: el Tea Party, movimiento de los "indignados neoliberales" (Urbán, 2024: 103) cuya propuesta principal se resume en el eslogan "Que los fracasados fracasen". El Tea Party fue protagonista de diversas campañas políticas contra la presidencia de Barak Obama y mostró especial beligerancia contra el *Obamacare*, pero fue precisamente tras la crisis financiera cuando se viralizaron sus planteamientos

---

[31] *El Economista*, 25/09/2011, https://www.eleconomista.es/espana/noticias/3401729/09/11/Blanco-Hemos-vivido-por-encima-de-nuestras-posibilidades.html.

de que lo que había que dejar caer no era la banca, sino a la ciudadanía hipotecada.

Conviene detenerse aquí en los eslóganes del Tea Party porque condensan muchas de las ideas que acabarán cristalizando en los nuevos imaginarios sociodiscursivos del neoconservadurismo estadounidense, facilitando el giro reaccionario y la llegada de Trump al poder. Entre dichos lemas destacan: "No pises mi libertad", lema asociado históricamente con la Revolución Americana, que representa la resistencia del Tea Party a lo que percibe como una intrusión excesiva del gobierno en la vida de los ciudadanos; o *Taxed Enough Already*, que incluyendo un juego con las iniciales del partido (TEA) significa "Suficientemente gravado ya", para destacar su oposición a los impuestos y su propuesta para la reducción del tamaño y el alcance del gobierno. O el más conocido "Tu hipoteca no es mi problema", con el que se manifestaban contra los programas gubernamentales de rescate financiero para propietarios de viviendas en dificultades durante la crisis hipotecaria de 2008. Finalmente, con su *Take Back America* ("Recuperar América") pretendían reflejar el deseo del Tea Party de restaurar lo que consideraban valores fundamentales de Estados Unidos, incluida la limitación del gobierno o la responsabilidad fiscal. Este eslogan se encuentra muy cerca ya del MAGA o *Make America Great Again* ("Haz América Grande Otra Vez") con el que Trump accede a la Casablanca en 2016, aunque hay que recordar que, en su campaña electoral de 1980, Ronald Reagan había utilizado ya el *Let's Make America Great Again* y que el propio Bill Clinton usó el mismo eslogan en varios discursos en su campaña de 1992 y en la campaña de primarias presidenciales de Hillary Clinton en 2008. El imaginario sociodiscursivo que crea este lema conectaba ya desde la década de los 80, en un periodo también de fuerte crisis económica, con las mayorías estadounidenses que creían que el país se encontraba en declive. En definitiva, la forma en la que el movimiento aglutinado en torno al Tea Party allana el terreno para la llegada de Trump es resumida por Miguel Urbán en los términos siguientes:

> En un plazo de ocho años, el Tea Party cumplió con varias funciones clave para entender la hegemonía política de los neoconservadores en los Estados Unidos: logró movilizar y agrupar a sectores ultraconservadores en torno a un movimiento para convertirse a continuación en un grupo de presión hacia el Partido Republicano –al que consigue radicalizar–, y constituyó el caldo de cultivo que propició la victoria de Trump. El Tea Party le proporcionó el cimiento social que necesitaba para competir y ganar espacio a los republicanos tradicionales. Por su parte, Trump definió su programa prestando especial atención a la agenda de este movimiento. La revolución del Tea Party puso así el escenario para reemplazar la era de las guerras culturales de «valores familiares» del conservadurismo por una agenda *antiestablishment*, nativista y neoliberal (Urbán, 2024: 112).

1.3. LA PANDEMIA DE COVID-19, EL NEGACIONISMO Y EL ASALTO AL CAPITOLIO

El tercer gran *shock* del siglo XXI que explica la expansión y consolidación del momento reaccionario es la pandemia de Covid-19, que se inicia en marzo de 2020 y que vuelve a suponer un momento de emergencia económica y social generalizada. La crisis sanitaria global conmociona al mundo y se resuelve con la paralización prácticamente de toda la actividad, con toques de queda, confinamientos y uso generalizado de mascarillas, activando en determinados sectores teorías de la conspiración construidas sobre el imaginario de la "privación de libertad". La carrera de las vacunas desataría, a su vez, numerosas teorías negacionistas (Martín Rojo y Delgado, 2021), viralizadas a través de redes sociales e internet y en las que Trump, ya en el último año de su mandato presidencial, jugó un papel muy destacado. Es difícil olvidar su etiqueta "virus chino", repetida en numerosas comparecencias y ruedas de prensa, su desafío al uso de la mascarilla y su recomendación de "inyectar desinfectante" para combatir el coronavirus. No obstante, cabe recordar que el conspiracionismo de extrema derecha estaba ya fuertemente arraigado en Estados Unidos con anterioridad a la pandemia, con los más antiguos *Turner Diaries* o los más recientes Pizzagate o QAnon como sus máximos exponentes. De hecho, en las elecciones de 2020 que sellan la derrota de Trump, saldría elegida como congresista del Partido Republicano la activista trumpista Marjorie Taylor Green, tan fiel al jefe de filas de su partido como a la secta QAnon, muchos de cuyos seguidores participaron activamente en el asalto al Capitolio del 6 de enero de 2021 (Gounari, 2021).

En España Vox ha usado a menudo también el Congreso para difundir sus ideas negacionistas, como en la moción de censura de octubre de 2020, en la que Abascal habló, en un discurso de claras resonancias trumpistas, de "mascarillas financiadas por el estado" y de "encarcelamientos domiciliarios", calificando al gobierno con un tipo de adjetivación entonces llamativa –que hoy ya no lo es por su extensión y difusión mediática–, como "ilegítimo", "mafioso", "criminal" y "totalitario". Asimismo, el negacionismo del caos climático ha sido otro de los ejes prioritarios del discurso de la extrema derecha, para lo cual, como explican José Moreno y Gina Thorton (2022: 27), se ha constituido un contramovimiento muy diverso formado por empresas, coaliciones de opositores, empresas de relaciones públicas, lobbies, fundaciones conservadoras, *think tanks*, medios de comunicación, políticos, periodistas y blogueros (Moreno y Thorton, 2022). En la enmienda a la totalidad que Vox presentó al *Proyecto de Ley de Cambio Climático y Transición Energética* (121/00019), hacían afirmaciones como las siguientes:

El alarmismo climático está haciendo las veces de una nueva religión. Se agrupan en un solo paquete indisociable -para el cual se exige un asentimiento sin fisuras, so pena de ser anatemizado como "negacionista"- proposiciones lógicamente independientes (que la temperatura está subiendo; que la subida se debe a los gases de invernadero emitidos por el hombre; que la subida se va a acelerar en este siglo; que esa subida será muy perjudicial para la humanidad; que vendrá acompañada de todo tipo de catástrofes -huracanes, sequías, etc.- agrupadas en el cajón de sastre del "cambio climático") (*apud* Moreno y Thorton, 2022: 30).

Las primeras dos décadas de la actual centuria concluyen con un hecho insólito e impensable solo unos años atrás: el asalto violento al Capitolio por parte de los seguidores de Donald Trump el 6 de enero de 2021, tras haber sido inflamados por discursos negacionistas de su derrota en las elecciones presidenciales de noviembre del año anterior. Aunque se trata de un hecho cuya repercusión inmediata no excedió las fronteras norteamericanas, podemos hablar de un cuarto *shock* por el efecto que tuvo como punto de inflexión en la percepción de una amenaza hasta entonces relativizada o silenciada. Con este acontecimiento cristaliza lo que Pablo Stefanoni (2021) ha denominado "emoción insurreccional de derechas", un elemento esencial en los nuevos imaginarios sociodiscursivos de la reacción de la ultraderecha global. De hecho, los actos insurreccionales reaccionarios son algo común al momento que analizamos: desde las manifestaciones en diferentes ciudades del mundo durante la pandemia contra la cuarentena o la vacunación, al asalto a diversas sedes gubernamentales tras la derrota de Bolsonaro en Brasil en 2023, pasando por los altercados en las concentraciones en las sedes del PSOE en Ferraz y el apaleamiento del muñeco de Pedro Sánchez que siguió a la negociación con Junts de Ley de Amnistía para los políticos y represaliados durante el *Procés* catalán, a cambio de su voto en la investidura.

Ese 6 de enero de 2021, en los *smartphones* y los televisores de todo el mundo se contempló en directo con estupor el efecto de la circulación de los discursos de instigadores ultranacionalistas, especialistas en la propagación de discursos de odio, como los *Proud Boys*, los *Oath Keepers*, QAnon y miembros de otros grupos de la constelación de la *alt-right* (derecha alternativa). El amplio movimiento político reaccionario estadounidense, interconectado y coordinado a través de internet, que abarcaba una gama de ideologías de extrema derecha, como el antifeminismo, el supremacismo blanco, la islamofobia, el antisemitismo, la xenofobia y el conspiracionismo, fue fundamental para la victoria de Trump en 2016 y lo fue también para orquestar la campaña de negación de su derrota frente a Biden que condujo a la insurrección de 2021. Aunque muchos de los protagonistas de las imágenes de ese día o de los distintos documentales que se han hecho sobre el magma trumpista, sus organizaciones o sectas, puedan considerarse como personajes frikis inofensivos, en esa fecha quedaron claras tanto su inconsciencia como su agresividad y determinación para imponer sus ideas hasta las últimas consecuencias.

Los mensajes con las directrices para organizar el asalto habían circulado desde meses antes en las plataformas y redes sociales habituales, pero sobre todo a través de "tecnología alternativa", como la plataforma *Parler*, posteriormente cerrada. Por supuesto, Trump había caldeado el ambiente con un inflamado discurso lleno de elementos habituales en su retórica ante el Monumento a Washington ese mismo día (Gounari, 2021), con frases que destacaban un supuesto fraude electoral en diversos estados, lo cual luego se demostró falso. En dicho discurso emitió insultos hacia algunos de sus correligionarios republicanos, como el entonces vicepresidente Mike Pence, a los que llamó "patéticos" y "débiles" por no parar la certificación de votos. El todavía presidente exhortó a su auditorio a caminar hasta el Capitolio para vitorear a "nuestros valientes senadores y congresistas" y llegó a enunciar que él mismo estaría allí. Pidió también "luchar como demonios" porque si no, dijo a sus seguidores, "ya no vais a tener país", tras lo cual volvió a la Casa Blanca sin, al parecer, unirse en ningún momento a la marcha por la avenida Pensilvania.

La imagen ya iconográfica de Jake Angeli, chamán de la secta conspiranoica QAnon, asaltando eufórico con cuernos y piel de bisonte el Capitolio, junto a la turbamulta trumpista parecía más propia de un montaje carnavalesco que de un peligro real para la democracia liberal más longeva del globo. La asonada fue abortada con la intervención de una policía en *shock*, dejando varios muertos, decenas de heridos, destrozos materiales de todo tipo y una sensación de desconcierto social sin precedentes. Trump y los trumpistas habían llegado demasiado lejos, violando el que se había tenido como principal símbolo de la democracia americana, que a ojos del mundo ese día había dejado de serlo para un sector no menor de la sociedad estadounidense. La legislatura del MAGA (*Make America Great Again*) termina con la sombra de la sospecha de que los Estados Unidos son un estado fallido.

Imagen 3. Jack Angeli, chamán de la secta trumpista QAnon. Protagonista del asalto al Capitolio de Washington el 6 de enero de 2021. Fuente: X (antes Twitter).

Todas las redes sociales de Trump fueron progresivamente cerradas para evitar un mayor riesgo de incitación a la violencia. Primero Facebook, Instagram y YouTube y, finalmente, tras el asalto al Capitolio, Twitter, su perfil virtual más utilizado con casi 90 millones seguidores. La agencia de verificación del diario *Washington Post* determinó posteriormente que hasta enero de 2021 Trump había emitido 30.573 afirmaciones falsas o engañosas, confirmando así que las noticias falsas no las emitían aquellos a quienes Trump señalaba en sus tuits, sino él mismo (Camargo Fernández, 2023: 98). Posteriormente, han caído sobre el expresidente acusaciones de decenas de presuntos delitos, muchos de ellos no relacionados directamente con la incitación a la insurrección por los hechos del Capitolio, que podrían suponer centenares de años de cárcel de hacerse efectivas las condenas. Sin embargo, Donald Trump ha vuelto a presentarse como candidato en la carrera presidencial a las elecciones de Estados Unidos de noviembre de 2024 y su estrategia comunicativa de campaña sigue estando basada en los bulos, la agresividad y la difamación. ¿Es lo anterior una anomalía estadounidense? ¿Forma parte de la corriente de fondo del ya conocido como *giro reaccionario* a nivel mundial? ¿Implica este giro un retroceso democrático global, tal como la politóloga Pippa Norris ha sugerido? ¿Son las ruinas del neoliberalismo el abono perfecto para el auge del nihilismo que ha sido aprovechado por las extremas derechas, como indica Wendy Brown? ¿Qué papel juega el discurso que los representantes de estos proyectos ponen en circulación? ¿Influyen en la creciente desafección por la política? En las páginas que siguen se intentará dar respuestas a estas preguntas.

1.4. LOS NUEVOS CONSENSOS DE GUERRA

En los últimos años, los discursos del consenso de la guerra se han puesto en circulación para justificar el relanzamiento del gasto en Defensa y de la política armamentística, contraria a las medidas ecológicas por su alto poder contaminante, ligado todo ello a la remilitarización de las fronteras. En este sentido, a la reactivación de la OTAN tras la brutal invasión de Ucrania por parte de Putin en febrero de 2022 (con la eufemísticamente denominada "operación militar especial"), le siguió la puesta en marcha de la industria de las armas en Estados Unidos para armar a Israel en su genocidio en Gaza a partir de octubre de 2023. Estos son los dos ejes de los *shocks* belicistas que van a traer una revertebración de los conflictos interimperialistas en el próximo periodo.

Como se expuso en un trabajo anterior (Camargo Fernández y Urbán Crespo, 2022), la guerra de Ucrania es, en el contexto europeo, un elemento clave en la recomposición del escenario geopolítico con la misma profundidad que en su día tuvieron la caída del Muro de Berlín y el comienzo de la era de la globalización, pero en un sentido inverso. Ucrania puede ser el primer campo de batalla de una nueva contienda interimperialista tras el caótico desmembramiento de la Unión Soviética y ha servido de excusa perfecta para la remilitarización de Europa, que era una aspiración que las élites europeas llevaban mucho tiempo escondiendo bajo el paraguas del proyecto "Brújula Estratégica" (*Strategic Compass*)[32]. Lo anterior ha supuesto la aceleración de la agenda de máximos de unas élites neoliberales europeas que ya no solo ven en la remilitarización de la UE su tabla de salvación, sino que el nuevo proyecto estratégico de integración europea para complementar el constitucionalismo de mercado hasta ahora imperante. Una Europa de los mercados y la "seguridad" y una remilitarización de la UE como instrumento útil para su proyecto de "Europa potencia". (Urbán et al., 2024).

Por otro lado, la invasión de Gaza posterior al ataque del 7 de octubre de 2023 y el actual genocidio en curso son la forma con la que Israel acelera la industria de la guerra para su prin-

---

[32] https://www.consilium.europa.eu/en/infographics/strategic-compass/.

cipal valedor armamentístico, Estados Unidos, y para todos los países de Europa que le compran o venden armas, incluido el Estado español. Pero es también una manera de testar los límites del consentimiento de un proyecto colonial en pleno siglo XXI, que viola los principios del derecho internacional, poniendo en tela de juicio la existencia de las Naciones Unidas y de los propios derechos humanos. Con el beneplácito de todas las potencias occidentales, Israel prueba también en Gaza y en Oriente Medio la posibilidad de su propia existencia como etnoestado de ultraderecha que practica un *apartheid* colonial militarizado, de consencuencias imprevisibles para toda la humanidad. Las ruinas de Gaza son hoy la prueba más fehaciente del fascismo que nunca se fue.

2. LOS PILARES DISCURSIVOS E IDEOLÓGICOS DE LA OLA REACCIONARIA

El auge del evangelismo, el individualismo posesivo, la desconfianza en la democracia y el nacionalismo excluyente son cuatro de los grandes fenómenos que surgen en las ruinas del capitalismo tardío y que actúan como pilares de la ola reaccionaria.

2.1. LA VUELTA DE LOS NACIONALISMOS EXCLUYENTES

Uno de los ejes comunes a los proyectos políticos de la ola reaccionaria es el nacionalismo excluyente y el repliegue identitario. Como afirmó proféticamente George Orwell (1970: 208), "todo nacionalista está obsesionado por la creencia de que se puede alterar el pasado. Pasa parte de su tiempo en un mundo de fantasía en el que las cosas suceden como deberían suceder". El aumento de las desigualdad social y económica y la falta de horizontes han sido, en efecto, aprovechados por las nuevas derechas autoritarias para imponer una mirada retrospectiva en clave nacionalista, activando el imaginario social de un supuesto pasado de grandeza que hay que recuperar ante las incertidumbres del presente amenazado y la falta de futuro. En términos de la analista del discurso Ruth Wodak (2015), las extremas derechas actuales han sabido tocar las teclas de las "políticas del miedo", eligiendo chivos expiatorios ("los otros") y presentándolos como una amenaza existencial para la supervivencia de una nación ("nosotros") que es mostrada como su víctima. Las narrativas sobre la nación consisten, como explica la autora, en un ejercicio constante de reinvención y actualización de las tradiciones que descansan en macroestructuras ficcionales, argumentativas y conceptuales inamovibles.

De manera general, los eslóganes de las campañas de distintos proyectos de la heterogénea internacional reaccionaria hablan por sí solos de un repliegue nacionalista identitario común a este nuevo ciclo: *Make America Great Again* (MAGA), "Hagamos América grande otra vez" (Trump, Estados Unidos); "Brasil encima de todo, Dios encima de todos" (Bolsonaro, Brasil); "Francia para los franceses" (Le Pen, Francia); "Volver a tomar el control" (campaña del Brexit, Reino Unido); "Nuestra cultura, nuestro hogar, nuestra Alemania" (Alternativa para Alemania); "STOP [inmigrantes] [Soros] [otros supuestos enemigos]" (Viktor Orban, Hungría"); "Polonia pura, Polonia blanca" (Partido Ley y Justicia polaco); "Que Suecia siga siendo sueca" (Demócratas Suecos) o el "Dios, Patria y Familia", acuñado en 1931 por el Partido Nacional Fascista de Italia y rescatado por la formación neofascista *Fratelli d'Italia* para la campaña electoral con la que Giorgia Meloni accedió a la presidencia de la República en 2022. En cuanto a Vox en España, son evidentes las claves nacionalistas identitarias de muchos de sus eslóganes, como "Hacer España grande otra vez" (2016), "Por España" (abril de 2019) y "España siempre" (noviembre de 2019), sobre los que Pedro Fernández Riquelme (2020b) ha destacado las resonancias épicas y reactivas con tintes franquistas de los dos últimos y el calco literal del lema de la victoria electoral de Trump del

primero. Recuperar la grandeza de España es el MAGA trumpista de Vox.

No obstante, hay que prestar también atención a los cambios
discursivos y programáticos, así como al *rebranding* de formaciones como el *Front National* francés, que ha ido suavizando su
discurso y su imagen, en un proceso que Guillermo Fernández
Vázquez ha denomina "desdiabolización y credibilización destinada a reconfigurar la posición que la formación ultraderechista
ocupaba en el sistema de partidos francés" (Fernández Vázquez,
2017: 89). En el espacio político de la ultraderecha francesa, ha
emergido un partido aún más extremista que el de Le Pen: Re-
conquête (Reconquista), de Éric Zemmour, cuya Vicepresidenta
es Marione Maréchal, sobrina y nieta de los Le Pen, la cual,
tras dejar el partido de su abuelo, fundó el actual *think tank* de
la extrema derecha francesa. La transformación del Frente Nacional en *Rassemblement National* (Reagrupamiento Nacional)
vino también acompañada de un nuevo enfoque en sus ejes de
campaña, menos centrada en el nacionalismo excluyente y más
volcada en temas como el orden, la seguridad, el empleo y la
inmigración. Su actual cabeza de lista, el eurodiputado Jordan
Bardella, presenta una puesta en escena totalmente distinta, ha
abandonado el lenguaje agresivo e insultante y ha pasado a poner mucho cuidado en la cuestión discursiva. De hecho, con un
eslogan muy similar al usado por Ayuso en Madrid, Marine Le
Pen se presentaría a las presidenciales de 2021 con un cartel de
campaña en el que se ve una imagen suya relajada y sonriente y
en donde se lee *Libertés, libertés, chéries*, (Libertades, libertades, queridos).

Para el caso del partido de la ultraderecha española Vox,
Mateo Ballester (2021) destaca que los periodos a los que más
profusamente recurre son aquellos en los que no puede encon-
trarse tradición alguna de valores liberales. El partido de Santiago Abascal traza una línea temporal simbólica de hitos históri-

cos esenciales para la nación española que va desde la llamada Reconquista, iniciada en la Edad Media, a la Guerra de Independencia, con paradas en la conquista de América y la España imperial de los Austrias. Hay, asimismo, una corriente muy activa de revisionismo en los ecosistemas mediático y parahistórico de la extrema derecha, que denominan "reacción cultural", para exonerar a España del pasado violento de la colonización, conocido como "Leyenda negra". Los fundamentos de estas argumentaciones se encuentran a años luz de la práctica totalidad de las interpretaciones académicas contemporáneas, lo que no evitó que el presidente de Vox sentenciara, con la contundencia propia de la retórica reaccionaria: "Me repugna la soberbia de quienes piden perdón por aquello que han hecho otros, sobre todo cuando son hazañas admirables" (*apud* Ballester, 2023: 22). El efecto arrastre que la retórica ultranacionalista de Vox tiene en el Partido Popular puede comprobarse cuando Isabel Díaz Ayuso, Presidenta de la Comunidad de Madrid, se suma al eje de la exaltación de la colonización americana en las celebraciones del 12 de octubre, como en 2022, cuando afirmó que España había llevado el catolicismo y, por tanto, la civilización y la libertad al continente americano, en un discurso de claros tintes trumpistas:

> Las corrientes totalitarias han infectado el mundo desde 1968 de nuevo, y han hecho mucho daño hasta llegar en los últimos tiempos a nuevas dictaduras, a narcoestados, a derribar estatuas y hacer un revisionismo mentiroso de la historia, a exigir disculpas por ser lo que somos, lo que nos une y nos hace únicos (Díaz Ayuso, 2022).

Las estaciones históricas descritas permiten exacerbar el alma más anticontemporánea de la ultraderecha española, con un discurso de exaltación del nacionalcatolicismo que se ha hecho más evidente en la formación de Abascal desde el ascenso

del sector falangista y del Opus Dei de Jorge Buxadé e Ignacio Garriga. Ambos miembros de la ejecutiva Vox emplean un
discurso ultraconservador y ultracatólico, como cuando el propio Buxadé afirmó que no se arrepentía de su paso por Falange,
"pero sí de haber sido militante del PP". De la hibridación entre
tradicionalismo antiliberal y liberalismo conservador que nutre
el discurso de Vox en el primer lustro tras su llegada a las instituciones (2018-2022), el sector tradicionalista acabaría ganando
e imponiendo su línea y su discurso sobre el sector ultraliberal
de Espinosa de los Monteros. Espinosa abandona el partido en
el verano de 2023, tras los malos resultados de Vox en las elecciones generales, principalmente fruto de su pérdida de poder
frente a los otros sectores del partido mencionados. Conviene
recordar, para no desorientarse en las pugnas intestinas de Vox,
que los ejes discursivos y de campaña de los protagonistas de
cada momento no implican cambios en el programa económico
de la formación ultraderechista, siempre orientado a favorecer
a las rentas más altas y a la destrucción de derechos sociales y
laborales de la clase trabajadora.

2.2. TRUMP COMO (RE)ACTIVADOR DE LA DESCONFIANZA EN LA DEMOCRACIA

La falta de confianza en las instituciones políticas ha devenido también en un apoliticismo que hace que cada vez haya
un mayor distanciamiento, cuando no un franco desprecio, por
el concepto de democracia. El resultado de todo ello es un nihilismo exacerbado, a menudo mezclado con la banalización de
valores humanos y democráticos hoy en crisis, que está siendo
personalizado, politizado e instrumentalizado por las distintas
formaciones de la internacional reaccionaria. A pesar de las
diferencias en cuestiones de alineamiento ideológico y en clave de bloques (proPutin, proOTAN, neoliberales autoritarios,
neorreaccionarios, nacionalistas identitarios, paleolibertarios,

etc.), la devaluación de la idea de democracia liberal representativa es su común denominador. Y fue, precisamente, a partir de la Gran Recesión cuando se empieza a trabajar discursivamente en la idea de que el neoliberalismo puede vivir sin democracias liberales.

Ecce Temelkuran (2019) desvela en *Cómo perder un país* que uno de los errores más frecuentes al catalogar a los líderes ultranacionalistas del nuevo reaccionarismo es infantilizarlos y hablar de ellos como si fueran niños, o "psicologizarlos" diciendo que en realidad están locos o que son unos "payasos". Esta es la forma en la que se trata también a las masas de votantes que, con cada vez mayor frecuencia, depositan su voto en opciones de (ultra)derecha[33]. La escritora turca advierte de que análisis así impiden comprender globalmente el fenómeno, a sus líderes y a sus votantes y que, a la postre, dificultan tomar las medidas necesarias para evitar el avance de los totalitarismos en el mundo, a la par que contribuyen al descrédito de los sistemas democráticos. Despreciar a la gente porque es tonta y se ha dejado engañar es un camino de no retorno que vuela los puentes del diálogo, espacio de encuentro necesario, a pesar de que las diferentes cosmovisiones hagan difícil la conversación con quienes creen que la tierra es plana o que las vacunas provocan autismo. Temelkuran también señala que el movimiento global de descrédito hacia la democracia por la entrada en escena de figuras autoritarias era, en efecto, anterior a Trump, pero que con él el mundo toma conciencia de la magnitud que el fenómeno estaba cobrando. Urbán también coincide en señalar que "a pesar de que la ola reaccionaria global en la que se inserta Trump es anterior al propio Trump, la victoria en los Estados Unidos favoreció su multiplicación e imitación a nivel global" (Urbán 2024: 15).

---

[33] Recordamos que se usa el paréntesis en *ultra* con el mismo sentido que Víctor Sampedro (2023), para evidenciar la existencia de vasos comunicantes entre partidos conservadores clásicos y neofascistas.

De hecho, como adelantamos en la Introducción, Trump y el movimiento MAGA son imitados porque son quienes han hecho posible que los líderes de la internacional reaccionaria puedan ser ellos mismos (Krastev y Holmes, 2019).

Imagen 4. Donald Trump con la gorra de MAGA en un acto de campaña en Fountain Park, el 19 de marzo de 2016 (Fountain Hills, Arizona). Fuente: foto de Ralph Freso | Getty Images[34]

2.3. LAS IGLESIAS PENTECOSTALES Y EL INDIVIDUALISMO

En el continente americano hay ejemplos cada vez más evidentes del crecimiento del cristianismo evangélico, que en Argentina se une a la Iglesia Católica, de la mano de las iglesias pentecostales y neopentecostales. Fuertemente ligado al antifeminismo y a la batalla cultural contra la llamada "ideología de género", estas iglesias han logrado una gran inserción popular construyendo tupidas redes de apoyo e invirtiendo importantes sumas de dinero en caridad, en lo que se ha llamado "cristianismo de plato de arroz", una manifestación del populismo religioso que fue fundamental

---

[34] *AZ Mirror*, 16/09/2021: https://azmirror.com/2021/09/16/the-gop-in-trump-and-no-one-else-we-trust/.

para la victoria de Bolsonaro en Brasil y de Milei en Argentina. Como explica Kristin Kobes du Mez (2022), el evangelismo blanco conservador es un movimiento político que también jugó un papel decisivo en la victoria de Trump en 2016. Desde finales de los años 70, el movimiento evangélico cimentó su lealtad al Partido Republicano, generalizando la premisa de que no se puede ser cristiano y votar demócrata. Trump es visto como el hombre ungido de Dios y desde ahí polarizan contra quienes piensen lo contrario, usando como temas centrales de su guerra cultural la prohibición de determinados libros de texto u obras literarias, la segregación escolar, la migración, el muro fronterizo, las armas o el *Black Lives Matter*. Miguel Urbán describe así el fenómeno de su expansión en América:

> Las iglesias pentecostales están consiguiendo construir un movimiento ultrarreaccionario en lo moral con una base fundamentalmente popular y un programa común en defensa de la familia tradicional y contra la «ideología de género» en el conjunto del continente. Este programa ha logrado trascender confesionalidades y ahora atrae hacia sus filas tanto a evangélicos como a católicos. Pero una buena parte de los líderes evangélicos no se conforman con su influencia social o espiritual, sino que pretenden extender su militancia religiosa al ámbito público y convertir su «recién» ganado «capital religioso» en un rentable «capital político» (Urbán, 2024: 135).

En España, el evangelismo no cuenta todavía con el arraigo y extensión del que goza en la mayor parte de países de Latinoamérica o en muchos estados de Estados Unidos, pero en las ciudades donde tiene presencia, como es el caso de Madrid, el Partido Popular de Ayuso compite con Vox por ganar su apoyo y sus votos.

Hay quienes han querido culpar del avance de la ultraderecha en este primer cuarto de siglo a las políticas de identidad (feminismo, LGTBI, antirracismo, etc.) articuladas desde la izquierda y al abandono del vector de la seguridad económica para las clases populares y, por ende, de la lucha de clases. Pero el análisis no parece muy convincente habida cuenta de que la (ultra)derecha no ofrece ni mucho menos estabilidad económica ni mejoras en las condiciones de vida para las clases populares. Lo que las nuevas derechas están sabiendo articular es el miedo a perder determinados privilegios, como el de ser varón blanco heterosexual (antifeminismo); el de ser invadidos por "los otros" (nativismo); o el resentimiento del penúltimo contra el último que ha agitado el neoliberalismo autoritario (racismo y clasismo). Además, en determinados contextos como los descritos, están apoyando la introducción del evangelismo como refugio.

En Estados Unidos, Trump y la *alt-right* (derecha alternativa) utilizaron en la campaña electoral de 2016 el resentimiento de las clases trabajadoras blancas, sobre todo varones, contra sectores de la sociedad a los que hicieron aparecer como los responsables de la pérdida de sus poderes, su virilidad, su fuerza y su derecho, su sentido de pertenencia. Pero el caldo de cultivo para el avance de la internacional reaccionaria debe también situarse en la propia dinámica del capitalismo neoliberal. Eric Sadin (2022) considera que el triunfo del individualismo posesivo neoliberal ha desembocado en lo que denomina "la era del individuo tirano", un sintagma que recoge un elemento fundamental para entender el avance del reaccionarismo hoy. Sadin traza en su libro una genealogía que comienza por el proyecto emancipador del individualismo liberal que emana de los textos de John Locke o Alexis de Tocqueville hasta llegar a los efectos en el individuo usuario de la industria digital, a partir de un análisis exhaustivo de plataformas como Facebook, Twitter e Instagram. En su recorrido se detiene en el mito del *self-made man*, propio de la cultura neoliberal, y en el narcisismo de masas de las sociedades de consumo. Este proceso desemboca en lo que diagnostica como "la era del individuo tirano", una condición civilizatoria inédita en la que el "yo" representa la fuente primera, y casi única, de verdad, caracterizada por la abolición progresiva de todo cimiento común. La destrucción de las redes comunitarias y la exacerbación del individualismo son, en definitiva, otros pilares del neoliberalismo sobre los que se construye la ola reaccionaria cuyo discurso se analiza aquí.

3. LAS NUEVAS CARAS DEL NEOLIBERALISMO AUTORITARIO

Las discontinuidades demostradas del fascismo y su enorme capacidad de mutar y adaptarse a los contextos nacionales y a la coyuntura del momento, ya explicadas en capítulos anteriores, impiden conocer la forma concreta que tomará a medio plazo la deriva de la reacción neoliberal autoritaria en cada país. Con todo, haremos una breve aproximación a lo que ha sucedido en el último periodo en América Latina, Estados Unidos, Europa y España.

3.1. LA SUSTITUCIÓN DE LA DEMOCRACIA EN AMÉRICA LATINA

El caso del modelo populista punitivo de Nayib Bukele en El Salvador, con la declarada intención de eliminar la democracia tras su reelección para "sustituirla por algo nuevo", y el efecto mimético que la militarización del estado está teniendo en otros países latinoamericanos, y en algunos proyectos de la ultraderecha europea, indican algo en el sentido de la mutación de la democracia. La rápida réplica que se dio en Ecuador, en donde se produjo una campaña de represión y encarcelamientos masivos imitando el modelo de Bukele, es un claro ejemplo de la "era de la imitación iliberal" que caracteriza al momento reaccionario y que ha sustituido a la era de la imitación liberal (Krastev y Holmes, 2019). Durante la era anterior, por citar un ejemplo, se buscó replicar el neoliberalismo angloamericano en países de Latinoamérica, como sucedió con la imposición de la doctrina de los Chicago Boys en Chile tras el golpe de estado de Pinochet. La mímesis del autoritarismo de Trump o Bolsonaro y del populismo punitivo de Bukele u Orban forma parte del nuevo espíritu de época iliberal. La cárcel para 40.000 reclusos de Bukele fue también copiada en España por el *influencer* especialista en bulos y ahora eurodiputado Alvise Pérez ("el Bukele de Hacendado", se le ha denominado en las redes), como efecto mimético, solo retórico en este caso, de las impactantes imágenes de miles de mareros salvadoreños rapados, arrodillados y fuertemente custodiados por guardias con fusiles de asalto, en lo que es también un ejemplo de la cada vez más omnipresente *visual politics* (Chouliaraki et al., 2019).

Imagen 5. "Centro de Confinamiento del Terrorismo", proximidades de Telouca (El Salvador). Fuente: AFP[35]

[35] *El Debate*, 27/02/2023: https://www.eldebate.com/internacional/20230227/salvador_96708.html#image1.

El bukelismo ha reabierto en América Latina el debate sobre el respeto a los derechos humanos y sobre los motivos profundos de la delincuencia y la inseguridad, a la par que ha despertado la fascinación de otros líderes de la ultraderecha. Javier Milei, quien en el desarrollo de su política paleolibertaria en Argentina ha reprimido duramente las manifestaciones contra despidos y recortes sociales, se ha declarado abiertamente admirador del presidente salvadoreño. Incluso el presidente chileno Gabriel Boric, a pesar de sus habituales desencuentros con Bukele por sus evidentes divergencias ideológicas, ha mostrado tibieza a la hora de depurar responsabilidades en el modelo punitivo heredero de la dictadura pinochetista en su país. Concretamente, con relación al cuerpo de Carabineros de Chile, contra el que pesan numerosas acusaciones de torturas, violaciones e intervenciones con uso desproporcionado de la fuerza, algunas de ellas con resultado de lesiones graves y homicidio, tras el estallido social de 2019[36]. Ante el impacto y la mímesis del populismo punitivo no puede descartarse la posibilidad de que se expanda la brutalización de la política, propia del modelo populista de estado violento y militarizado, a otros países americanos. El mismo Trump ya ha lanzado la amenaza de que "habrá un baño de sangre"[37] si su partido no gana las elecciones presidenciales de noviembre de 2024.

El origen del aumento de posiciones conservadoras entre los latinoamericanos y latinoamericanas es objeto de debate. Según el politólogo chileno Cristóbal Rovira[38], no hay tal aumento de posiciones conservadoras entre el electorado, por lo que el ascenso de la

---

[36] *El País*, 27/04/2024: https://elpais.com/chile/2024-04-27/boric-se-abre-a-no-remover-al-lider-de-carabineros-de-chile-tras-el-asesinato-de-tres-policias-todos-somos-necesarios.html

[37] *El Diario*, 18/03/2024: https://www.eldiario.es/internacional/trump-augura-bano-sangre-si-pierde-elecciones-noviembre_1_11219777.html.

[38] *El País*, 25/11/2023: https://elpais.com/america/2023-11-25/caida-de-la-derecha-tradicional-y-nuevos-liderazgos-las-claves-del-auge-de-la-ultraderecha-en-latinoamerica.html

ultraderecha no guardaría relación directa con un giro conservador entre los votantes. Para Rovira, la respuesta a la paradoja de que su voto se concentre, cada vez más, en opciones reaccionarias se debe centrar en el estudio de la oferta política, es decir, en el papel que los actores políticos ostentan al momento de activar demandas en el interior de la ciudadanía que puedan estar en un estado de latencia. El politólogo considera que al igual que en Europa las políticas en favor de la población migrante han despertado ansiedades y sensaciones de pérdida de estatus en determinados segmentos de la ciudadanía, es posible especular que en América Latina las políticas de acomodación en los derechos de las mujeres y la estructura de la familia hayan abierto oportunidades políticas para que líderes y partidos activen sentimientos de temor frente a estos cambios culturales. Por el contrario, autoras como Wendy Brown y Kristin Kobes du Mez hablan de razones multifactoriales que sí habrían supuesto un giro hacia posiciones más conservadoras en el electorado: la expansión del evangelismo, que predica una masculinidad fuerte y tóxica, y una sumisión femenina al varón que sus fieles reciben como palabra de Dios; las promesas incumplidas, cuando no los giros autoritarios, de los partidos y proyectos de la izquierda latinoamericana; o la propia crisis de la derecha tradicional y los procesos de difusión y emulación de las políticas duras en temas de seguridad y nacionalismo de Trump y Bolsonaro son sus argumentos para explicar un posible cambio de mentalidades.

3.2. ESTADOS UNIDOS Y EUROPA. PALEOLIBERTARISMO Y AUTOCRACIAS ELECTORALES

La CPAC (Conferencia Política de Acción Conservadora[39]), que actúa desde hace unos años como foro de las extremas derechas

---

[39] La CPAC, fundada en tiempos de Nixon y bajo control total del trumpismo en la actualidad, tiene sedes en países diferentes como Brasil, México, Australia, Japón y Hungría. Viktor Orban acogió en este último la celebración de otra conferencia de la CPAC durante la primavera de 2024.

mundiales y funciona como uno de los *think tank* del neoconservadurismo estadounidense e internacional, celebró una de sus cada vez más frecuentes reuniones en febrero de 2024 en Maryland. En dicho encuentro, conocidas voces trumpistas manifestaron que los hechos del asalto al Capitolio habían sido "solo el principio". Glorificaron también la asonada de Capitol Hill y expusieron diversas teorías de la conspiración en cuanto a lo sucedido allí el 6 de enero de 2021. La CPAC 2024 unió en el mismo foro a Trump, Milei, Abascal, Eduardo Bolsonaro (hermano de Jair), a un reaparecido Steve Bannon y a Nayib Bukele, a quien se recibió como una auténtica *rock star*, demostrando que las campañas represivas desatadas en su país no solo no dañan, sino que aumentan, su aura de *presidente influencer*. A este respecto, algunos académicos especialistas en el giro reaccionario-autoritario actual, como Jason Stanley, Federico Finchelstein o Panayota Gounari, han advertido sobre la posibilidad de una transición del populismo al fascismo en Estados Unidos, basándose en el apoyo abierto de Trump al supremacismo blanco y violento de los *Proud Boys*, en el éxito de la secta conspiranoica QAnon o en el propio asalto al Capitolio.

El historiador especialista en derecha alternativa y política norteamericana contemporánea, Jaime Caro, ha postulado la casi total desaparición de la *alt-right* y su mutación en el entorno del trumpismo actual en espacios como QAnon o el paleolibertarismo (Caro, 2024). En estos entornos se detestan sin eufemismos la separación de poderes, la democracia y la justicia social, abogando por la desregulación total de la actividad económica y por un acentuado conservadurismo de carácter religioso y moral. Caro explica también que el principal eje vertebrador de la internacionalización de la llamada derecha alternativa estadounidense ha sido el discurso antifeminista, especialmente en países como España, en donde Vox ha recogido buena parte de sus consignas, haciendo portadoras de ellas a sus propias líderes (Alcaide Lara, 2022; Polo-Artal y Camargo Fernández, 2023; Camargo Fernández y Polo-Artal, 2024).

Mirando al viejo continente, tampoco parece descabellado pensar que la situación en él pueda tornarse cada vez más autoritaria hasta parecer que se reeditan versiones del fantasma del fascismo en forma de recorte de derechos, especialmente para las minorías y sectores más vulnerables de la población. Las autocracias electorales, también conocidas bajo la denominación de democracias iliberales, de las que tenemos un ejemplo en el largo mandato de Viktor Orban en Hungría, apuntan en esta dirección. En España el fascismo entró como elemento central del debate político en el ciclo electoral de 2021: "A fuerza de declaraciones altisonantes, las elecciones autonómicas madrileñas acabaron convirtiéndose en una batalla retórica de la lucha eterna entre comunismo y fascismo. Un Stalingrado sin bombas" (Fuentes y Rodrigo 2024: 350). Por otro lado, la multiplicación de grupos de la ultraderecha en el espacio europeo y las pugnas en el Europarlamento entre los partidos de los Conservadores y los Reformistas Europeos, el Grupo Europa de las Naciones Soberanas y el Grupo de Patriotas por Europa[40] dejan abiertas algunas incógnitas sobre sus relaciones en el próximo periodo, así como algunas certezas en cuanto a la consolidación y diversificación de las extremas derechas.

Por otro lado, el apoyo total de la Unión Europea a la brutal invasión de Israel en Gaza tras el 7 de octubre de 2023 indica también algo en este sentido. Cabe señalar que toda la extrema derecha europea ha dado un apoyo sin fisuras a la actuación de Netanyahu y su gobierno ultraderechista y que ha recibido las visitas, en el transcurso de la invasión, de Milei, Abascal y Orban, quienes han glorificado la acción genocida del ejército en la Franja. En esta misma línea se encuentran las palabras de Aznar: "Para mí es absolutamente esencial que Israel gane esta guerra y la termine bien. Y ganarla y terminarla bien no solamente es

---

[40] *Público*, 14/07/2024: https://www.publico.es/internacional/tres-grupos-parlamentarios-200-eurodiputados-extrema-derecha-nuevo-parlamento-europeo.html.

terminar con Hamas, es garantizarse las condiciones de seguridad para el futuro"[41]. Este discurso es emitido cuando, a pesar de haber prohibido la entrada a cualquier periodista internacional, el gobierno sionista no ha podido impedir que lleguen a diario imágenes del primer genocidio de la historia retransmitido en directo por sus propias víctimas. Los ataques indiscriminados contra la población civil, que han acabado con la vida de decenas de miles de palestinos de Gaza, un 40% de los cuales son niños, están llevando a cada vez más relatores de Naciones Unidas, así como la Corte Internacional de Justicia de La Haya, a calificar la acción militar de Israel de "genocidio", palabra que hasta la fecha no ha utilizado de manera oficial ningún gobierno europeo.

3.3. La "lepenización de los espíritus" en España

El efecto arrastre y la normalización del discurso y las políticas antiinmigración de la extrema derecha resultan cada vez más evidente en toda Europa, en lo que se conoce desde hace años en Francia como la "lepenización de los espíritus". Actualmente, solo Malta, Irlanda y Lituania carecen de partidos de extrema derecha en sus parlamentos, y la radicalización de los conservadores ha conllevado en muchos países la normalización de los discursos y las políticas ultraderechistas, con el racismo como uno de sus vectores principales. El mensaje securitario del control de fronteras de la extrema derecha europea, popularizado en los discursos de Le Pen, Salvini, Orban, Wilders o Abascal, se encuentra ya asentado en la praxis de la política migratoria de partidos de centro-izquierda, como el PSOE, garante en España de las directivas de la Europa Fortaleza, de los CIE y de las restricciones y dobles varas de medir en las políticas de asilo. En abril de 2023, los informativos abrieron con la foto del abrazo de Giorgia Meloni y Pedro Sánchez, a quien el

---

[41] *El Mundo*, 29/01/2024: https://www.elmundo.es/espana/2024/01/29/65b765 86e85ece973e8b4584.html.

presidente español había visitado tras su victoria electoral en Italia para invitarla a sumarse al Pacto europeo de Migración y de Asilo, mostrando la sintonía existente entre ambos mandatarios. Casi un año antes, en junio de 2022, había tenido lugar la masacre de tres decenas de migrantes subsaharianos y la desaparición de más de 70 en la valla de Melilla, sin consecuencias penales o políticas de ningún tipo. La intervención violenta de las fuerzas de seguridad marroquíes y españolas en esta situación fue respaldada sin matices en un primer momento por el propio Presidente del Gobierno, Pedro Sánchez, quien alabó el "trabajo coordinado entre la gendarmería marroquí y fuerzas y cuerpos de seguridad del Estado para repeler ese asalto", llegándolo a catalogar como un "asalto organizado y violento" por parte de las personas migrantes y responsabilizando a las "mafias que trafican con seres humanos"[42].

Esta reacción inicial del presidente Sánchez sobre la masacre de Melilla y de su ministro del Interior, Grande Marlaska, posteriormente matizada ante la evidencia de la crudeza de las imágenes llegadas desde Nador, guarda una estrecha similitud con la línea comunicativa en materia de inmigración que la extrema derecha de Vox ha desplegado en sus redes sociales, en los medios de comunicación y en sede parlamentaria desde su irrupción electoral en 2018-2019. Así lo atestigua el uso de sentencias como "asalto organizado" y "asalto violento", habituales en la retórica antiinmigración de la extrema derecha española (Castro y Mo Groba, 2020; Camargo Fernández, 2021; Sosinski y Sánchez, 2022). A través del miedo, la retórica de la escasez ("no hay para todos"), el marco del nativismo ("los españoles primero") y el discurso de la invasión, los migrantes han sido criminalizados, deshumanizados

---

[42] *Europa Press*, 25/06/2022: https://www.europapress.es/sociedad/noticia-sanchez-defiende-labor-marruecos-frontera-melilla-si-hay-responsable-son-mafias-20220625141917.html. Sobre lo realmente sucedido en la frontera de Melilla en junio de 2022, se recomienda el detallado e ilustrativo informe de Border Forensics: https://www.borderforensics.org/investigations/nadormelilla/.

y convertidos en chivos expiatorios de las sucesivas crisis económicas (Wodak, 2015; Camargo Fernández, 2021; Olmos Alcaraz, 2023; Camargo Fernández y Polo-Artal, 2024). Es cada vez más evidente que el discurso contra las personas migrantes se ha extendido más allá de Vox o el partido de Alvise Pérez en España, de forma que tanto el Partido Popular, como Junts per Catalunya y la extrema derecha independentista, Aliança Catalana, al igual que el Frente Obrero, cada vez más abiertamente escorado hacia el falangismo español, han utilizado el control y la expulsión migratoria como ejes preferentes de su discurso. Paradójicamente, unos años antes, en 2017, y pocos meses antes del referéndum sobre la independencia de Cataluña, Junts se había unido a la gran manifestación celebrada en Barcelona a favor del derecho al asilo y Puigdemont había recibido a los organizadores en la Generalitat.

En España la manifestación reciente del racismo y la xenofobia como eje político preferencial lleva años siendo impulsada por el discurso antiinmigración de Vox, adoptado y copiado, a su vez, de los discursos trumpista y lepenista, y difundido desde las redes sociales y grupos de comunicación del ecosistema de la (ultra)derecha mediática. En el último periodo todo ello se ha visto reforzado por la normalización de los pactos institucionales del Partido Popular con el partido de Abascal y por la competencia en el campo de las derechas con el surgimiento de nuevas opciones electorales (irrupción del SALF de Pérez y de la Aliança Catalana de Orriols en Cataluña).

Se trata de un hecho ideológico con una clara vertiente discursiva al servicio de la configuración de imaginarios racistas y excluyentes, de nefastas consecuencias para los derechos humanos más elementales de las personas migrantes, que alcanzan su extremo cuando se traduce en discursos de odio, ataques violentos o represión contra ellas. La importancia de la mano dura en política migratoria para la extrema derecha española, en consonancia con la línea de sus homólogos europeos y norteamericanos, se constata una vez más con la ruptura de los pactos municipales y autonómicos entre el Partido Popular y Vox por parte de los últimos, a raíz de la propuesta de reparto de menores migrantes entre comunidades autónomas[43]. El imaginario socio-discursivo de la inmigración como amenaza a la seguridad está vinculado al nativismo, una de los elementos más presentes en la ideología de las nuevas derechas (García-Agustín y Cossarini, 2024), que nace de la fusión del nacionalismo con el racismo.

Todo lo anterior supone un peligro por el calado progresivo entre sectores populares y clases medias de la idea de que es necesario el ejercicio de la violencia para enfrentar la inseguridad, algo en lo que pueden verse claras similitudes con el contexto de la República de Weimar previo al ascenso del nazismo. La posible victoria de este imaginario abre la puerta al ya mencionado populismo punitivo, que es presentado por los nuevos líderes reaccionarios como vía de salvación para restaurar la "seguridad perdida". El caso del éxito entre familias de clase trabajadora de distintas ciudades españolas de la empresa Desokupa, propiedad del ultraderechista Daniel Esteve, es paradigmático también del filtrado de preocupaciones sociales a través de la instalación de mensajes de alarma sobre un problema social fabricado. Mediante el imaginario de la amenaza de sufrir una "okupación ilegal" (un problema que en España representó en 2022 un 0,06% sobre el total del parque de inmuebles registrados)[44], que se instala con enorme facilidad en un país en el que el acceso a la vivienda re-

---

[43] *RTVE*,   11/07/2024:   https://www.rtve.es/noticias/20240711/abascal-vox-comunidades-autonomas-gobiernos-pp/16183018.shtml.

[44] Datos del Ministerio de Transportes, Movilidad y Agenda Urbana (MITMA) estiman que el parque de viviendas en España está conformado por casi 26 millones de inmuebles, según sus cálculos para 2021. El número de denuncias presentadas por presuntas okupaciones ilegales de viviendas en España en 2022 (16.726) apenas equivale al 0,06% del parque de inmuebles, mientras que los juicios verbales posesorios ingresados por esta causa (2.785) representan el 0,01% del total. Fuente: Newtral https://www.newtral.es/okupacion-viviendas-espana/20230506/.

sulta ya imposible para muchas personas, se crea una "solución no legal" como Desokupa, que bordea los límites de la legalidad e incluye el uso de la violencia[45]. La exdiputada de Vox, Macarena Olona, así como otros diputados y exdiputados del partido de Abascal, se han destacado por su defensa incondicional de la represión policial para restaurar su representación social del orden, disputando el sentido de la palabra "seguridad".

Imagen 6. Apoyo a la represión policial en el barrio madrileño de Lavapiés. @Macarena_Olona. Fuente: X (antes Twitter).

---

[45]   *Europa   Press*,   04/08/2024:   https://www.europapress.es/nacional/noticia-desokupa-formara-defensa-personal-30000-agentes-policia-acuerdo-sup-20240804184925.html.

La consolidación del nativismo y el punitivismo como marcos transversales para el abordaje de los problemas sociales y su adopción por parte de la (ultra)derecha nacionalista, española o catalana, así como por el centro-izquierda, se erige como uno de los principales exponentes del proceso de "lepenización de los espíritus" que se ha experimentado en el Estado español.

Capítulo IV.
La comunicación política en la era postdigital

La vida digital debe ser una vida que merezca ser vivida. Tenemos que hablar. Porque no me cabe duda de que en 40 años, cuando veamos a lo que fuimos sometidas en redes, volverá el horror y diremos: cómo pudimos permitirlo.

LUCÍA LIJTMAER (2023)

En las redes sociales, empleo en algún momento un punto de agresividad. En las redes, se juega duro, porque si no juegas duro, pasas desapercibido y eres irrelevante.

ÓSCAR PUENTE, Ministro de Transportes y Movilidad del Gobierno de España (2024)

1. EL IMPACTO DE LA TECNOLOGÍA DIGITAL EN LA COMUNICACIÓN HUMANA

Desde finales del siglo XX la expansión de la televisión y sus diferentes ramificaciones multimedia trajeron consigo la existencia de un nuevo tipo de ser humano que Giovani Sartori (1997) condensó en torno a la idea del *homo videns*. Sartori describe con esta denominación la existencia de un homínido diferente al *homo sapiens*, originalmente caracterizado por la reflexión y por su capacidad para generar abstracciones. A diferencia de aquel, el *homo videns* habría sufrido una mutación antropogénica transformándose en un "ser humano visual", una criatura que mira pero que no piensa, que ve pero que no entiende. Se trataría, por tanto, de un nuevo tipo de persona cuya capacidad de reflexión y pensamiento crítico se han visto reducidas por el predominio de la cultura de la imagen. Las ideas de Sartori de finales del siglo XX ponen de manifiesto un hecho que se ha exacerbado en la última década, cobrando un nuevo sentido con la generalización del uso de ordenadores portátiles, *tablets*, teléfonos móviles, relojes inteligentes, gafas de realidad virtual y con el desarrollo reciente de la inteligencia artificial.

Especialistas en el estudio del impacto de la tecnología digital en la comunicación humana, como Sherry Turkle (2015), Estrella Montolío (2019) o Maryanne Wolf (2020), han señalado la existencia de cambios sustanciales en el modo de recepción del conocimiento ligados al acceso rápido y desordenado a una gran cantidad de fuentes de información, con impacto también en las formas de relación humanas, que cada vez se establecen más a través del filtro de las pantallas. La selección de información abundante a través de impulsos rápidos, poco o nada razonados, deviene en una suerte de abandono del procesamiento reflexivo. Por añadidura, hay una creciente dificultad para enfrentarse a textos de cierta longitud y que requieran un acceso lineal, pues las estructuras mentales ya no se corresponden con las creadas por la escritura convencional y la habitual linealidad de los libros. Asimismo, el hecho de que los estímulos sean casi en exclusiva audiovisuales lleva al incremento de lo que el filósofo escocés Alasdair MacIntyre (1987) denominó "emotivismo". Esta es una característica de la ética moderna que actúa como freno a la razón, fundamentando los juicios morales como expresiones de preferencias emocionales individuales, exentas en su desarrollo de una base racional objetiva. La consecuencia de todo ello es que el debate sobre temas éticos y de índole política, relativos a la *res publica*, quede bloqueado e inconcluso, primando lo irracional, lo subjetivo, lo impresionante y atractivo o, incluso, lo que es espantoso y terrible, pero también espectacular, sobre cualquier razonamiento mínimamente fundamentado. De este modo, cada vez se reacciona más ante la persuasión y cada vez menos frente a la información, pues lo importante del hecho comunicativo ya no es su contenido, que no tiene sentido en sí mismo, sino lo que el receptor experimenta y actualiza ante los estímulos de los mensajes que recibe. A esto se ha referido la especialista en análisis del discurso político, Beatriz Gallardo, en los siguientes términos:

> Uno de los elementos que caracteriza el discurso político actual es el protagonismo absoluto de los actos comunicativos, hasta el punto de que hay quien propone […] una relación de equivalencia entre política y discurso político. Nos hallamos ante una primera manifestación de la hegemonía del significante cuya ambición es totalizadora, pues pretende reducir la política al lenguaje que la nombra y ejecuta (Gallardo, 2022: 17).

Los procesos descritos se han profundizado durante el primer cuarto del siglo XXI, que no solo es el escenario de la ofensiva reaccionaria global, sino el de la consolidación y generalización de internet, las redes sociales, las plataformas digitales y la inteligencia artificial. La era postdigital que ha seguido a la era de la información, consolidando y profundizando "la sociedad red" de Manuel Castells (1998), se caracteriza por la inserción profunda de la tecnología digital en las sociedades, de forma que esta ya no se considera una novedad o algo separado de ellas, pues es parte intrínseca de la vida cotidiana. El acceso instantáneo y generalizado a una gran cantidad de información y conocimientos a través de internet, propio del inicio de la era digital, supuso una democratización del acceso al conocimiento, así como la posibilidad de interactuar de forma rápida y eficiente a nivel global, conectando a personas de todo el mundo de un modo hasta entonces inédito.

Inicialmente, la conectividad global colaborativa y rizomática de las redes sociales, a través del Facebook y el Twitter de los orígenes, de los SMS o los blogs, fue aprovechada por movimientos sociales de todo el mundo para propagar velozmente sus convocatorias, hacerlas virales y ganar influencia social. Tras la Gran Recesión, especialmente entre los años 2010 y 2011, tienen lugar una serie de acontecimientos impugnadores del *statu quo* neoliberal en sus respectivos países que se caracterizaron por el tránsito constante de la red a la calle y de la calle a la red. Como explica el sociolingüista y dialectólogo Francisco Moreno Fernández (2014) en su ensayo sobre los lenguajes indignados, en esos años confluyen el *Occupy Wall Street* estadounidense, la denominada *Primavera árabe* y el Movimiento 15M español, todos los cuales se caracterizaron, además de por la exigencia de cambios políticos, económicos y sociales, por la "comunicación rápida, espontánea, poligénica de mensajes y consignas a través de internet y las redes sociales" (Moreno Fernández, 2014: 140). En una línea similar, Ana Mancera y Ana Pano (2020) han estudiado más recientemente la voz colectiva de la voluntad popular en la esfera pública digital y la articulación de sus demandas en los ámbitos virtuales.

2. Extrema derecha y redes sociales

2.1. El escándalo de Cambridge Analytica

Ha pasado más de una década de las mencionadas revueltas sociales del primer decenio de este siglo, fuertemente ligadas a las redes e internet[46], y hoy las cosas han cambiado.

---

[46] Manuel Castells (2008: 13) advertía, con anterioridad a los estallidos sociales de 2010-2011, de la importancia de las redes sociales e internet para los movimientos sociales de la época, destacando, no obstante, la relevancia de la interacción presencial, cara a cara, en su quehacer: "el espacio de los nuevos movimientos sociales de la era digital no es un espacio virtual, es un compuesto del espacio de los flujos y del espacio de los lugares". Asimismo, señaló la proliferación de otras formas de

El escándalo de Cambridge Analytica (CA) hizo saltar en 2018 todas las alarmas sobre la utilización de datos de usuarios de las redes sociales sin su consentimiento, vulnerando derechos y privacidad. Cambridge Analytica, empresa de análisis de datos para influir en procesos electorales creada por Robert Mercer, el empresario multimillonario socio de Steve Bannon y financiador del sitio web de extrema derecha clave en la victoria de Trump, *Breitbart News*, se sirvió de millones de datos privados procedentes de Facebook durante la campaña del referéndum del Brexit en 2016, influyendo de forma decisiva en el resultado de la consulta. La empresa de Mercer utilizaba técnicas avanzadas de análisis de datos y segmentación psicográfica para crear perfiles detallados de votantes que después entregaba al líder ultraderechista de *Reform UK* (antes UKIP), Nigel Farage –principal impulsor de la campaña del Brexit–, para dirigir a los votantes publicidad política personalizada. Se estima que los datos personales de hasta 87 millones de usuarios de Facebook fueron recolectados y utilizados sin permiso, segmentándolos en categorías según sus personalidades, preferencias y comportamientos. Estos perfiles se utilizaron para dirigir anuncios políticos altamente personalizados a los votantes con el fin de influir en sus opiniones y decisiones de voto favorable a la campaña del Brexit *Leave.EU* (Salir de la Unión Europea). La apropiación sin consentimiento de estos datos y

---

comunicación para dichos movimientos en aquel momento: "Pero los movimientos sociales no existen sólo en Internet. Las radios y canales de televisión locales, grupos autónomos de producción y distribución de video, redes de P2P, blogs y podcasts constituyen una variopinta red interactiva que conecta el movimiento consigo mismo, conecta a los actores sociales con la sociedad en conjunto y actúa sobre toda la esfera de manifestaciones culturales. Además, los movimientos, en su amplia diversidad, también echan raíces en sus vidas locales y en la interacción cara a cara. Y cuando actúan, se movilizan en lugares específicos, reflejando a menudo las sedes de las instituciones de poder, como cuando plantan cara en las reuniones de la Organización Mundial del Comercio (OMC), el Fondo Monetario Internacional (FMI) o el G8 en las localidades de los encuentros" (Castells, 2008: 12).

la naturaleza personalizada de la publicidad política plantearon serias preocupaciones sobre la manipulación de la opinión pública y la integridad del propio proceso democrático.

CA también desempeñó un papel significativo en la estrategia de la campaña electoral de Trump, con la inversión de millones de dólares por parte de su entonces estratega clave. Steve Bannon había sido, en efecto, vicepresidente y cofundador en 2013, junto a Mercer, de la rama original Cambridge Analytics, la cual se convertiría en Cambridge Analytica unos años más tarde. Con el mismo *modus operandi* que en la campaña del Brexit, CA utilizó los datos obtenidos de Facebook y otras redes sociales para crear perfiles psicológicos detallados de millones de votantes estadounidenses. Estos perfiles permitieron a los jefes de campaña de Trump identificar diferentes segmentos de votantes, entender mejor sus preocupaciones, intereses y comportamientos, y dirigirles anuncios específicos y mensajes personalizados, a su vez, en redes como Facebook o Twitter. Los mensajes apelaban a los intereses y preocupaciones concretos de cada segmento social, abordando temas como la inmigración, el empleo y la seguridad. La estrategia de *microtargeting* (microsegmentación) permitió a la campaña de Trump llegar a votantes indecisos y potenciales seguidores con mensajes adaptados específicamente para ellos, centrándose sobre todo en estados clave y en distritos donde el resultado de la votación era más incierto para los trumpistas. Asimismo, CA ayudó a crear y distribuir anuncios políticos que apelaban a las emociones y los temores de los votantes, incluyendo tácticas de desinformación. Al identificar los puntos débiles emocionales de los votantes se diseñaron anuncios en redes para influir en su orientación del voto con temas como la inmigración, la criminalidad y la economía, logrando, a la postre, decantar el voto hacia la opción trumpista.

2.2. LA MCDONALIZACIÓN TELEVISIVA Y ALGORÍTMICA

Pero la extracción de datos sin consentimiento de las personas usuarias no solo ocurre en las redes en periodos de campaña electoral, sino de forma habitual. A través del uso de las preferencias de los usuarios, se ha entrenado a los algoritmos para vincularlos a publicidad de todo tipo, que luego se muestra de forma planificada y personalizada en las mismas redes en las que se ha producido la extracción. La McDonalización televisiva y algorítmica –como denomina este fenómeno el especialista en comunicación política y opinión pública Víctor Sampedro (2018)– está relacionada con la economía de la atención, por una parte, y con la impronta de McDonalds y las empresas de comida rápida, por otra, dado que estas fueron las primeras en rebajar sus precios a cambio de hacer trabajar al consumidor. Este modelo se extendió a otras grandes compañías, como, por ejemplo, Ikea, y se convirtió en la norma en el ámbito digital, donde las compañías buscan la máxima rentabilidad empresarial, limitando la participación del público y reduciéndolo a la condición de audiencia, limitada por cuatro exigencias de la McDonalización: "eficacia, cálculo, previsibilidad y control" (Sampedro, 2021: 20-22). A todo ello debe añadirse que, durante años, se hayan estado usando nuestros datos para entrenar los modelos de inteligencia artificial generativa que han permitido a la compañía OpenAI el lanzamiento de ChatGPT. Como advierte Sandra Álvaro:

> […] hoy en día, nuestras comunicaciones son procesadas, monitorizadas, clasificadas y distribuidas por nuevos agentes inteligentes que operan en un entorno complejo, un nuevo ecosistema que ha puesto en comunicación diversos agentes con distintos propósitos. Usuarios, anunciantes, agencias de medios tradicionales, legisladores e instituciones conviven en un mismo espacio que, bajo el discurso de neutralidad, asociado

a la denominación "plataforma", esconde las operaciones algorítmicas y de extracción de datos, que no sólo permiten procesar el aluvión de información que circula por las mismas, sino que las hace económicamente rentables (Álvaro, 2018: 75).

2.3. LA CIRCULACIÓN DEL DISCURSO REACCIONARIO EN X, FACEBOOK, INSTAGRAM, TIKTOK, YOUTUBE, WHATSAPP Y TELEGRAM

Uno de los aspectos fundamentales a la hora de abordar la circulación del discurso reaccionario en las redes sociales es la existencia de un importante fenómeno asociado a su funcionamiento, conocido como la "cámara de eco" (Jamieson y Cappella, 2008). En efecto, entre las principales consecuencias del uso informativo de las redes sociales se encuentra el hecho de que se puede limitar la exposición del usuario a puntos de vista diversos, dado que estas plataformas facilitan la formación de grupos polarizados en torno a narrativas compartidas. Como explican Fernando Carcavilla y sus colaboradores (2024) en su estudio sobre los cinco *influencers* políticos con más suscriptores en YouTube –todos de extrema derecha–, la formación de estas cámaras de eco obedece a la exposición selectiva y al sesgo de confirmación, esto es, a la tendencia del usuario a buscar información que refuerce sus opiniones. Ello conlleva el riesgo del refuerzo de las opiniones ya existentes y la conducción progresiva a posiciones más extremas, como las que se desarrollan en plataformas como YouTube para dar entrada a nuevos actores políticos que antes no podían llegar a grandes audiencias y que propagan ideologías políticas extremistas (Carcavilla *et al.*, 2024: 304). Este cambio de paradigma está favoreciendo la construcción de narrativas con encuadres alternativos que influyen en la distorsión del debate público (Casero-Ripollés, 2018).

Resulta, por otro lado, evidente el alineamiento ideológico de figuras de enorme influencia en el ámbito de las redes sociales, como es el caso del empresario y actual dueño de X, Elon Musk, y del accionista mayoritario y CEO de Meta (Facebook, WhatsApp, Instagram), Mark Zuckerberg, dos de los hombres más ricos del mundo. Tras comprar X Corp. (antes Twitter) Musk readmitió las cuentas @realdonaldtrump, suspendida tras el asalto al Capitolio por riesgo de incitación al odio, que cuenta con más de 90 millones de seguidores, así como la del teórico de la conspiración Alex Jones, condenado por propagar bulos[47]. Con lo que algunos especialistas han denominado "el megáfono más grande del mundo" al servicio de la extrema derecha (Elorduy, 2024), Musk utiliza a diario su cuenta personal en X y la propia plataforma no solo para hacer campaña abierta por Donald Trump, sino para promocionar publicaciones de ideología islamófoba, expandir bulos, discursos de odio racistas, discursos de odio religiosos y lgtbifóbicos, así como a realizar llamamientos al enfrentamiento civil contra las personas migrantes[48]. Musk limita, además, las funciones a los usuarios de X que opten por bloquearle. Del mismo modo, durante los meses del genocidio en curso en la franja de Gaza, tanto Musk como Zuckerberg, menos explícito en su apoyo al trumpismo, han bloqueado perfiles por compartir imágenes de los efectos de los bombardeos israelíes y han llevado a cabo el llamado *shadowbanning* (suspensión disimulada) en Twitter y Meta[49]. Dicho fenómeno ocurre cuando se reduce la visibilidad del contenido de una persona usuaria, de modo que sus publicaciones son prácticamente invisibles, sin que quien haya posteado dicho contenido sea consciente de que

---

[47] *El País*, 11/12/2023: https://elpais.com/tecnologia/2023-12-11/elon-musk-readmite-en-su-red-social-al-teorico-de-la-conspiracion-alex-jones-condenado-por-sus-bulos.html. Cabe también recordar que Trump había fracasado en su aventura con la red de su propiedad *Truth Social*.

[48] *Euronews*, 08/08/2024: https://es.euronews.com/next/2024/08/08/el-rol-de-x-en-los-disturbios-de-extrema-derecha-en-reino-unido-en-el-punto-de-mira-de-la-.

[49] *Infolibre*, 12/10/2023: https://www.infolibre.es/medios/holocausto-directo-impide-denunciarlo-redes-ponen-lado-israel-censuran-mensajes-propalestinos_1_1637970.html.

su cuenta ha sido afectada. Bajo una supuesta "moderación de contenidos" han intentado restar visibilidad a las imágenes y testimonios del primer genocidio de la historia documentado por sus propias víctimas.

Por otro lado, el discurso político reaccionario de Vox ha encontrado especial acomodo en Instagram (IG), tal como han estudiado las especialistas en teoría de la información Eva Aladro y Paula Requeijo (2020). De acuerdo con los resultados de su investigación, la estrategia de Vox (al que las autoras encuadran en la derecha radical) presenta cuatro ejes de discurso en IG: los nacionalismos periféricos, la inmigración musulmana, el feminismo y la izquierda, frente a los que el partido se sitúa como único antídoto posible. En cuanto a su lenguaje, afirman las autoras que su discurso se simplifica mediante un programa político breve y con el uso de metáforas combinadas con sinécdoques al servicio de la construcción de narrativas identitarias. A través de estas narrativas, Vox logra generar un discurso en IG de asociaciones simbólicas con cadenas de relaciones semánticas que vinculan al partido con un todo y lo hacen susceptible de una identificación absoluta con el país: "Vox es España, la bandera, la nación, la patria, que a su vez nos remite al concepto de casa, hogar, familia y padre" (Aladro y Requeijo, 2020: 221). Este mismo mecanismo es utilizado para la construcción de la figura del líder único, hombre común a la par que guía para el partido y el pueblo, encarnada en Santiago Abascal. De acuerdo con Aladro y Requeijo, las publicaciones de Instagram no se dirigen a un simple usuario de una red social, sino que construyen activistas:

> El discurso es el propio de un movimiento de resistencia civil, que interpela al ciudadano para que sea valiente y se comprometa, junto a sus iguales, a hacer frente a poderes abusivos e injustos. Nos encontramos así con el cierre del grupo reforzado, con la búsqueda de la mentalidad grupal

que encaja bien con el activismo combativo (Aladro y Requeijo, 2020: 221).

En cuanto a la red social china TikTok –que en 2022 fue la aplicación más descargada en toda Europa– puede afirmarse que también se ha convertido en una exitosa vía de transmisión de contenidos reaccionarios, con gran alcance entre la población más joven (Cuevas y Bou, 2023). Cabe destacar que el *tiktoker* y *youtuber* chipriota Fidias Panayiotou, de 24 años y con un planteamiento antipolítico, ganó un escaño las pasadas elecciones europeas tras hacerse muy popular entre la juventud de su país por su actividad en las citadas redes sociales. Vox, por su parte, desarrolla en esta plataforma un discurso de acentuado carácter conservador bajo unas formas modernas, disfrazando y rejuveneciendo sus posiciones ideológicas (Albertazzi y Bonansinga, 2023). Su estrategia ha consistido en una visión beligerante de la política y de sus participantes, así como en el uso de una retórica emotiva para fomentar la participación, mientras que favorece la construcción de identidades de consumo rápido que facilitan la viralización (Berdón-Prieto et al., 2023).

Con respecto a YouTube, esta plataforma destaca hoy como la preferida de los creadores de contenido de extrema derecha, tal como demuestran los ya citados trabajos de Fernando Carcavilla *et al.* (2024) y el documental de Raúl Cuevas y David Bou (2024), *La Xarxa Ultra*. En este documental se muestra cómo algunos de los popularmente conocidos como "fachatubers" que son entrevistados por Bou, como el *youtuber* ligado a Vox, Infovlogger, o Libertad y Lo Que Surja, del nicho de la androsfera, se mofan cuando se les pregunta si reciben dinero por difundir en sus *videoblogs* discursos de odio contra inmigrantes, musulmanes o feministas y si son "monetizadores de odio". La monetización del odio se produce cuando el contenido que incita al odio, promueve la división o explota las emociones negativas se convierte en una fuente de ingresos para los creadores de ese contenido y para las plataformas que los alojan. Este fenómeno es impulsado por los algoritmos de las redes sociales, que tienden a promover contenido que genera altas tasas de participación, incluso si es dañino o estigmatizador. Aunque no existe una cifra sobre el volumen exacto de dinero que se mueve a través de la monetización del odio en redes sociales y plataformas digitales, el fenómeno ha sido objeto de creciente atención por parte de los medios, académicos y reguladores, que reconocen que la monetización de contenido polarizador y de odio es una realidad que va en aumento en el ecosistema digital global (Squire, 2021) también en el ámbito español.

En cuanto al ecosistema de los troles sembradores de la discordia en las redes sociales, es oportuno insistir en que, muy a menudo, los *trolls* más influyentes no funcionan como provocadores solitarios, sino que forman parte de agencias de *astroturfing*, es decir, de una entidad o empresa especializada en crear campañas de falsa movilización ciudadana con el objetivo de influir en la opinión pública. Estos perfiles trabajan para formaciones o *think tanks* de la extrema derecha y se especializan en promover ideas o causas en las redes, fingiendo que son sostenidas por un apoyo popular genuino, cuando en realidad han sido orquestadas y financiadas por intereses privados o políticos. El término *astroturfing* procede de una marca de césped artificial, "AstroTurf" y se utiliza como metáfora para referirse, precisamente, a movimientos "artificiales" o "fabricados", en contraste con los movimientos de base auténticos (*grassroots*). Por ejemplo, las habituales campañas racistas e islamófobas promovidas desde la cuenta de Twitter de Capitán Bitcoin están relacionadas con este tipo dinámicas digitales.

Según el *Digital News Report* (2023), en España YouTube es la plataforma líder en consumo de contenidos informativos, dado que el 30% de adultos la utiliza cada semana con este fin.

Se sitúa, así, por delante de otras plataformas como Facebook (27%), Instagram (21%), Twitter (17%) y TikTok (17%), e, incluso, frente al conjunto de webs y *apps* de medios, cuyo uso apenas representa el 23% de la población española adulta (Carcavilla et al. 2024: 305). En cuanto a la presencia de *influencers* políticos en esta plataforma, Carcavilla et al. (2024) destacan las primeras prácticas de micro-celebridad empleadas por *youtubers* políticos en Estados Unidos. Esta plataforma es elegida para la actividad política por la permanencia de los vídeos "frente a otras redes sociales cuyo contenido es más efímero. Asimismo, el formato del videoblog (*vlogging*) favorece la creación de narrativas más elaboradas frente a otras plataformas como X o Instagram, donde prevalecen la brevedad y la inmediatez" (Carcavilla et al. 2024: 305). Los autores analizan los cinco canales con más suscriptores en la categoría "News and Politics" en España, escogiendo solo los canales cuyo género principal es el videoblog, es decir, aquel en el que una persona realiza un monólogo frente a una cámara. Tras seguir estos criterios, los canales objeto de análisis fueron el de Juan Ramón Rallo, Wall Street Wolverine (Víctor Domínguez), Rubén Gisbert, Un Tío Blanco Hetero (UTBH) y Begoña Gerpe. Los resultados muestran cómo estos cinco perfiles se centran en la batalla cultural contra la izquierda desde ámbitos complementarios, en torno a tres ejes principales: el antifeminismo, la defensa del liberalismo económico y la crítica a los medios de comunicación por su falta de independencia. Rallo y Wall Street Wolverine se centran en la defensa de la superioridad moral del liberalismo, mientras que Begoña Gerpe y UTBH se especializan en las críticas al feminismo, si bien ambos abordan tangencialmente las bondades del liberalismo económico. Por su parte, Gisbert presenta un discurso diferenciado del resto, en el que predominan los asuntos relacionados con la crítica a la independencia del Poder Judicial. Asimismo: "El cuestionamiento de la independencia de los medios de comunicación es un tema transversal que permite a estos *youtubers* posicionarse como una alternativa legítima ante sus suscriptores" (Carcavilla et al., 2024: 316). Se observa, finalmente, que todo ello conduce al terreno de la desinformación, a través de tácticas el uso de la sátira y la parodia; de la presencia de hechos inexactos que se presentan como legítimos y de las historias sesgadas hacia una persona, partido, situación, o evento, buscando así generar división y polarización.

En cuanto a la red de mensajería instantánea WhatsApp, ha sido clave en la diseminación de bulos de extrema derecha, con altísimos niveles de descentralización y casi el 100% de implantación entre los usuarios de teléfono móvil. WhatsApp fue reconocido públicamente como el mejor medio para la difusión de noticias por los responsables de comunicación del partido de Bolsonaro en Brasil, así como por los de Trump en Estados Unidos, en las respectivas campañas en las que resultaron electos (Urbán, 2019). El propio Manuel Mariscal, diputado en el Congreso y jefe de Comunicación de Vox, llegó a despreciar en una entrevista el papel de los medios tradicionales, alabando el papel de esta plataforma con las palabras que siguen: "No necesitamos a los grandes medios. Te dan prestigio, pero para llegar a ese público que nos interesa y que vive pegado al móvil nos basta con las redes. En Estados Unidos, Donald Trump ganó sin el apoyo de los medios tradicionales. Y tenemos futuro porque no dependemos de ellos" (*apud* Camargo Fernández, 2021: 66).

Con todo, cabe recordar que Vox ha invertido sumas importantes de dinero en la creación de medios de comunicación propios, como, por ejemplo, *La Gaceta de la Iberosfera*, periódico digital que Vox compró y relanzó el 12 de octubre de 2020 y del que la Fundación Disenso, *think tank* de Vox, es la editora (Sanahuja y López, 2022). De igual modo, el partido de Abascal ha invertido en el lanzamiento de *El Debate*, diario digital impulsado en octubre de 2021 por la Asociación Católica de

Propagandistas, y no puede olvidarse que contó desde el primer momento con el apoyo de los Grupos Intereconomía (propiedad de Julio Ariza) y Libertad Digital (presidido por Federico Jiménez Losantos)[50]. Como se recoge en el análisis sobre los lenguajes indignados de Moreno Fernández (2014), los contradiscursos sobre el 15M fueron realizados desde medios de comunicación como *ABC* y, sobre todo, desde Intereconomía, el grupo mediático creado en 1995 de ideario católico y de derecha conservadora. El "discurso antiindignado" ya contenía entonces fuertes descalificaciones en las que se usaba el sarcasmo, la falacia o la calumnia, para desprestigiar a los acampados en Sol y, prácticamente, a la generalidad de los jóvenes, dañando su imagen mediante manipulaciones (Moreno Fernández, 2014: 68-69).

Finalmente, desde sus inicios en Rusia y su primer nivel de extensión vinculado a movimientos de resistencia democrática, Telegram está cobrando un protagonismo inédito como plataforma de mensajería para la difusión de contenido político de extrema derecha. Su estructura descentralizada y la privacidad en la gestión de sus grupos han generado un contexto óptimo para difundir discursos de odio, sin temor a que dichos contenidos puedan ser censurados o bloqueados. El caso del hoy eurodiputado y conocido agitador ultraderechista Alvise Pérez, quien concurriera a las elecciones europeas de 2024 con la agrupación de electores Se Acabó la Fiesta a partir de una cuenta y un grupo de Telegram como toda plataforma electoral, es un claro ejemplo de ello. A diario, Pérez difunde en su grupo de Telegram un panfleto informativo llamado "Las noticias de verdad" en el que se mezclan tácticas de desinformación diversa, como los bulos,

---

[50] La relación de Vox con Libertad Digital se había ido deteriorando en el último periodo, agravándose sus desavenencias tras la ruptura por parte de Vox de los pactos autonómicos y municipales con el Partido Popular. En cambio, cada vez es más notoria la influencia de Julio Ariza (Intereconomía) y Kiko Méndez-Monasterio (*La Gaceta*) en el partido de Abascal.

la distorsión informativa a través de la presentación de hechos inexactos, técnicas de difamación y falacias *ad hominem*. Como han hecho notar estudios recientes, desde 2018 se observa una radicalización de los discursos en Telegram debido a la llegada de partidos y movimientos de extrema derecha (López-Meri y López-Rabadán, 2024). La migración simultánea a Telegram de grupos radicalizados expulsados de otras redes sociales, que alcanzó a los propios Trump y Bolsonaro, cuyas cuentas tenían millones de seguidores, les ha permitido recrear rápidamente sus conexiones previas y ganar protagonismo en la red, siendo hoy uno de los espacios digitales en los que Vox también tiene presencia.

Ante este panorama de la era postdigital es cada vez más urgente abrir una reflexión crítica sobre la digitalización de las vidas y sus efectos, para encontrar una relación equilibrada y no tóxica, menos dependiente de la tecnología y más consciente de los intereses económicos de publicistas y compañías tecnológicas. Es igualmente necesario tomar conciencia de los efectos que tiene en nuestras vidas y en el planeta, en línea con lo que recomienda en su último libro el lingüista computacional Manuel Alcántara Pla (2022). Alcántara habla del "gran reemplazo digital", de la extensión del fenómeno del "fetichismo tecnológico" e incluso del "determinismo tecnológico" que ha llevado, sobre todo en determinados sectores, a abrazar la idea de que las tecnologías son todopoderosas y capaces de cambiar nuestro destino.

Conviene detenerse a explicar que los llamados "tecno-optimistas", que operan desde una ideología neoconservadora y neorraccionaria, están aumentando su influencia política en Estados Unidos y en el mundo a través de las redes sociales, con una defensa cerrada de la tecnología como la solución a todos los problemas. En sus manifiestos, los tecno-optimistas defienden un progreso tecnológico sin restricciones, apuntando contra la diversidad, la equidad y la inclusión. Exaltan el nacionalismo blanco como alternativa al orden mundial y el libertarismo económico y tecnológico, defiendiendo la puesta en marcha de nuevas formas de autogobierno fuera del orden actual para escapar de los impuestos, las regulaciones y el "desorden" de la democracia liberal. De forma clara, X, de Elon Musk, es hoy la arena virtual donde muchos de estos adalides de la tecnología libran la guerra cultural más abierta bajo la bandera del *free speech*. En su plataforma el dueño de Tesla muestra no solo su simpatía por la ultraderecha, apoyando a Javier Milei y criticando a Lula da Silva, sino que es uno de los principales altavoces de la campaña presidencial de Donald Trump. A todo ello debe añadirse que los empresarios de Silicon Valley se unieran en una campaña contra Biden por las altas tasas del llamado "impuesto a los multimillonarios" y por las regulaciones sobre la Inteligencia Artificial, como ha recordado Antoni Gutiérrez-Rubí en la propia red X. Frente a estos, los tecno-pesimistas destacan los problemas derivados del capitalismo de la vigilancia ciudadana a través de la tecnología, fijándose también en cómo afecta a nuestra percepción y comportamiento (Peirano, 2019). Como apuntara hace décadas el bielorruso Evgeny Morozov (2012, 2015), el solucionismo tecnológico, o la idea de que todos los problemas sociales pueden resolverse con la tecnología, conduce, a la postre, a situaciones de control no deseadas y a una disminución irreversible del pensamiento crítico.

Urge, por último, tomar medidas serias y de rápida aplicación no solo para garantizar una mayor transparencia en cuanto a las fuentes de información que circulan en redes y plataformas, frenando la proliferación de bulos y pseudoinformación, sino para impedir la violación de la intimidad, el capitalismo de la vigilancia y la extracción indiscriminada de datos personales con finalidades mercantilistas. Hay que controlar el algoritmo para evitar que sea este quien nos controle y hay que hacer lo mismo con la publicidad o las escuchas. El peligroso y delicado asunto de la circulación y monetización de discursos de odio, que incitan a la violencia y se transforman en ataques violentos reales[51], es otro de los aspectos impostergables dentro de la necesaria regulación de los contenidos que circulan hoy por redes sociales y plataformas.

3. LA #COMPOL Y LA PSEUDOPOLÍTICA

La intersección del discurso político y las nuevas tecnologías de la información y la comunicación ha impactado de forma decisiva en las características textuales del discurso público. Este hecho se ha unido a la crisis de los medios de comunicación tradicionales y a su pérdida de hegemonía como fuente de noticias frente a internet, hoy principal vía de acceso a la información para buena parte de la ciudadanía. El control de la comunicación política se ha convertido, en las circunstancias descritas, en una forma de ejercer el poder, especialmente para las élites y los partidos, interesados en influir en las percepciones ciudadanas (Casero-Ripollés, 2009). Lograr altos niveles de *engagement* (interacción, reacciones y respuestas) en las plataformas digitales por las que circula la información ha pasado a ser parte de los objetivos centrales de las formaciones políticas, cada vez más preocupadas por ganar la batalla del relato en la cada vez más omnipresente #ComPol (comunicación política). Fichar a los mejores *community managers* para multiplicar el impacto en las redes y a responsables de argumentario capaces de armar discursos que encajen con las exigencias de los medios de comunicación, los tradicionales y los nuevos, se ha convertido en un fin en sí mismo. La devaluación de la política comunicada frente a la inflación de la política comunicativa es otra de las

---

[51] *El Diario*, 05/08/2024: https://www.eldiario.es/desalambre/choques-policia-ataques-centros-acogida-crisis-reino-unido-recrudecimiento-violencia-xenofoba_1_11570994.html.

características del momento actual, algo en lo que participan por igual opciones de izquierda y derecha.

Beatriz Gallardo y Salvador Enguix (2016) acuñaron el término de *pseudopolítica* para definir el fenómeno del "desplazamiento discursivo" que se ha producido en la comunicación política, fruto de la intermediación de las redes sociales, el personalismo y la concepción de la política como espectáculo. Dicho fenómeno implica un cambio de enfoque de los debates políticos sustantivos hacia la creación de narrativas atractivas que funcionan más como entretenimiento que como discurso político informado. La pseudopolítica a menudo se centra en la personalidad de los líderes, en lugar de en sus propuestas políticas. Esto lleva a que los políticos sean juzgados más por su carisma y habilidades mediáticas que por sus capacidades o sus ideas. El fenómeno del *fandom* y la vertiente como política *influencer* en las redes sociales de la Presidenta de la Comunidad de Madrid, Díaz Ayuso, es un caso que ha sido recientemente estudiado por Lucía Caro-Castaño et al. (2024). Caro-Castaño y sus colaboradores han analizado las cuentas *fandom* de Ayuso en Instagram, comparándolas con la cuenta propia de la Presidenta en la misma red social. La investigación descubre que los *posts* que exhiben narrativas de *influencer* (vida personal, moda, estética, alimentación) aumentan el nivel de *engagement* en todas las cuentas, incluida la propia, mientras que la temática política y de partido queda relegada a un tercer plano (Caro-Castaño et al., 2024).

Este es un buen ejemplo de que las redes sociales son una de las herramientas clave para la propagación de la pseudopolítica, ya que facilitan la difusión rápida de mensajes simplificados y visualmente atractivos, que pueden llegar a grandes audiencias con poco contexto o análisis. Este desplazamiento discursivo afecta la percepción del público sobre la política, creando una desconexión entre las expectativas ciudadanas y las realidades complejas de la gobernanza y la formulación de políticas. La propia Gallardo explica en un trabajo posterior, partiendo de algunos conceptos de Fairclough (la mercantilización, la tecnologización y la democratización de los discursos), que el panorama de la comunicación política se ha ido transformando desde finales del siglo XX debido a factores interconectados y de influencia mutua, como el citado personalismo, la aparente democratización de los discursos, el enfoque espectacularizante de la política, la tecnologización, la desideologización y el mercantilismo aplicado a la obtención de votos (Gallardo, 2018). En su tratado general sobre el engaño y la mentira, titulado *Seudología*, el filósofo valenciano Miguel Catalán apuntaba, en esta misma línea, que en la actual sociedad de la imagen "el político debe comportarse como un actor porque su éxito profesional depende en gran medida del *buen perfil* que ofrezca al electorado en los medios de comunicación" (Catalán, 2017: 17). Por ello, nunca deja su imagen a la improvisación, lo cual le obliga a someterse a las directrices que le marcan el gabinete o departamento de comunicación del partido, los asesores de imagen, consejeros de estrategia, equipo de argumentario o *spin doctors,* que lo presentarán siempre bajo una luz favorecedora.

El trumpismo discursivo participa de los factores descritos, desplegando también recursos para comunicar la excepcionalidad permanente y el tiempo acelerado. Los acontecimientos se suceden a una gran velocidad, de tal manera que los avances y novedades de la cultura, la política y la economía son, a menudo, difíciles de asimilar para el ser humano. La velocidad es uno de los signos más definitorios de las sociedades contemporáneas, en las que –como dijera el teórico social y geógrafo, David Harvey (2020)– existe una tendencia imparable a la compresión del tiempo y el espacio. En la hiperactividad y rapidez contemporáneas la política se comunica como algo inconexo y deslavazado, como recuerda Beatriz Gallardo:

> Las condiciones de celeridad e instantaneidad explican la tendencia de nuestras sociedades a una comunicación sincopada, enumerativa [...] sin apenas una trama textual que aporte coherencia [...]. Esta disposición deslavazada de los contenidos (parataxis) obliga a los receptores a recurrir a inferencias para vincular ideas yuxtapuestas, lo que de nuevo abre la puerta a la subjetividad individualizada, es decir, a los sobreentendidos, un tipo de inferencias que son indemostrables (Gallardo, 2022: 133).

El filósofo surcoreano Byung-Chul Han explicaba que la digitalización había disuelto la acción comunicativa propia de la democracia representativa en la que el discurso razonado y argumentado, así como la deliberación, tienen un papel central, debido a que "la red digital creó las condiciones estructurales previas para las distorsiones infocráticas de la democracia" (Han, 2022: 38). Esto se debe a la propaganda digital, el tacticismo, el cortoplacismo y al inevitable efecto de la desconfianza en la palabra sosegada. Puede, no obstante, responderse a Han que en este contexto "el otro discurso", el que busca persuadir a través de bulos, agresividad verbal, espectacularización y banalización, sigue operando con éxito. En la era de la infocracia, no tiene sentido, por tanto, buscar las condiciones ideales de comunicación para una política igualitaria en el marco de las democracias representativas liberales. La deliberación, el debate y la verdad parecen haber sido, en efecto, reemplazados por una guerra de escenificaciones mediáticas, por el marketing, los hechos alternativos y las verdades inventadas.

4. LOS BULOS COMO EMANACIÓN DEL CAPITALISMO DIGITAL

El filósofo Miguel Catalán (2017) advierte de que la percepción de que el cuerpo político miente con mayor frecuencia que la sociedad en general se remonta a tiempos lejanos, recordando que el mundo siempre se ha mostrado más indulgente con las argucias con los representantes públicos que con las de los particulares. La sinceridad, por el contrario, fue juzgada, desde tiempos inmemoriales, "como una prueba de impericia o ingenuidad del tribuno que lo incapacitaba para el mando, y la máxima política *qui nescit dissimulare, nescit regnare* dicta desde tiempos remotos que para reinar es preciso saber fingir" (Catalán, 2017: 14). El actual momento reaccionario es distinto del fascismo de los años 30, pero comparte varios aspectos discursivos con él, como ya se ha explicado, entre los que efectivamente se encuentra la diseminación de la mentira para hacer crecer el descreimiento y la apatía política. Como Hannah Arendt (1951) constatara, el objetivo de mentir constantemente no es que la gente se crea la mentira, sino que ya nadie crea en nada, haciendo así imposible distinguir entre el bien y el mal.

La propagación de bulos e informaciones falsas no es, por tanto, algo nuevo en el ámbito de la comunicación política, pero la dimensión del problema que hoy representa sí lo es. Christian Salmon (2019), investigador francés del Centro de Investigación sobre las Artes y el Lenguaje (CNRS-EHESS), argumenta que la Gran Recesión fue una crisis no solo financiera, sino también narrativa. El crac del 29 de este siglo dejó al descubierto la distancia insalvable entre los relatos oficiales y la experiencia de millones de personas. De forma paralela a la crisis de credibilidad de los gurús de la economía y sus arietes políticos –y a la par que familias de todo el mundo se quedaban sin casa y en la ruina– se produjo una aceleración de los intercambios en las redes sociales, en un principio útiles para canalizar la rabia y organizar la protesta (Camargo Fernández y Checa Fernández, 2024), que desembocó en una inestabilidad de la información y una guerra de relatos. A partir de ese momento y hasta el contexto postpandémico de crisis multipolar actual se ha gestado y desarrollado lo que denominamos trumpismo discursivo, un estilo comunicativo en el cual el borrado de fronteras entre la verdad y la mentira se erige como uno de sus rasgos fundamentales.

En el proceso que en Francia llaman "la desdiabolización" de las extremas derechas ha sido crucial el papel de los medios de comunicación, de otros partidos de la derecha y de las redes sociales. En dichos medios, convencionales y no convencionales, se ha ido imponiendo la provocación, la transgresión y la competencia por la atención escasa ante la sobreabundancia de mensajes sin controles de verificación, lo que ha dado lugar a una proliferación de bulos insólita en la historia. Pero lo que los gramatólogos mediáticos llaman *posverdad* es en realidad un régimen de veridicción caracterizado por lo que Evgeny Morozov (2012) definió hace ya más de una década como "nueva teoría verdad" en la economía gobernada por la publicidad en línea. En los contextos digitales la verdad es lo que atrae más pares de ojos, por lo que del mismo modo que el calentamiento global es una consecuencia lógica del capitalismo fósil, las llamadas *fake news* son emanaciones del capitalismo digital. Es la misma lógica que llevó a los usuarios de los tableros digitales imprescindibles para la victoria de Trump, Reddit, 4chan o 8chan, a poner en circulación información falsa, los memes virales de la rana Pepe o teorías de la conspiración como QAnon, con los que se pretendía llamar la atención para permanecer en la parte alta de la pantalla más tiempo.

Víctor Sampedro (2021) da, en este mismo sentido, detalles importantes sobre el funcionamiento de la pseudoinformación, como prefiere denominarla frente a *fake-news* o posverdad, al destacar el papel de publicidad y relaciones públicas, con el consiguiente del desplazamiento de las noticias por un contenido con formato informativo que tiene intenciones persuasivas. Como explica Sampedro, esto ha provocado que se rompa el pacto de veracidad con el receptor, que exige fidelidad a unos hechos o testimonios contrastados y a una argumentación lógica.

La propaganda y la publicidad se disfrazan, de este modo, de información para captar más atención y aumentar su efectividad persuasiva: se adaptan a perfiles microsegmentados de audiencias digitales específicas, incapaces de acceder a la realidad y de distinguirla, en consecuencia, de la ficción. Ante la atención escasa y la hiperabundancia de datos, los medios intentan capturarla mercantilizando los contenidos con sensacionalismo y banalización, pues está comprobado que el enfrentamiento atrae más la atención y que la mentira bien guionizada se viraliza antes que las noticias veraces (Sampedro, 2021: 20).

Ya a finales del siglo XX, Noam Chomsky e Ignacio Ramonet (1995) habían alertado en su célebre libro *Cómo nos venden la moto* de los peligros derivados del control y concentración de los medios de comunicación al servicio de la mercadotecnia. La consiguiente crisis del cuarto poder de finales del pasado siglo fue evidenciada en ese libro, en el cual sus autores exponen cómo la verdad ya había pasado a un segundo plano en aras de la fabricación de la opinión y de las técnicas de persuasión invisibles, a manos de empresas con el monopolio de la información y la ideología.

5. Timing y marketing político

Sobre la relación entre marketing y manejo de los tiempos (el famoso *timing*) cuenta Christian Salmon (2019: 104-105) que en 2002 el jefe de gabinete de George W. Bush, preguntado sobre la entrada en guerra de Estados Unidos contra Irak y en qué momento se produciría, el en aquel entonces presidente dijo sin dudar: "Desde el punto de vista del marketing, no se lanzan nuevos productos en agosto". Había que preparar a la opinión pública estadounidense para la invasión de Irak en otro momento más propicio, respetando el *timing*. El manejo de los tiempos es, sin duda, otro aspecto influyente en la comunicación política de la era postdigital.

Como ejemplo de ello puede verse la "Carta a la ciudadanía" de Pedro Sánchez, con la que en abril de 2024 anunciaba los 5 días de reflexión ante la campaña "de acoso y derribo" de la ultraderecha, tras la denuncia de la asociación Manos Limpias contra su mujer, Begoña Gómez. La carta del Presidente del Gobierno fue un calculado ejercicio de marketing y *timing* político de consecuencias posteriores poco claras. Como explica Antoni Gutiérrez-Rubí (2024) en uno de sus certeros análisis, con la carta publicada en su cuenta de X Sánchez marca el paso y elige en un momento de asedio y agotamiento de opciones. Elige armas, una carta tradicional, analógica y sin membrete que difunde a través de su perfil de la red social con mayor impacto en política, X. Elige el momento (*timing*), difundiéndola justo una hora antes de los informativos de la noche y con tiempo suficiente para llegar antes del cierre de las ediciones de los diarios. Elige el tempo, cinco días de reflexión con el fin de semana por medio para mantener al país, a sus adversarios (y a su propio Gobierno) en vilo, y salir después a la contraofensiva. Elige también una posición de víctima de una acción que va contra él, pero también contra la democracia y el Estado de Derecho, elige un tono irritado, un léxico de polaridad negativa intensificada y carga emocional negativa para reivindicar que no todo vale. Por último, elige el estilo del órdago político y la imprevisibilidad, una de sus principales señas de identidad.

La carta se escribió –como luego supimos– para reagrupar a sus bases y a su electorado con dos convocatorias electorales a la vista (elecciones catalanas y europeas) en un contexto político complicado para su partido y de éxito de las derechas y las extremas derechas en Europa. Sánchez volvía al *storytelling* en tiempos de agresividad verbal y bulos. Retornaba al estilo comunicativo de las narraciones de Obama, lamentándose y alertando de los efectos del trumpismo discursivo, pero sin tomar, *a posteriori* y de forma inmediata, medidas realmente efectivas para evitarlo.

6. EL *FREE SPEECH* Y LOS DISCURSOS DE ODIO

La incorrección política de la (ultra)derecha o "desinhibición reaccionaria", en palabras de Beatriz Gallardo (2024), llegó a Europa con la expansión del trumpismo, traspasando a menudo todas las barreras y convirtiéndose en discurso de odio contra sus diferentes enemigos. Como explica la lingüista y analista del discurso político, en España el Partido Popular también se ha sumado a este estilo lleno de términos marcados ("pactos encapuchados", "golpe de estado", "dictadura") en el que abundan los insultos y las expresiones disfémicas:

> La desinhibición lingüística fue alentada explícitamente por Steve Bannon, el director de campaña de Trump, en su gira europea de 2018, cuando intentaba apuntalar en Europa su movimiento integrador de la ultraderecha. *"Dejad que os llamen racistas…, usadlo como una insignia honorífica"*, decía en marzo de 2018 en una concentración invitado por Marine Le Pen. Palabras muy parecidas se han escuchado en los mítines de la ultraderecha española, aunque la coletilla que resume esta postura discursiva desinhibida en nuestro país es el eslogan "sin complejos", un lema que los representantes del Partido Popular no han dudado en asumir como propio. Así se llamaba, de hecho, un libro firmado por una de sus dirigentes en 2021: *Sin complejos. Solo una derecha unida y orgullosa de su historia puede volver a gobernar España*[52] (Gallardo, 2024).

---

[52] Alude aquí Gallardo al libro de ese título publicado por la expresidenta de la Comunidad de Madrid y dirigente de PP madrileño, Esperanza Aguirre, en la editorial La Esfera de los Libros.

Para este proceso ha sido necesaria una nueva conceptualización del concepto de "libertad de expresión" en el ámbito de las redes sociales y el discurso público. El denominado *free speech*, uno de los aspectos más valorados y tradicionalmente asociado en Estados Unidos a las libertades democráticas fundamentales, se convierte en algo diferente, resignificado en los términos que explican Andrew Marantz (2021) y Angela Nagle (2018) en sus trabajos. Marantz examina en *Antisocial* cómo la extrema derecha ha explotado el concepto de libertad de expresión para legitimar y amplificar sus mensajes en las plataformas digitales, convirtiéndolo en una herramienta estratégica más que en un principio democrático genuino. Desde la *alt-right* estadounidense se ha utilizado la defensa del derecho a expresarse libremente para proteger su derecho a difundir ideas racistas, xenófobas y misóginas, mientras que, en muchos casos, no defienden la misma libertad para sus oponentes. Se ha producido una utilización del *free speech* como un escudo para evitar la censura y para desafiar las normas sociales que anteriormente impedían la proliferación de ideas extremas en el discurso público. Así, logran presentarse como víctimas de la corrección política o de la *cancel culture* (cultura de la cancelación), ganando el apoyo de quienes temen la erosión de las libertades individuales. En estos contextos, además, proliferan los troles y los *bots*, cuyo objetivo es "orientar" las conversaciones en foros y redes sociales, principalmente, en una determinada dirección ideológica (Mancera y Pano, 2020: 29).

Por su parte, Angela Nagle aborda también el tema de la libertad de expresión de la extrema derecha en internet en su libro *Muerte a los Normies*, explicando cómo los ultraderechistas se han apoderado de las redes, reclamando la bandera del *free speech* para defender su derecho a expresar opiniones provocadoras y a menudo ofensivas. Según Nagle, el uso de este concepto por parte de la extrema derecha está relacionado con la táctica de desestabilizar el discurso público y normalizar ideas extremas, algo que se asocia a la cultura de la transgresión y rebelión contra las normas establecidas, bajo la que ahora se presenta la extrema derecha (Stefanoni, 2021). Al defender su derecho a decir cualquier cosa, por ofensiva que sea, estos grupos se posicionan como luchadores por la libertad en contra de lo que perciben como un régimen opresivo de corrección política. Tanto Marantz como Nagle coinciden, por tanto, en que la extrema derecha utiliza la defensa de la libertad de expresión como una táctica para difundir ideas que antes estaban al margen del discurso aceptable. Para estos movimientos ultras, el *free speech* se convierte en un medio para legitimar y amplificar mensajes de odio, a menudo so pretexto de defender la libertad individual contra un supuesto control ideológico impuesto por la izquierda o por las élites culturales, protegiendo y promoviendo así discursos que erosionan las normas democráticas y los derechos de otros grupos.

En el discurso público en España se ha extendido esta misma resemantización de la libertad de expresión bajo el disfraz de una malentendida desinhibición de signo reaccionario, como recordaba Gallardo. Tras el exabrupto dicho en la arena política, sus emisores no sienten necesidad de disculparse, sino más bien de reafirmarse en el insulto. El resultado de todo ello es que se desvía el foco de las cuestiones importantes, se deja de señalar a los responsables de las crisis, las relaciones causa-efecto se simplifican y se hace dejación de la búsqueda de soluciones para los problemas realmente acuciantes (vivienda, precariedad, violencia machista). La arena política se convierte así en un ring en el que el debate se centra en ver quién encaja mejor o quién dice el exabrupto más grueso:

> Los correligionarios minimizan la gravedad de lo dicho, reducen las injurias a simples chascarrillos, o acusan a los demás de hacer lo mismo. El efecto se extiende y empapa el ambiente político reduciéndolo a una pelea degradante. Lo vimos

con "que te vote Txapote" y con "me gusta la fruta": el insulto chulesco y amargado —especialmente el que se dirige contra quienes han sido elegidos democráticamente en las urnas— parece el argumento más recurrente (Gallardo, 2024).

Asimismo, como demostró la investigación realizada por Enrique Javier Díez-Gutiérrez et al. (2022) sobre el discurso político de odio desde Twitter en Iberoamérica, las campañas de odio no surgen espontáneamente, sino que son vertebradas desde organizaciones con pautas de difusión marcadas e impulsadas con potentes fuentes de financiación. Hay, además, una intencionalidad política desestabilizadora detrás de ellas, que se demuestra por la presencia masiva de cuentas falsas, la repetición de erratas idénticas y el aumento del número de cuentas en los momentos previos a las campañas, todo lo cual evidencia la automatización de estos procesos. Igualmente, Díez-Gutiérrez et al. (2022) señalan el uso constante de términos agresivos y despreciativos asociados al odio para generar polarización extrema y un clima de constante crispación.

Los hechos racistas acontecidos en Reino Unido y en España, en donde cuentas en redes sociales de agitadores y grupos racistas con nombres y rostros a la vista (los de Tommy Robinson y Europe Invasion, Alvise Pérez, Vito Quiles, Dani Esteve, Rubén Pulido o Cristina Seguí, entre otros) han incitado abiertamente al odio contra los inmigrantes magrebíes, a través de bulos que los responsabilizaban de asesinatos de niños o de agresiones a mujeres, son un ejemplo de la alarmante expansión, coordinación y normalización de estas prácticas[53] que, en la mayor parte de los casos, suceden con total impunidad para quienes las llevan a cabo.

---

[53] Pueden verse al respecto las investigaciones realizadas por Julián Macías Tovar para Pandemia Digital, así como su propia cuenta de X @JuliaMaciasT. En una línea similar, pueden consultarse los artículos del periodista Miquel Ramos (@Miquel_R) y los análisis de Al Descubierto (aldescubierto.org).

7. La neolengua neoliberal

El neoliberalismo autoritario y la ultraderecha secundan la transgresión de las barreras y los límites de la corrección discursiva, pero en sus posiciones, propias del orden económico neoliberal, siguen siendo habituales los eufemismos y una cierta corrección política. Se trata –como explica Rodrigo Llopis– de una jerga gerencial, procedente de los talleres del marketing empresarial, que coloniza el discurso público en la actualidad, cuyo objetivo es extirpar al lenguaje la conflictividad, para que, al principio, en los lugares de trabajo y, más tarde, en otros planos de la vida dentro del modelo neoliberal, se naturalice la lógica de la subordinación (Llopis, 2022). Conviven, por tanto, hoy dos esferas diferenciadas: el nuevo orden discursivo de la extrema derecha (Camargo Fernández, 2021) y la *Lingua Capitalismi Neoliberalis*, como la denomina Llopis (2022) recordando la *Lingua Tertii Imperii* (Lengua del Tercer Reich) de Victor Klemperer (cfr. capítulo 2 § 2.1). El trabajador es, en la lengua del capitalismo neoliberal, un "colaborador". La tarea suplementaria no remunerada es una "misión", mientras que el salario se convierte en una "gratificación".

Las tareas fastidiosas y pesadas son "desafíos" y la vida precaria en las grandes ciudades, como el Madrid de Ayuso, es cada día una "nueva aventura". La propia resignificación del concepto de "libertad" de la presidenta de la Comunidad de Madrid, analizada por Luisa Martín Rojo (2022 y 2023) y por Pedro Fernández Riquelme (2022b), es un ejemplo de la penetración del sentido común neoliberal en el discurso público, a través de la difusión del imaginario sociodiscursivo del *Profit over people* (los beneficios antes que las personas). Como explica Martín Rojo, en la disyuntiva que el neoliberalismo abrió durante la pandemia de Covid-19 entre la economía o la vida, el negocio o la salud pública, ganó lo primero, estigmatizando la intervención en la actividad productiva y subestimando la letalidad del virus.

Los discursos del *coaching*, el *mentoring* y el emprendimiento, que prometen la salvación individual a través de la conversión de uno mismo en una empresa, están siendo también explotados por *youtubers* con gran influencia entre los varones jóvenes, como es el caso, entre otros, de Amadeo Llados. Con un peculiar estilo comunicativo despliega recursos de la neolengua del capitalismo neoliberal, aderezada con rasgos del discurso de los *millennials* (Checa Fernández y Camargo Fernández, 2023), como los frecuentes anglicismos y acortamientos léxicos (*bro*, *lambo*), cambios de código y anglicismos con efecto intensificador (*es como fuck, fucking perdedor*) y coloquialismos (*fucking panza, mileurista*). Llados incorpora otros rasgos léxicos y fonéticos propios del personaje, como el alargamiento vocálico en el uso como interjección de "fuck", una peculiar forma de pronunciar las sibilantes, probablemente debido a su funda dental blanqueadora, así como los insultos retadores que forman parte de los rituales de lapidación de las redes sociales para, con todo ello, lograr atraer a clientes de lo que muchos de sus usuarios han denunciado como una estafa[54]. El *influencer* ha exhibido en sus vídeos de TikTok no solo el antiintelectualismo propio del discurso de la extrema derecha, sino su desprecio por las más básicas normas ortográficas y de lectoescritura que se aprenden en la educación primaria: lo importante es convertirse en millonario a través de sus mentorías, no saber leer, escribir y poner bien las tildes[55]. María Medina-Vicent (2020), por su parte, ha estudiado los discursos neoliberales de la literatura gerencial dirigida a mujeres que condensan el disciplinamiento social de las identidades para la consecución del éxito personal a través del

---

[54] *Diari ARA* 1/08/2024: https://es.ara.cat/gente/macroquerella-influencer-amadeo-llados-estafa-admitida-tramite_1_5105391.html.

[55] https://www.tiktok.com/@lladosmarket/video/7268037222698323233.

emprendimiento, la autogestión y la autoexigencia. En la literatura gerencial para mujeres, el mejor modo de ser "feministas" es ser líderes, emprendedoras y empresarias de éxito.

El sociólogo Jorge Moruno (2018) había explorado con anterioridad los discursos del *coaching* y el emprendimiento que prometían la salvación individual siendo empresario de uno mismo. Estos discursos calan cada vez más ante la ansiedad de la falta de certezas laborales, en las que los problemas estructurales se convierten en fracasos individuales. La más absoluta precariedad se reviste de una retórica de flexibilidad y de huida de la "aburrida" relación laboral fordista, para perseguir la implicación personal de las personas trabajadoras. No basta con cumplir. La avalancha de neologismos (los *doers*, las *trabajaciones*) y de metáforas ("jornaleros de consumo", "braceros de la información" o "pilas que fabrican datos") para hacer la servidumbre sexy, incluso cuando estamos entreteniéndonos, son los productos culturales que justifican la subsunción total de la vida en el mercado.

Por su parte, la socióloga del lenguaje Marta Castillo González (2023) ha analizado la precariedad *cool* en la prensa española en una investigación que estudia la *trendinización* del discurso reflejo de la expansión de la precariedad y sus manifestaciones contemporáneas: *minijobs*, *co-living*, *treinteenagers*, o su adaptación al español *adolestreinta*, *friganismo* (coger comida de los contenedores de basura) o *nesting* (quedarse sin salir de casa, "el nido", durante el fin de semana o las vacaciones) son nuevos recursos discursivos que participan de la construcción de un sentido común que no solo normaliza la precariedad, sino que la presenta como algo atractivo y moderno.

Finalmente, el economista y periodista de *El Salto*, Yago Álvarez Barba (2023), analiza en su libro *Pescar el salmón* los bulos y las narrativas de la prensa económica. Álvarez explica cómo la hegemonía neoliberal ha penetrado en la prensa salmón de todo el planeta con un ejército de eufemismos que oscurecen los significados a través de significantes que opacan la verdadera semántica de los ajustes neoliberales: "enfriar la economía" (encarecer el precio del dinero y subir los tipos de interés), "reorientar el gasto público" (hacer recortes sociales); "externalizar" (regalar empresas públicas) "aumentar el dinamismo laboral" (abaratar el despido), o declarar una "amnistía fiscal" (permitir que multimillonarios evasores de impuestos legalicen su dinero no declarado) son ejemplos de ello. El discurso de la inmensa mayoría de las páginas salmón, en suma, defiende que no existe más alternativa que el modelo neoliberal, contribuyendo a la propagación de su doctrina y logrando desviar la atención de sus verdaderos objetivos propagandísticos.

Capítulo V. Trumpismo discursivo

> Todo lo sólido se desvanece en el aire.
>
> KARL MARX y FRIEDRICH ENGELS (1848)[56]

> Mi madre, una refugiada judía alemana del nazismo, repetía al final de su vida durante la presidencia de Trump: "Empecé mi vida con Hitler y la estoy terminando con Trump; no hay mucho progreso".
>
> MONICA HELLER (2023)

1. TRUMPISMO DISCURSIVO. DEFINICIÓN, ORÍGENES, FINALIDADES, ANTECEDENTES

La crisis de 2008 que dio paso a la Gran Recesión no solo fue económica, sino también narrativa, por lo que puede afirmarse que con ella estallaron dos burbujas, la financiera y la del *storytelling*. Los relatos públicos fueron sometidos a una verdadera crisis de credibilidad ante la distancia insalvable entre la narrativa oficial y la experiencia de millones de personas arruinadas por una crisis que no habían causado. Así lo explica el investigador francés Christian Salmon (2019), quien –como adelantamos en el capítulo anterior– establece en *La era del en-*

---

[56] Con esta metáfora del *Manifiesto Comunista* se describe la naturaleza transitoria e inestable de las condiciones sociales bajo el capitalismo. Marx y Engels sugieren que, en la sociedad capitalista, las relaciones sociales, las instituciones y las estructuras que parecen sólidas y estables están sujetas a cambios y transformaciones constantes, debido a las fuerzas del cambio económico, social y político. Marx estaba señalando la naturaleza efímera y transitoria de las estructuras sociales bajo el sistema capitalista, como la supuesta solidez de las propias narrativas del capitalismo neoliberal que se desvanecieron a partir de la crisis de 2008 y que, junto a la emergencia de las redes sociales y el uso masivo de internet, dieron lugar al capitalismo comunicativo (Dean, 2009) y a la era del enfrentamiento comunicativo (Salmon, 2019).

frentamiento una relación causal entre los cambios del discurso político y público de los tres últimos lustros, la nueva crisis del sistema capitalista neoliberal que se manifiesta a partir de 2008 y la expansión de los nuevos formatos de comunicación digital. La aceleración de los intercambios en las redes sociales y su inestabilidad, sumadas a la falta de credibilidad de las narrativas oficiales y a la hiperabundancia de fuentes y discursos, crearon las condiciones de una verdadera guerrilla de relatos que se ha traducido en una cultura del enfrentamiento comunicativo.

A partir de la Gran Recesión los formatos de difusión de la información pasaron de ser verticales a horizontales, sin centro, cuyo modelo ya no era autoral, sino viral y epidémico, todo lo cual provocó una importante crisis de credibilidad en el campo político neoliberal que se sumaba al aumento exponencial de la desigualdad y la precarización de la vida. Como resume el investigador francés:

> El *homo politicus* neoliberal no tiene un problema de comunicación, sino de credibilidad. La impotencia para actuar y la regresión democrática son las dos coordenadas de nuestra miseria política, a imagen y semejanza de un debate público que se da a leer de ahora en adelante como una sucesión incoherente de enfrentamientos. Estos enfrentamientos son otros tantos síntomas de la descomposición del campo político (Salmon 2019: 58).

Precisamente, la politóloga neoyorquina Jodi Dean ha teorizado en *Democracy and Other Neoliberal Fantasies* sobre el discurso público en la era postdigital, definiéndolo con acierto como "capitalismo comunicativo" (Dean, 2009). La autora sostiene que el capitalismo ha absorbido la comunicación digital y la participación en las redes sociales para perpetuar su dominio, de forma que la proliferación de información y la participación *online*, lejos de empoderar a la ciudadanía, sirven para desviar la acción política efectiva. Por ello, la comunicación pública y política se convierte en un producto de consumo más, reduciendo su capacidad para la transformación social al perpetuarse la lógica del mercado y la superficialidad de las interacciones. El canal de noticias Fox News y el Tea Party fueron ejemplos tempranos de cómo los medios corporativos pueden utilizar espacios afectivos y politizados en las redes sociales para impulsar su propia marca, mientras que Trump es el emprendedor mediático afectivo por excelencia, capaz de canalizar las energías de disfrute y antagonismo de la Fox y del Partido Republicano (Jutel, 2017).

De acuerdo con Dean (2009), Donald Trump –que es quien populariza, viraliza y hace posible la nueva forma de comunicación que aquí llamamos "trumpismo discursivo"– es un presidente adecuado para el capitalismo comunicativo, pues ejemplifica el ideal del "súper-yo" de este modelo. Trump logra efectos particulares, como narcisista que "disfruta" públicamente de la vida y aprovecha su fama y presencia en los medios para distintos fines, ya sea aumentar su fortuna, negociar contratos mediáticos o detentar la propia presidencia de su país (Jutel, 2017). Mientras que desde el *New York Times* se hacían proyecciones seguras a comentaristas políticos de todo el mundo basadas en encuestas que daban una clara victoria de Hillary Clinton, el trabajo afectivo de los seguidores de Trump en los tableros digitales y las redes sociales generaba un tejido conectivo, socavando el "fetichismo tecnológico" liberal. Jodi Dean describe los efectos del capitalismo comunicativo como una "decadencia de la eficiencia simbólica", en la que las nuevas tecnologías comunicativas no logran superar la individuación neoliberal, mientras que el discurso de Trump supone, por el contrario, el retorno de la eficiencia simbólica a través de una política de medios que premia el lenguaje emocional y la polarización.

1.1. DEFINICIÓN

La transformación arriba descrita ha tenido una consecuencia de gran trascendencia en el nivel cultural profundo de las sociedades del capitalismo tardío: se ha producido un hundimiento de la confianza en el valor referencial y en las condiciones de verdad del lenguaje como instrumento para la descripción de estados de cosas del mundo. Se ha difuminado la separación entre lo verdadero y lo falso, la realidad y la ficción, alentando la aparición de nuevos comportamientos, de prácticas de desorientación, de desinformación y propaganda. Es en este contexto en el que nace el trumpismo que, siguiendo lo expuesto en un trabajo anterior, definimos de forma triple como:

a) una forma de gobierno ligada a la ideología política ultranacionalista, nativista y neoconservadora de Donald Trump;

b) un movimiento global replicado en distintos proyectos políticos europeos y latinoamericanos del ámbito de la extrema derecha;

c) un modo de comunicar la política que denominamos "trumpismo discursivo" y que comparte características con el discurso populista de extrema derecha, tal como lo caracterizamos en el primer capítulo, que incorpora el componente ideológico reaccionario-autoritario, así como los nuevos formatos de comunicación digital con la frecuente finalidad de desinformar (Camargo Fernández, 2023: 97-98). En una línea similar, el analista del discurso austriaco Martin Reisigl (2023) aplica la perspectiva que denomina "politolingüística" al análisis del discurso de la extrema derecha. El enfoque politolingüístico que adopta es el del análisis crítico del discurso y la lingüística aplicada transdisciplinaria. Su principal punto de referencia empírico es Austria, con una tradición de más de 35 años de extrema derecha populista. Reisigl (2023) destaca que la infraestructura comunicativa y retórica básica del discurso populista de extrema derecha presenta los elementos comunicativos y retóricos relevantes del discurso populista: un uso del lenguaje simplificador, polarizador, ofensivo, insultante y vulgar dirigido contra los oponentes políticos y centrado en la construcción discursiva de "el pueblo", "el líder" y "el enemigo". En línea con lo que explicamos anteriormente, la dimensión retórica y comunicativa está en el núcleo de cualquier proyecto populista y fundamenta e interactúa estrechamente con las dimensiones ideológica y organizativa del populismo. En la Tabla 2 se recogen las estrategias, medios y finalidades del trumpismo discursivo, varias de los cuales ya se han explicado en los capítulos anteriores:

Estrategias	Mensajes	Medios virtuales	Finalidad
Uso de bulos, narrativas de amenazas, discurso *anti-establishment* e incorrección política	Directos, concisos, agresivos y disfémicos. Nominalizaciones y colocaciones con adjetivación repetitiva	Twitter, Facebook, Instagram, Gab	Provocar, crispar, escandalizar
Apelación a las emociones, polarización endogrupo vs. exogrupo	Metáforas, contraposiciones, argumentación causa/efecto, anclaje egocéntrico	Youtube, TikTok, Twitch	Polarizar
Exageración, banalización, victimización y búsqueda de chivos expiatorios	Hipérboles, ironía, sarcasmo, ridiculización/ deshumanización del exogrupo	WhatsApp, Telegram	Viralizar

Tabla 3. Estrategias, mensajes, medios y finalidad del trumpismo discursivo (Camargo Fernández, 2023: 101)[57]

---

[57] Todos los medios virtuales incluidos en esta Tabla están relacionados con todas las distintas finalidades, estrategias y mensajes.

1.2. ORÍGENES DE UN ESTILO COMUNICATIVO

El periodista del *New Yorker* Andrew Marantz (2021) afirma en su libro que la *alt-right* estadounidense era consciente de que lo que necesitaba era "un nuevo vocabulario moral, social y político" (Marantz, 2021: 18), lo cual explica su incesante y expansivo trabajo en las redes sociales, pero también el peculiar estilo comunicativo de Donald Trump. El origen de esta forma de comunicar está ligado al ya explicado capitalismo digital y a la pseudoinformación. Llamar la atención con un meme o una frase escandalizadora, a menudo falsa, era la única forma de mantenerse más de cuatro segundos en la parte alta de los tablones digitales de internet, Reddit, 4chan o 8chan (más tarde 8kun), los tableros digitales de internet que tuvieron un papel central en la coordinación y expansión de la derecha alternativa estadounidense. Sus usuarios, convenientemente conducidos por distintos personajes de ideología ultranacionalista y reaccionaria, pronto se percataron del enorme potencial de estos sitios para hacer campaña contra los demócratas, pero también contra los *normies* (Nagle, 2018), contra la izquierda y contra todo lo considerado *woke*. El objetivo no era solo que Trump ganara las elecciones machacando a Hillary Clinton a base de *fake-news* conspiranoicas, sino dar la batalla cultural contra los movimientos sociales más progresistas, como el feminismo, el movimiento antirracista, el movimiento LGTBI, el *Black Lives Matter*, los libros considerados izquierdistas y amorales o la separación de poderes.

Como explican Marcos Reguera (2017) y Angela Nagle (2018), 4chan, inspirado en el tablero de imágenes japonés 2chan, fue el primero y más influyente de los *imageboard* usados como portaaviones ideológico trumpista. En 4chan solo las entradas que generaban más comentarios e interacciones podían permanecer más de un minuto en página principal, mientras que

las que no generaban interacciones se borraban. Fue especialmente útil a los intereses de la extrema derecha trumpista el tablero de discusión de 4chan conocido como /pol/, abreviatura de
politically incorrect (políticamente incorrecto), que se convirtió
en un espacio y una estrategia discursiva clave para la difusión
de ideologías extremistas. En /pol/ se difundieron sin cortapisas
discursos misóginos de los *incel* (acrónimo de célibes involun-
tarios), del supremacismo blanco y de otros ejes ideológicos de
la *alt-right* (Caro, 2022). Este tablero jugó un papel crucial en
la propagación de memes, teorías de conspiración y tácticas de
trolling fundamentales para la propagación de la ideología trumpista, mientras que 8chan se convirtió con posterioridad en un
refugio para usuarios expulsados o descontentos con la moderación más estricta que empezó a hacerse en 4chan, volviéndo-
se rápidamente allí más extremos sus contenidos. Fue, precisamente, en 8chan donde se difundieron muchas de las ideas más
radicales de la derecha alternativa, como el movimiento de la
conspiración QAnon, protagónico en el asalto al Capitolio de
enero de 2021. También fue en estos foros donde se popularizó
la técnica comunicativa digital del *shitposting* (publicar mierda),
en alusión a la publicación de contenidos, normalmente memes,
de mala calidad con la intención de trolear y dinamitar el principio de cooperación conversacional.

Desde el punto de vista de su composición social y de
clase, de acuerdo con lo que explican en sus libros Reguera
(2017), Nagle (2018) y Marantz (2021), el magma trumpista
reunido en estos foros web se caracteriza por presentar pa-
trones comunes relacionados con los efectos del neoliberalismo y sus sucesivas crisis económicas en Estados Unidos.
Se trata, sobre todo, de varones de clase baja y media-baja
suburbana y rural, jóvenes y de mediana edad, muchos de los
cuales habían tenido que abandonar los estudios superiores y
se encontraban desempleados o subempleados. Les unen las

perspectivas económicas inciertas, la precariedad laboral y un sentido de frustración o alienación respecto a las promesas del "sueño americano" que canalizan en estos foros en forma de resentimiento contra las mujeres, las minorías, el sistema de partidos tradicional y las élites económicas y políticas. Su sensación de marginalidad les hizo más receptivos a las narrativas populistas y conspiranoicas y los llevó a apoyar políticas económicas proteccionistas.

También hay miembros de familias de áreas del medio oeste en donde la economía había sido golpeada por la desindustrialización y la pérdida de empleos en las fábricas. Ideológicamente, defienden los valores tradicionales y conservadores que perciben como amenazados por la modernización, el multiculturalismo y los cambios sociales (inmigración, feminismo, políticas de género, liberación sexual, cambios en la estructura de las familias, etc.). Aunque son un grupo minoritario, también hay personas profesionales jóvenes y mujeres con estudios superiores que se sienten desilusionadas con sus perspectivas laborales, su seguridad económica o la dirección de la sociedad, en general. Este grupo, además, manifiesta su desencanto con las instituciones educativas y culturales que perciben como demasiado "liberales" o demasiado "progresistas", lo que lo hace también susceptible a las narrativas "alternativas" que circulan en estos foros.

Como explica Nagle (2018), entre los usuarios de los foros Reddit, 4chan y 8chan (luego 8kun) también había personas inmersas en la llamada *trolling culture* (cultura del troleo), por lo que los memes y un sentido de la ironía y del humor oscuros resultaron elementos clave para ganar influencia. En este sentido, la *alt-right* se nutrió de una subcultura de jóvenes que usaban el anonimato de la web para desafiar las normas sociales y culturales establecidas, a menudo mediante la transgresión de tabúes y el uso de discurso de odio bajo la "libertad de expresión", ya

explorada en el capítulo anterior. De este modo, los citados tableros *online* fueron una escuela para centenares de miles de
usuarios de trumpistas anónimos fanáticos del *free speech*, en
los que además de difundir sus ideas, aprendieron a utilizar todos los recursos a su alcance para provocar, impactar, mantener
la atención y viralizarse (Marantz, 2021). Coincidiendo con ese
momento, las redes sociales, primero Facebook y Twitter, y después las demás, empezaron a ser espacios para la difusión de la
cultura del enfrentamiento comunicativo y "en el alboroto de las
redes, *el myth maker* (hacedor de mitos) cedió su lugar *al buzz-
maker* (hacedor de ruido)" (Salmon, 2019: 62).

En cuanto al componente emocional, estas comunidades
de internet, con miles de individuos solitarios conectándose con
un mismo fin a través de sus ordenadores, teléfonos y *tablets*,
provocaron el sentimiento tan potente como paradójico de en-
contrarse *alone together* (juntos en la soledad). El efecto comunitario creado por el movimiento trumpista ha sido uno de sus
más importantes factores de agregación. El "Nunca os dejaré
nunca solos" y el "No os fallaré" de Trump siguen estando entre las frases predilectas de estas comunidades, para quienes el
magnate de Queens representa la figura de un padre cercano y
protector, a la par que suficientemente autoritario como para
"restaurar el orden perdido". Para el ejército en línea de la *alt-
right* de Trump, él es una figura paterna, "Daddy Trump" (Yiannopoulos, 2016), lo cual eleva la transgresión ritualizada a las
más altas esferas de la política. La figura y el discurso de Trump
son para sus seguidores una política del disfrute y, en definitiva,
de la emoción realizada en y a través de los nuevos medios afectivos (Jutel, 2017).

1.3. FINALIDADES

Con el movimiento trumpista llega también la eclosión de
los trols de internet y el inicio del borrado de las fronteras entre

el político y el trol. Los representantes públicos de cualquier signo político, el propio Presidente de la primera potencia mundial,
se dan cuenta de que desde sus redes sociales consiguen más
interacciones (más atención) con un lenguaje agresivo que bus-
que el enfrentamiento, polarice y distorsione la verdad, que con
uno que mantenga el decoro y la corrección política. Cuando se
discute mucho en las redes sobre si alguien es o no transexual,
inmigrante o negra, se transmite la falsa idea de que serlo es
algo negativo.

La finalidad de viralizarse en redes y medios convencionales para escandalizar, deslegitimar a los adversarios, a las
minorías o las instituciones democráticas, logrando polarizar a
las masas, tiene el objetivo final de generar confusión. De este
modo, el propio "ruido" de la política en medios y en redes,
así como el azuzado conflicto de identidades y el clima de crispación fabricado, unido a la proliferación de mentiras, impiden
centrar la atención en las cuestiones y demandas que realmente
importan para garantizar un desarrollo de la vida en condiciones dignas. Como decía Jodi Dean (2009), los conflictos que
se producen en línea no empoderan a la ciudadanía, sino que
desvían la acción política efectiva, es decir, confunden sobre los
verdaderos objetivos para revertir el estado de cosas existente.
Puesto que la comunicación se ha convertido en un producto de
consumo más que perpetúa la lógica del mercado, no tiene capacidad real de transformación social, sino que la escandalización,
la polarización, la viralización y la deslegitimación se retroali-
mentan en un bucle interconectado conducente a la confusión,
tal como recoge el Esquema 1:

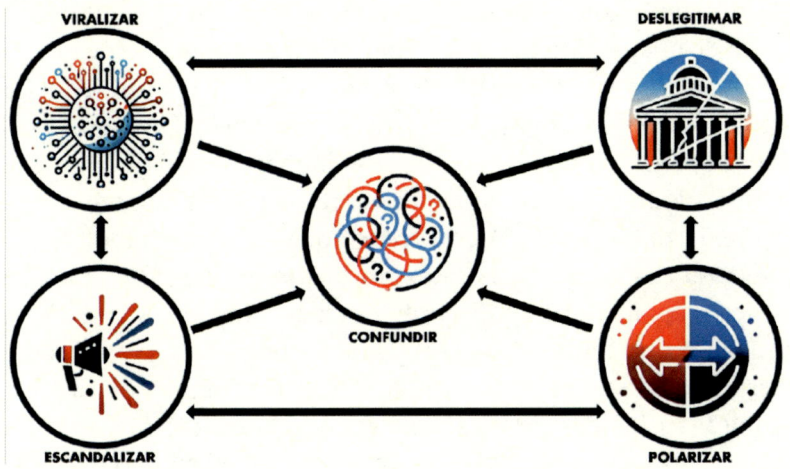

Esquema 1. Finalidades del trumpismo discursivo (elaboración propia a partir de iconos generados en *ChatGPT* y *PowerPoint*).

De acuerdo con Salmon (2019), los mecanismos de persuasión y propaganda han devenido en la activación de técnicas de guerra al servicio de una agonística fundada en la provocación, la transgresión y la competencia por la atención. La linealidad narrativa, la secuencia, la intriga y el suspense se borran en beneficio de choques incoherentes y espectaculares que polarizan y acrecientan la inestabilidad de los intercambios: insultos, pullas, *fakes*, desinformación (noticias falsas, historias falsas), *hoaxes* (fraudes), rumores, narrativas de odio, rituales de lapidación y humillación, y, como consecuencia de todo ello, descrédito de los enunciados y de los narradores. El código domina sobre el contenido, la especulación sobre la transmisión, los bulos sobre los hechos. Ha nacido el trumpismo discursivo.

1.4. ANTECEDENTES. DE RONALD A DONALD

Ronald Reagan, exactor y presidente de Estados Unidos por el Partido Republicano entre 1981 y 1989, ha sido señalado a menudo como antecesor más evidente de Donald Trump, incluso por él mismo a través de recurrentes alusiones. Reagan es identificado como modelo de dominio de la política presidencial como espectáculo bien guionizado y orquestado, como un presidente que desempeñaba su labor habiendo ensayado la noche anterior sus líneas para la actuación del día siguiente, desde la dicción hasta la sonrisa. A este respecto, Marco D'Eramo (2022) expresa su sorpresa en *Dominio* por la similitud en las trayectorias de Reagan y Trump. Se trata de dos figuras *outsiders* de la política, el uno un actor de Hollywood, aunque no exactamente de primera fila, y el otro un magnate inmobiliario, de diversa fortuna y varias bancarrotas, que se hizo famoso como estrella televisiva gracias a un programa de telerrealidad en la NBC. Antes de su carrera presidencial, Trump había presentado durante 14 temporadas *The Apprentice* (El Aprendiz), un concurso para empresarios novatos que le garantizó una enorme popularidad y contribuyó a su ascenso a la presidencia de EEUU. El periodista y antropólogo Jaime Pellicer (2018) recoge en su libro diversos testimonios reveladores del estilo comunicativo de Trump, que ya se había ido fraguando desde la década de los 80, promocionando sus edificios y casinos:

> En el programa de televisión intimidaba a los candidatos; también lo hacía en los debates electorales, ya fueran candidatos republicanos o la candidata demócrata Hillary Clinton. Como presidente, ha vuelto a poner teatralidad en sus intervenciones, con repetición de palabras o conceptos, así como con el uso de pausas dramáticas para enfatizar sus frases. "El aspirante republicano usa en la campaña electoral muchas de las técnicas que perfeccionó en el *reality show* que lo convirtió en una estrella mediática y gurú de los negocios", afirma la periodista de Univisión, Federica Genesi" (Pellicer, 2018: 154-155).

Tanto Reagan como Trump eran considerados de una ignorancia radical y totalmente inadecuados para la presidencia y a ambos se les daba por sometidos a un *impeachment* a los pocos meses de llegar a su mandato. Los paralelismos continúan dado que los dos eran, originalmente, candidatos por los que la extrema derecha estadounidense no apostaba, dado que los consideraban volubles y poco de fiar, y ambos también se convirtieron después en su mejor baza, funcionando como candidatos-marca del conservadurismo norteamericano.

Obviamente, también hay diferencias entre ellos, como el hecho de que, aunque Reagan no fuera un político profesional con una larga trayectoria, hubiera sido gobernador de California durante ocho años, dirigiendo el estado más grande de la nación y realizando tres intentos previos para llegar a la Casa Blanca. Esto lo diferencia de Trump, quien lo logró en su primer intento. Como explica Jeff Taylor (2016), Reagan también había sido un héroe ideológico para el movimiento conservador cuando, representando al ala populista del Partido Republicano en 1976, desafió a la administración Ford-Rockefeller en las primarias y se enfrentó a Wall Street y al *establishment* del GOP (*Grand Old Party*). En política exterior Reagan estaba en la línea del nacionalismo armado frente al internacionalismo partidario de la distensión. Los medios de comunicación principales ridiculizaron y criticaron a Reagan por considerarlo estúpido, extremista y peligroso, algo que, exceptuando a la Fox y a los medios propios de la *alt-right*, también ocurrió con Trump. En el caso del exactor, parte de esa crítica se atenuó cuando eligió a George H. W. Bush como pareja de ticket electoral, haciendo aparentemente las paces con el *establishment*. En términos generales, la presidencia de Reagan estuvo llena de republicanos de la era Nixon-Ford-Bush en posiciones clave y sus políticas fueron menos populistas y más favorables al empresariado. En el caso de Trump, pudo postularse para la presidencia tras ganar a todos los demás candidatos del Partido Republicano y con el *establishment* y buena parte de su partido en contra porque el espectáculo mediático se había convertido en una fuerza de arrastre muy importante en la política estadounidense, contribuyendo a determinar elecciones, el gobierno y, en general, la naturaleza de la esfera política del país norteamericano.

El especialista en cultura mediática y movimientos sociales norteamericanos Douglas Kellner (2016) argumenta, de hecho, que desde 2008 la clave del éxito de Barack Obama en las dos elecciones presidenciales que ganó fue su habilidad para convertirse en un maestro del espectáculo mediático, combinando política y actuación en espectáculos cuidadosamente orquestados. Kellner (2017) también teoriza en otro trabajo que en los últimos años las guerras de Estados Unidos han sido presentadas como espectáculos mediáticos, recordando la campaña "conmoción y pavor" de Bush Jr. en Irak en 2003. Asimismo, el terrorismo se ha orquestado como espectáculo mediático desde el ataque del 11-S, el más espectacular y mortal al corazón de Estados Unidos de la historia. Este autor menciona, incluso, que los tiroteos en escuelas y en masa se han convertido en espectáculos mediáticos, tal como sucedió con el atentado fallido contra Trump en Pensilvania, que dio lugar a la imagen icónica de su campaña presidencial, en la que, con la bandera estadounidense de fondo, se le ve con sangre en el rostro, el puño en alto y la boca abierta repitiendo *fight, fight* (luchad, luchad) a los asistentes al mitin en el que fue disparado[58]. La espectacularización de la política en el siglo XXI, analizada en el anterior capítulo, es uno de los rasgos más característicos de la comunicación pública en EEUU, cuyo efecto mimético en Europa se ha hecho notar, sobre todo, en los últimos años.

---

[58] *The Conversation*, 15/07/2024: https://theconversation.com/por-que-la-fotografia-de-evan-vucci-del-atentado-contra-trump-es-tan-impactante-234704.

Imagen 7. Trump tras el atentado fallido contra su persona en Pensilvania. AP Photos/Evan Vucci/Joe Rosenthal.

Silvio Berlusconi, expresidente de la República de Italia y magnate de los medios de comunicación, es otra de las figuras que suele citarse como antecedente de Trump. Berlusconi encaja con el perfil del *outsider* nacional-populista proveniente del mundo del *entertainment* que funda un partido, también con la finalidad de defender sus intereses personales ante causas judiciales abiertas para lograr inmunidad parlamentaria. Con anterioridad a la llegada a la presidencia, era un conocido magnate mediático e industrial en su país, propietario de Mediaset y dueño del club de fútbol AC Milan. Inicia su carrera política en los años noventa, fundando *Forza Italia*, para evitar que el sistema judicial le persiguiera por sus vínculos con la mafia. De su legado como presidente de la República de Italia destacó, además del monopolio mediático y su habitual manipulación de la información, el carácter pionero de sus mandatos en la normalización del postfascismo en Europa. Como recuerda Alba Sidera (2023), Berlusconi incorporó en todos sus gobiernos a partidos como la Liga Norte y Alianza Nacional, facilitando también la llegada de Salvini y Meloni a las instituciones italianas.

El magnate italiano inaugura un camino que sirve de inspiración a Donald Trump: el empresario metido a político que aprovecha las causas judiciales para victimizarse y ganar o fidelizar adeptos a su causa. Su testamento político fue intentar meter a Meloni en el Partido Popular europeo e inaugurar el populismo autoritario, con la personalización extrema de la acción política, ideando el partido-empresa y la casi coincidencia del jefe supremo, del gobierno y del partido en la propia figura de Berlusconi (Arruzza y Mometti, 2010). Su poder mediático y su estilo comunicativo son rasgos también compartidos con Trump: ambos usan un estilo cercano, guasón y coloquial cuando quieren acercarse a su público, así como un estilo agresivo, descortés y ofensivo cuando quieren dañar la imagen de sus opositores o de las minorías, borrando las líneas entre lo verdadero y lo falso.

Como ha señalado la sociolingüista escocesa Deborah Cameron (2020), el éxito de Trump y Berlusconi radica en su capacidad para transmitir a ciertos sectores del electorado italiano y estadounidense que son "auténticos, reales, honestos y genuinos" (Cameron, 2020: 161). Ambos son admirados y respetados como inconformistas, hombres de negocios exitosos y machos alfa. No obstante, Cameron señala que, a pesar de sus aspectos no convencionales y que rompen las normas, el comportamiento de Trump es al menos en parte convencional con respecto a su trato hacia las mujeres, pues "su administración personifica los valores y prácticas del patriarcado tradicional. En la Casa Blanca de Trump […] las mujeres siguen siendo excluidas de las conversaciones en las que los hombres discuten sobre sus cuerpos y toman decisiones sobre sus vidas" (Cameron, 2020: 166).

En el caso español, encontramos también dos antecedentes de empresarios ajenos a la política que arrancan su aventura electoral con un discurso populista tras tener problemas con la justicia y controversias en sus carreras empresariales: José Mª Ruiz-Mateos y Jesús Gil. La Agrupación de Electores Ruiz-Mateos y el Grupo Independiente Liberal (GIL) nacieron, respectivamente, tras los escándalos por la expropiación de Rumasa y sus actividades posteriores y tras las acusaciones de corrupción y mala gestión de su empresa constructora en Marbella. Ambos empresarios se lanzaron a la arena política con la clara intención de utilizar su condición de políticos aforados como forma de autodefensa, en un movimiento muy similar al realizado por el agitador Alvise Pérez, líder de Se acabó la fiesta (SALF). Además de sus problemas con la justicia, Trump, Berlusconi, Ruiz-Mateos, Jesús Gil y Alvise comparten una forma de comunicar extravagante y polémica, una tendencia teatral a la victimización y una puesta en escena unas veces autoritaria y otras, grotesca.

2. "UN CAMBIO TECTÓNICO". EL IMPACTO EN EL DISCURSO POLÍTICO
DE LA LLEGADA DE TRUMP AL PODER

El estratega político y comunicativo nacido en Norfolk (Virginia), Steve Bannon, definió como "cambio tectónico" la victoria de Trump en las elecciones presidenciales de Estados Unidos en 2016. Analizando el impacto de su campaña electoral y de su propio mandato en el discurso público estadounidense y en el discurso político de los proyectos de la internacional reaccionaria, puede decirse que su afirmación era totalmente cierta. La irrupción de Donald Trump como presidente de los Estados Unidos supuso un desafío para todas las nociones normativas liberales de la política y la meritocracia típicamente americanas. El habitual decoro de la política estadounidense dio paso a una retórica corrosiva que incluía racismo abierto, misoginia, teorías de conspiración e, incluso, apoyo a la violencia política. McIntosh y Mendoza-Denton (2020) recogen en su libro *Language in the Trump Era* un efecto perlocutivo del discurso del presidente republicano: la creación de un sentimiento de *mutual minorityhood* (mutualidad entre minorías) tanto entre sus detractores como entre sus seguidores. Ejemplo de ello entre sus seguidores

es la creación de comunidad en los foros de internet del trumpismo ya explicada, mientras que cuando Trump denigraba y
estigmatizaba a las personas migrantes mexicanas como "criminales", "narcotraficantes", "pandilleros", etc., también se creaba
entre ellas el citado efecto de mutualidad (Bolívar y Escudero,
2021). La importancia del propio Bannon en la estrategia, la propaganda y el estilo comunicativo trumpista fue decisiva y será,
por su importancia, analizada a continuación.

2.1. *Spin doctors* y propaganda. La influencia de Steve Bannon en el discurso de la ola reaccionaria

Estados Unidos es la cuna del marketing político en la década de los 30 y 40 del siglo XX, cuando se empiezan a incorporar
a la política estrategias de persuasión y propaganda que se estaban desarrollando para el mundo de la publicidad. En los años
60 se consolidan con el advenimiento de la televisión y, a partir
de los 70, el marketing político incorpora métodos más sofistica-
dos, como el uso de encuestas y análisis de datos para segmentar
a los votantes y personalizar los mensajes. Desde la década de
los 80, controlar el discurso de los portavoces y candidatos en
los Estados Unidos, y más tardíamente en Europa y América
Latina, se convierte en un aspecto fundamental de la estrategia
de los partidos. Nace entonces la figura del *spin doctor*, el asesor
de argumentario y comunicación que escribe o prepara las ideas
de los discursos, usando como bustos parlantes a los líderes políticos para el desarrollo de su estrategia. El término *spin doctor* (asesor de discurso) se introdujo durante la campaña de Bill
Clinton en 1992, sustituyendo a la figura que ocupaba el asesor
electoral y abarcando, a partir de entonces, un contexto mucho
más amplio que el de los periodos electorales. El principal co-
metido de esta figura es claro: "masajear el mensaje" o, lo que
es igual, ejercer el arte de convertir una decisión impopular en
algo positivo o un hecho intranscendente en un "acontecimiento

noticia", todo ello convenientemente adaptado a las exigencias y pautas de las nuevas formas de comunicación. No obstante, fue precisamente el Partido Republicano el primero en incorporar asesores de relaciones públicas y comunicación política, como Edward Bernays o el matrimonio Whitaker-Baxter, quienes en los años 30 jugaron un papel muy destacado en las campañas del *Grand Old Party*.

A partir de los 90, los *spin doctors* se convirtieron pronto en los nuevos señores de la política, actuando en las fronteras de los sistemas político y comunicativo y contribuyendo, a la postre, en los procesos ya explicados en el capítulo 4 del personalismo y la espectacularización de la política, con la sistematización de las técnicas de propaganda focalizadas en el discurso. Las llamadas *war rooms* (literalmente, "salas de guerra", espacios reales o virtuales donde un equipo se reúne para planificar, ejecutar y monitorear estrategias políticas en tiempo real) sustituyeron a las tácticas tradicionales de planificación a largo plazo y comunicación centralizada, menos flexibles y reactivas que las actuales, sujetas ya a las exigencias de la infocracia (Han, 2022). Lo que en un principio empezó como una forma de condensar el poder de la persuasión ideológica basada en el discurso, acabó siendo una vía de refuerzo propagandística de la marca personal de los políticos asesorados. El papel que jugó hasta su salida del equipo de Pedro Sánchez Iván Redondo como *spin doctor* del actual Presidente del Gobierno, y el que sigue desempeñando Miguel Ángel Rodríguez con la presidenta de la Comunidad de Madrid, Díaz Ayuso, son un buen ejemplo de ello.

La ola reaccionaria global es consciente del papel imprescindible de la propaganda para el refuerzo de sus ideas y para la construcción de imaginarios sociodiscursivos que penetren en las sociedades, para convertir sus ideas en hegemónicas y en parte del sentido común de época que se empeña en construir. Como señalan Paula Requeijo y Yanna Franco (2024), en toda campaña propagandística es fundamental definir unos objetivos e idear las estrategias discursivas para alcanzarlos, razón por la cual los documentos de las redes reaccionarias de la ultraderecha son muy similares entre sí, en lo que vuelve a confirmarse el marco de la era de la imitación iliberal: desde Proyecto 2025, la hoja de ruta programática de la *Heritage Foundation* para una nueva administración trumpista, a Agenda Europa, centrada en el ataque a los derechos sexuales y reproductivos de las mujeres, pasando por el *Global Language Dictionary* de la organización sionista *The Israel Project*, "todos ellos tienen un argumentario común y hacen hincapié en estrategias comunicativas, políticas y también judiciales (*lawfare*) similares y en emplear un determinado glosario de términos" (Requeijo y Franco, 2024). Frank Luntz, Steve Bannon o Russell Vought, asesores conservadores en la órbita del Partido Republicano y de Donald Trump, han realizado o supervisado estos textos.

Aunque su papel ha sido más abarcador que el de un *spin doctor* tradicional, la influencia del asesor e ideólogo nacional-populista Steve Bannon en la estrategia de comunicación de Trump encaja con el rol de esta figura. Bannon tuvo un rol central en la orientación del mensaje y relato políticos en la campaña presidencial de 2016, dejando una clara impronta en el estilo comunicativo del magnate neoyorquino. Los rasgos del discurso populista, nacionalista, "desacomplejado" y *antiestablishment* usados exitosamente por Trump, y copiados por los políticos de la ola reaccionaria en diferentes países, son en gran medida atribuibles a la impronta del estratega. Su experiencia en el mundo de las finanzas tras su paso por la Marina se había fraguado en Goldman Sachs –conocida después mundialmente por su responsabilidad en el origen de Gran Recesión, tras la quiebra de sus hipotecas *subprime*– en donde se especializó en fusiones y adquisiciones en el sector de los medios de comunicación. A partir de ahí, funda su propia firma de inversión, Bannon & Co., centrada en la banca de inversión en medios y entretenimiento. Uno de sus negocios más notorios fue su participación en la venta de *Castle Rock Entertainment* al magnate de los medios de comunicación y fundador de la CNN, Ted Turner.

Bannon también invirtió en la industria del cine, produciendo varias películas y documentales a lo largo de las décadas de 1990 y 2000. Produjo documentales de temática conservadora, como *In the Face of Evil*, que trata sobre la figura de Ronald Reagan y su lucha contra el comunismo. Fue, asimismo, productor ejecutivo de varias películas y trabajó en Hollywood, acumulando experiencia en la industria del entretenimiento, algo que reciclaría posteriormente en su paso por la política. En 2012, el principal *spin doctor* del primer trumpismo se convierte en director ejecutivo de *Breitbart News*, un sitio web de noticias de extrema derecha fundado por el conservador Andrew Breitbart. Bajo la dirección de Bannon, *Breitbart* se posicionó como un medio clave para el movimiento de la *alt-right* por su condición de plataforma para la difusión de ideas populistas, nacionalistas y de fuerte retórica *antiestablishment* (Reguera, 2017), con figuras como el bloguero de extrema derecha, islamófobo y antifeminista, Milo Yiannopoulos. Desde *Breitbart*, el estratega de Trump promovió causas y candidatos alineados con la extrema derecha, de forma que el sitio se convirtió en una poderosa herramienta de propaganda trumpista durante la campaña presidencial de 2016. En *The Brink* (El gran manipulador), documental de Alison Klayman (2019) sobre la figura de Bannon, se le oye afirmar "Esto es lo mismo que estar en Goldman Sachs, pero en diferentes despachos", en lo que se desvela su concepción de la política como gestión de datos, marketing y propaganda. En el mismo documental afirma: "tenemos Trump para 30 años", mensaje que *se non è vero, è ben trovato*, pues la impronta de la forma de gobernar y comunicar del 45 presidente de los Estados Unidos trascendería a su propio mandato, tanto en la política americana como en la internacional.

Si hay algo que Bannon tenía claro, es que la batalla, antes que política, debe ser cultural y ganarse en el terreno de las ideas. Las ideas fuerza de la campaña de Trump fueron a propuesta de Bannon, adoptar el marco de la seguridad y derivarlo siempre hacia la amenaza que para su mantenimiento suponían la inmigración y la globalización económica. En un momento del citado documental, el comunicólogo de Virginia reconoce abiertamente: "Si no hubiera dirigido la campaña de Trump, no habría ganado" y, en gran medida, suyo fue el éxito de instalar los dos imaginarios sociodiscursivos centrales para movilizar el voto en ese momento, con mensajes de mano dura contra la inmigración y de reformas orientadas hacia el nacionalismo económico. Uno de los lemas más coreados por las masas trumpistas en los *rallies* de campaña era *build the wall, build the wall!* (¡construid el muro, construid el muro!), en alusión a la medida anunciada de levantar un muro de 1000 millas en la frontera de México, que sería, además, pagado por los propios mexicanos. El efecto perlocutivo de los mensajes trumpistas en torno a la cuestión del muro se hizo notar al día siguiente de la victoria de Trump contra la población latina de los Estados Unidos. Distintos vídeos del momento muestran a niños estadounidenses en una escuela de Michigan gritando a sus compañeros latinos *build the wall, build the wall!*, ante la mirada espantada de estos[59].

Al final de su mandato, justo tras el cierre de su cuenta en Twitter, Trump se presentó en la frontera con México en su primera aparición después del asalto al Capitolio por sus seguidores, y en una rueda de prensa mintió en cuanto el cumplimiento de su promesa estrella, diciendo que había alcanzado el total del muro prometido y anunciando 450 millas de trazado. De ese trazado, en realidad, solo 47 millas se correspondían con nuevas construcciones no existentes con anterioridad, realizadas en

---

[59] *Zeta Tijuana*, 11/11/2016: https://zetatijuana.com/2016/11/video-muestra-a-ninos-de-primaria-en-michigan-gritar-a-latinos-construye-ese-muro/.

otros mandatos presidenciales, y, por supuesto, México nunca pagó un dólar por ello[60]. De hecho, el propio Bannon ha sido condenado por el fraude en la gestión de los fondos de la campaña del muro, tras acusarle los fiscales y otros organizadores de desviar cientos de miles de dólares de las donaciones para uso personal.

Su salida del equipo del ya presidente de los Estados Unidos seis meses después de su llegada a la Casa Blanca, fruto de tensiones personales y de algunas desavenencias ideológicas con los miembros del equipo de Trump, así como de su afán de protagonismo, le devolvió al espacio digital de *Breitbart*, en donde, paulatinamente, fue perdiendo influencia. Pero la ambición de Bannon era probar su capacidad como gurú de la ola reaccionaria que empezaba a extenderse por el globo y quiso probarse persiguiendo la idea de consolidarla en Europa. Como se ha explicado en el capítulo 4, ya se había involucrado activamente en el movimiento del Brexit en el Reino Unido con la manipulación y uso de datos de la empresa Cambridge Analytica, ayudando también a establecer contactos y asesorando a líderes y políticos del Reino Unido que apoyaban la salida del país de la Unión Europea.

Tras conseguir dos hitos políticos de enorme peso como el Brexit y la victoria de Trump, Bannon quiso probar con su ambicioso sueño de crear una suerte de internacional populista conservadora bajo el paraguas de *The Movement* (El Movimiento), cuyo objetivo era apoyar y asesorar proyectos de ultraderecha en Europa para coordinar esfuerzos de cara a las elecciones europeas de 2019. En sus primeros pasos en el continente europeo, mantuvo reuniones con Farage de UKIP, con Orban en Hungría, con miembros de la AfD alemana, de Ley y Justicia en Polonia y con un entusiasta Filip Dewinter, de Demócratas de Suecia,

---

[60] *NBC News*, 13/01/2021: https://www.nbcnews.com/politics/donald-trump/fact-check-mexico-never-paid-it-what-about-trump-s-n1253983.

que recibió a Bannon con honores de embajador. Sus contactos se fueron extendiendo a la mayoría de los proyectos políticos de ultraderecha que iban creciendo en Europa. Trató, después, de involucrarse en las campañas electorales de Marine Le Pen en Francia (se dice que el lema "Lo importante es ser francés" se debe a su consejo), de Matteo Salvini y Giorgia Meloni en Italia y de Vox en España. En efecto, Bannon mantuvo reuniones con miembros del partido de Abascal, como con quien fuera asesor de política internacional en la primera etapa de Vox, pronto apartado de la dirección, Rafael Bardají, de quien se dijo que era el "hombre de Bannon en España"[61], o con el eurodiputado Herman Tersch[62]. Si bien, en lo que a estrategia comunicativa se refiere, Vox debe mucho a Bannon, fue en Italia donde más se dejó sentir su influencia. Como explica la periodista Alba Sidera en un capítulo titulado "Las garras de Bannon: de Salvini a Meloni", la fuerte influencia de Estados Unidos en la política italiana se hizo notar en la elección de Meloni como líder frente a un Salvini a la baja, algo que Bannon ya había vaticinado en 2019 en una de sus visitas al país alpino:

> Y a Meloni, de manera profética, [Bannon] le dijo "Aportas una cara racional al populismo de derechas. Serás elegida". En ese momento, Salvini y Meloni eran aliados –lo han sido siempre–, y era indiscutible que el líder de la extrema derecha italiana era el *leghista*. Pero la demasiado buena relación de Salvini con la Rusia de Putin ya entonces molestaba a Estados Unidos. Y a finales de 2019, pensando en unas elecciones anticipadas en 2020, los estadounidenses empezaron a tantear a Meloni. Siempre fue su preferida (Sidera, 2023: 89).

---

[61] *El Confidencial*, 19/09/2019: https://www.elconfidencial.com/empresas/2019-09-19/explosivos-alaveses-ficha-bardaji-guru-vox-steve-bannon_2240239/.

[62] Público, 08/01/2021: https://www.publico.es/politica/steve-bannon-ideologo-trumpismo-servido-inspiracion-vox-caida.html.

Pero, sin duda, su proyecto más abiertamente megalómano fue la idea de fundar el *think tank* Dignitatis Humanae (IDH) en la Cartuja de Tristulti (sur de Roma), para la formación ideológica de líderes políticos ultraconservadores desde los "valores judeocristianos" y bajo el modelo de líderes como Matteo Salvini o el premier húngaro Viktor Orban. La idea de Bannon era impartir cursos de filosofía, teología, economía e historia, pero el proyecto no llegó a buen puerto por problemas legales, de viabilidad económica y de oposición local.

Tanto Bannon como Trump han tenido problemas de diverso cariz con la justicia. En el caso del candidato presidencial, pesan sobre él cuarenta y ocho imputaciones por delitos diferentes que, en lugar de perjudicarle, le han beneficiado de cara a sus votantes, reforzando su aura de víctima del *establishment* y de figura *outsider* de la política. En cuanto a su exasesor, fue imputado, entre otros delitos, por fraude en la gestión de donaciones para el muro en la frontera con México. Bannon ha tenido que cumplir una pena de cuatro meses de cárcel por desacato al Congreso después de negarse a cumplir con una citación del Comité Selecto de la Cámara de Representantes de Estados Unidos que investigaba los hechos de Capitol Hill de enero de 2021. Antes de su ingreso en prisión, seguía intentando ser influyente para la campaña trumpista a través de su podcast *War Room*, estrenado en octubre de 2019. Según un análisis del centro de estudios Brookings Institution, casi un 20% de los episodios emitidos por *War Room* en 2023 contenía afirmaciones falsas, engañosas o sin fundamento, convirtiéndose así en el mayor difusor de desinformación entre los podcasts de contenido político de los Estados Unidos[63].

---

[63] *El Diario*, 16/08/2024: https://www.eldiario.es/internacional/theguardian/steve-bannon-seguir-influyendo-trump-podcast-ultra_1_11586643.html.

2.2. "INUNDAR LA ZONA DE MIERDA"

Para su victoria, Trump contó con no pocas ayudas, como la del canal por cable Fox News, que aunque por entonces todavía no había iniciado sus campañas de desinformación basadas en la "teoría de los hechos alternativos", sí cuestionó la información de los medios tradicionales, amplificó teorías de la conspiración y reforzó los mensajes populistas y *antiestablishment* de Trump. Contó también con el apoyo indirecto de los *think tanks* libertarianos y neoconservadores (*The Heritage Foundation*, *Americans for Prosperity*, *The Hoover Institute*, entre otros) y el de la CPAC (Conferencia Política de Acción Conservadora), así como el de toda una constelación de centenares de miles de personas agrupadas en torno a pseudomedios y foros de internet de la *alt-right* (Reddit, 4chan y 8chan), explicados en el capítulo anterior. Trump llegó a la Casa Blanca en 2016 revolucionando, sobre todo, el discurso político y con la mirada puesta en los medios de comunicación más que en los demócratas. La principal recomendación comunicativa de Bannon para la campaña presidencial se resumía en la frase *flood the zone with shit* (inundar la zona de mierda, literalmente), que revelaba la estrategia de abrumar a los medios de comunicación, y al público en general, con una gran cantidad de información –verdadera, distorsionada o directamente falsa– para desorientar y distraer a los oponentes, manteniendo así el control de la narrativa mediática. Esta es una táctica destinada a crear confusión y dominar la conversación pública, dificultando la capacidad de los medios y los críticos para centrarse en temas específicos haciendo cundir el desconcierto, que también guarda relación con el capitalismo comunicativo definido por Jodi Dean (2009).

Según el especialista en estudios de la comunicación, discurso populista de extrema derecha y teoría psicoanalítica Olivier Jutel (2017), Trump logró catapultar al discurso nacional americano una mezcla de paleoconservadurismo y nacionalismo blanco, hasta hacía poco relegada a los márgenes de la política estadounidense o a populismos regionales. Los intentos de periodistas y políticos durante la campaña para verificar hechos, desacreditar y avergonzar a Trump resultaron completamente inútiles o contraproducentes. El no respeto a la verdad en la arena política es uno de los efectos del trumpismo discursivo dentro de la denominada era de la imitación iliberal.

De hecho, en la política española, es también cada vez más frecuente utilizar la mentira como arma política. Un extenso reportaje de enero de 2022 en el periódico *El País* presentaba un recuento de las falsedades, exageraciones, acusaciones sin pruebas o comentarios fuera de lugar de 23 de los 74 plenos del Congreso del año 2022, los que contenían sesiones de control. En las cerca de 45 horas de debate con 343 preguntas al Gobierno, casi la mitad de las preguntas (166, según los cálculos de *El País*) contenían mentiras, hipérboles injustificadas y ataques *ad hominem* sin fundamentar, todo lo cual desvirtúa el debate público y la imagen de la política, devaluando la función fiscalizadora del Parlamento. De acuerdo con los datos analizados, ese comportamiento comunicativo, que se encuadra en la "propaganda autoritaria" tal como la define Jason Stanley (2015) y que se desarrollará más adelante (§ 2.4.), fue encabezado por los partidos mayoritarios de la oposición, PP y Vox, pero sus diputados y diputadas no fueron los únicos en hacer uso de algunas de las mencionadas estrategias[64].

2.3. "DRENAR LA CIÉNAGA"

Tanto Trump como la mayoría de los líderes de la extrema derecha hoy se presentan como candidatos contra el sistema o contra "la partitocracia" o, cuando menos, alejados de ellos.

---

[64] *El País*, 02/01/2022: https://elpais.com/espana/2022-01-02/la-mentira-se-instala-en-el-congreso.html.

Es célebre la constante alusión de Trump durante la campaña presidencial de 2016 a su deseo de llegar a la Casa Blanca para drenar la "ciénaga de Washington" (*drain the swamp of Washington* o, simplemente, *drain the swamp*)[65]. Con esta referencia, el magnate de Queens busca activar el imaginario de la corrupción y nepotismo del entorno contaminado y estancado del poder en la Casa Blanca, incluyendo a burócratas, *lobbies*, políticos de carrera y otros actores del *establishment*, muchos de ellos demócratas excesivamente liberales o izquierdistas a ojos de Trump. Es interesante el hecho de que la misma colocación "ciénaga de Washington" aparezca en boca del diputado republicano marido de la abogada conservadora antifeminista Phyllis Schlafly en la serie *Mrs. America*, en lo que parece ser claramente un imaginario sociodiscursivo del *Grand Old Party*: en el gobierno federal hay una excesiva inclinación hacia el progresismo que debe ser corregida.

El líder de Vox, Santiago Abascal, utilizó en el debate sobre el estado de la nación de 2022 la fórmula antidemocrática y antiparlamentaria "Nos comprometemos a derogar toda la porquería legislativa extremista"[66], en alusión a leyes aprobadas en el Congreso durante la XIV legislatura, especialmente a toda la legislación del Ministerio de Igualdad. Por su lado, Díaz Ayuso, del Partido Popular, se ha presentado como víctima de "una conspiración de los poderes del estado"[67], durante la investigación a su pareja sentimental por su negocio con las mascarillas sanitarias durante la pandemia, siendo ella parte de dichos poderes por su cargo como Presidenta de Comunidad de Madrid. La

---

[65] *New Yorker*, 19/01/2017: https://www.newyorker.com/news/news-desk/draining-the-swamp.

[66] *ABC*, 12/07/2022: https://www.abc.es/espana/santiago-abascal-comprometemos-derogar-porqueria-legislativa-extremista-20220712183109-nt.html.

[67] *Infolibre*, 13/03/204:https://www.infolibre.es/politica/ayuso-recurre-defensa-trump-negacion-narrativas-alternativas-victimizacion-afirmar-inocencia-pareja_1_1741239.html.

pose de *outsiders* del sistema o de víctimas de él no deja de ser otra impostura, pues Trump es multimillonario y, por supuesto, tiene que ver con el *establishment* capitalista estadounidense, y tanto Abascal como Ayuso son miembros del sistema político español y han vivido la mayor de su vida de la política partidista o institucional.

2.4. LA PROPAGANDA AUTORITARIA

El filósofo del lenguaje, también especialista en filosofía política, Jason Stanley (2015) denominó a la estrategia de Bannon arriba descrita *(flood the zone with shit)* "propaganda autoritaria". En su libro *Cómo funciona la propaganda*, el profesor de la Universidad de Yale analiza las tácticas retóricas de Trump que le llevaron a la victoria en 2016 y que serán, con toda probabilidad, replicadas en su campaña electoral de 2024. De acuerdo con Stanley, la propaganda es necesaria especialmente para explotar y fortalecer lo que denomina "ideologías defectuosas", en las que la deliberación racional se vuelve imposible. Este es el caso del estilo comunicativo trumpista, caracterizado por la ruptura premeditada del pacto de veracidad y la finalidad primera de polarizar y escandalizar. Dichas prácticas están estrechamente relacionadas con la desinformación y la pseudocracia, conocidas popularmente bajo la etiqueta *fake-news*, y de las que Trump sigue haciendo uso a diario a pesar de las imputaciones y del ya comentado cierre de todas sus redes sociales por mentir e incitar al odio.

De acuerdo con Stanley, el método de la *propaganda autoritaria* consiste en la fabricación de relatos ficcionales para explicar el origen de los problemas de la gente e inventar soluciones aparentemente sencillas para ellos. El elemento estrella de la propaganda autoritaria es la existencia de una conspiración de una élite corrupta que es la responsable de los problemas del país, a lo que hay que añadir la circunstancia de que el enunciador de dicho discurso sea alguien con un enorme poder político que se enmascara bajo la apariencia de un ser ajeno al poder. La propaganda autoritaria es creída porque es una vía de escape en medio de las crisis que acechan al individuo, algo en lo que conecta claramente con el discurso fascista (Stanley, 2018). De todo ello tuvimos sobrados ejemplos durante la pandemia de Covid-19, cuando las teorías de la conspiración sobre la fabricación artificial del virus y otras tantas sobre el efecto de las vacunas inundaron las redes e internet, tras haber sido también enunciadas por el propio presidente de los Estados Unidos. De acuerdo con Luisa Martín Rojo y Ángela Delgado:

> Si examinamos las declaraciones de Trump en relación con la pandemia observamos un recorrido muy similar al que ha seguido en su negación del cambio climático y en el que el odio y el miedo han estado presentes en todo momento. Este recorrido se inició con la propia negación de la existencia de la pandemia y del posible peligro que entrañaba, que vino acompañada de la acusación a los demócratas de estar politizando el virus. A medida que las referencias y las declaraciones sobre el virus se multiplicaban en el mundo, Trump pasó a echar balones fuera: la pandemia no es culpa del *nosotros*, sino de los *otros*, en este caso, de China (Martín Rojo y Delgado, 2021).

En la propaganda autoritaria Trump manipula la apariencia de razonabilidad en el debate político mediante el uso de ciertas expresiones o vocabulario para excluir otras perspectivas del debate, mientras se presenta a sí mismo como contribuyendo a él con los efectos que se explican a continuación (Stanley, 2015: 130-140):

Efecto de Exclusión: el uso de ciertas expresiones representa a ciertos grupos como indignos de inclusión o respeto en la conversación. Trump denigró con esta estrategia a los inmigrantes, las mujeres, las minorías sexuales y raciales.

Contribución Legítima: a pesar de su función excluyente, estas expresiones también deben tener un contenido legítimo que pueda contribuir a resolver el debate de manera razonable.

Trump intentó hacer aparecer su discurso racista, misógino y homófobo como contenidos legítimos al incluirlos frecuentemente en su discurso político.

Socavamiento de la razonabilidad: el mero uso de estas expresiones debería erosionar el ideal de razonabilidad, independientemente del contexto lingüístico, pero se supone que el emisor, un candidato a ocupar la Casa Blanca, no puede socavar ese principio.

El efecto de erosión de la razonabilidad ha tenido consecuencias en el debate público en Estados Unidos, y en el resto del mundo, con la normalización abierta de los temas del discurso de la extrema derecha (Wodak, 2021) y la erosión de la empatía.

Erosión de la empatía: una afirmación puede tener un contenido aparentemente ordinario y descriptivo en su aserción, pero degradar la empatía en su significado implícito o implicatura. Si un candidato o candidata pronuncia en un discurso político en Estados Unidos o en España: "Hay inmigrantes en nuestras calles", "Veo muchas mujeres trabajando fuera de casa cada día", "Han llegado más magrebíes en los últimos años" estaría expresando hechos que son verdaderos. Pero estas afirmaciones podrían querer decir algo más sobre el grupo aludido en cuestión: que hay más inmigrantes de los deseables o que estos son vagos y no trabajan, que las mujeres se han olvidado de sus familias por ir al trabajo, que los magrebíes son criminales y atentan contra la seguridad, etcétera.

Esta es otra forma de pensar en el mecanismo por el cual una contribución podría llevar a una erosión de la empatía por un grupo, según Jason Stanley. La contribución podría expresar un contenido perfectamente ordinario, pero causar una disminución en la empatía o el respeto directamente, como parte de su función pragmática. Es a lo que denomina "el modelo expresivo de la propaganda", según el cual las palabras tienen efectos emocionales directos, aunque puedan socavar la razonabilidad. Todo lo anterior se sintetiza en el Esquema 2:

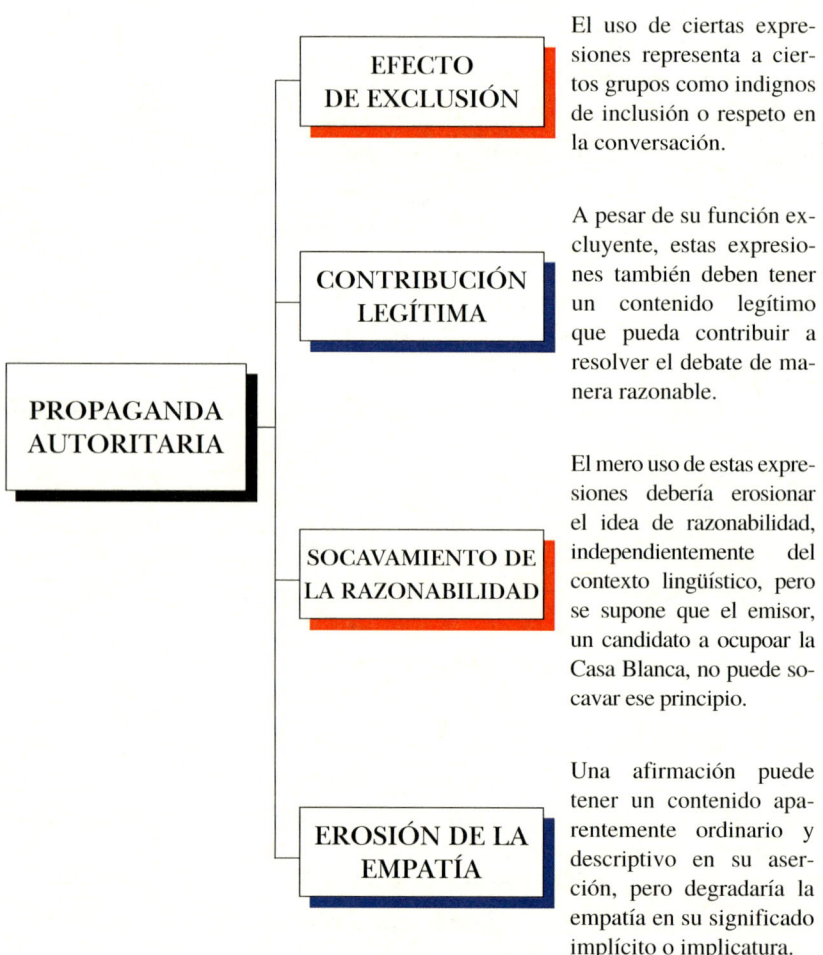

Esquema 2. Propaganda autoritaria (elaboración propia a partir de Jason Stanley, 2015).

3. ¿QUÉ HA PASADO CON EL LENGUAJE?

Hasta hace relativamente poco tiempo, el discurso político se consideraba un género prominente con finalidad persuasiva que se emitía en códigos adecuados, en contextos pertinentes y que circulaba por canales aceptados como fuentes de verdad. Ya desde la Antigüedad clásica, el arte de la oratoria era enseñado por los *rétores* y pronto contó con una disciplina, de amplio desarrollo a lo largo de los siglos, dedicada a su estudio: la Retórica (López Eire y de Santiago Guervós, 2000). Los emisores del discurso político, representantes electos o designados en diferentes instituciones, contaban con autoridad y en sus discursos era posible apreciar cierto cuidado en la selección léxica, la arquitectura sintáctica, las series enumerativas, el orden de los argumentos, los mecanismos intensificadores y enmascaradores, así como en la prosodia y la puesta en escena (Cortés Rodríguez, 2019 y 2022). Como en todo discurso persuasivo, los oradores políticos buscaban conscientemente activar procesos cognitivos para orientar con su argumentación la respuesta del destinatario a través de distintas estrategias persuasivas, las cuales han sido estudiadas posteriormente desde las diferentes aportaciones del análisis del discurso político (de Santiago Guervós, 2020).

Hay abundantes ejemplos de discursos políticos que, de hecho, han pasado a la historia a través de algunas de sus frases con enorme poder de convicción que se hicieron célebres por condensar ideas fuerza con enorme poder agregador. Son las llamadas *soundbites*, locuciones, consignas o pequeños fragmentos de discurso que concentran gran cantidad de información con una deliberada carga política. Estas frases que forman parte hoy del acervo común histórico y cultural, han pasado incluso, en algunos casos, a la lengua corriente: "Divide y vencerás" (Julio César); "Sangre, esfuerzo, lágrimas y sudor" (Winston Churchill); "Socialismo o barbarie" (Rosa Luxemburgo); "*I have a dream*" (Martin Luther King); "El feminismo será antirracista o no será" (Angela Davis); "Puedo prometer y prometo" (Adolfo Suárez); "*Yes, we can*" (Barak Obama), su versión española "Sí se puede" (La PAH) o #NiUnaMenos (Movimiento Feminista), por citar algunos ejemplos antiguos y otros más recientes. En el actual momento político sigue siendo frecuente el recurso a los *soundbites*, pero tanto su significante como su significado han cambiado: el "Me gusta la fruta" y el "Más muros y menos moros" han sustituido al "Tengo un sueño" y el "Sí se puede". Pero sería reduccionista e impreciso plantear que el discurso reaccionario actual es totalmente nuevo, pues no lo son ni muchos de sus temas ni algunas de sus características formales. Sí lo es, en cambio, su formato retórico, divisivo y polarizador, el uso de los bulos como herramienta política y sus vías de circulación y difusión masiva, tal como se ha visto en los anteriores capítulos.

De hecho, en una de las obras de referencia sobre discurso político en Estados Unidos, el lingüista norteamericano y profesor de ciencia cognitiva George Lakoff exponía en 2004 la importancia de la elección del lenguaje en el discurso político. Escrita como obra de consulta para hacer reflexionar al Partido Demócrata y ayudarlo a derrotar discursivamente a los Republicanos, *No pienses en un elefante* diserta sobre la importancia de los marcos, estructuras mentales no visibles ni tangibles que moldean nuestra visión del mundo y se activan a través del lenguaje. En aquel momento –tres años después del 11S y uno más tarde del inicio de la invasión de Irak– se habían conocido las mentiras del entonces presidente George Bush para justificar dicha invasión y había sido publicado el informe de la Comisión del 11S con otras inconsistencias del entonces Presidente. Sin embargo, los demócratas no lograban convencer a los estadounidenses porque, según el lingüista, no estaban usando los marcos adecuados en el debate público. Lakoff explica que para cambiar los marcos se debe cambiar el lenguaje, usar nuevas metáforas y dotar a los significantes de nuevos significados. Con un lenguaje llano y directo, explicaba ya entonces cómo el sesgo de confirmación entre los votantes republicanos y la baja o inexistente penalización que la mentira presidencial había tenido entre ellos se debían a su marco mental sobre la figura de Sadam Hussein y sobre la autoría del 11S:

> Decir que «el presidente mintió cuando empezó esta guerra» es decir una verdad, pero a mucha gente le resbala. Hay muchas personas en el país que siguen creyendo que Sadam Hussein estaba detrás del 11-S. Hay gente que lo cree porque encaja con su modo de entender el mundo. Encaja con su visión del mundo. Y siendo así, es normal que se lo crean (Lakoff, 2007: 17).

Este ejemplo nos alerta de que la predisposición a aceptar una mentira gubernamental no es nueva y destaca la importancia de la tendencia confirmatoria, que es también característica del momento de quiebra actual de la deliberación y del debate político. En las esferas de crispación y enfrentamiento la mente humana se muestra más dispuesta a recordar y creer la información que confirma sus creencias o hipótesis preexistentes, ignorando o minimizando aquello que las contradice.

El destacado comunicólogo británico, analista político y CEO, en diferentes momentos de su trayectoria, de medios como la BBC, el *New York Times* y, actualmente, también la CNN, Mark Thompson (2017), desarrolla una teoría diferente a la del "enfrentamiento comunicativo" de Christian Salmon (2019), en la que afirma que es el propio deterioro del debate político y público el que está llevando a la degradación de la democracia. En *Sin palabras: ¿Qué ha pasado con el lenguaje?*, Thompson explora cómo el lenguaje político ha cambiado de manera drástica en las últimas dos décadas y cómo estos cambios han afectado a la calidad del discurso democrático y de la democracia misma. La tesis central del libro es que el lenguaje en la esfera pública se ha degradado significativamente, lo que ha tenido consecuencias negativas para la capacidad ciudadana de participar en debates informados y significativos. Thompson argumenta que los cambios en los medios de comunicación, sobre todo por la llegada de internet y las redes sociales, han hecho que el lenguaje se vuelva más superficial, emocional y polarizado. También la velocidad y brevedad de la comunicación digital han contribuido a la simplificación y distorsión del lenguaje, en lugar de fomentar debates racionales y bien informados. La propia transformación de la política en un espectáculo mediático de eslóganes diseñados para captar la atención inmediata también ha hecho que el lenguaje se haya convertido en una herramienta para manipular y dividir a las audiencias, sin profundidad o sustancia. Esta degradación del lenguaje público, según Thompson, está erosionando los fundamentos de la democracia, pues sin un discurso robusto y basado en hechos, la ciudadanía no puede tomar decisiones informadas ni participar de manera efectiva en los procesos deliberativos y democráticos.

Para Thompson, Berlusconi es un precedente claro de Trump, dado que preludiaba la antirretórica de manera abierta, y cita una frase del magnate italiano que resume la posición de este sobre el discurso político: "Si hay algo que no puedo soportar, es la retórica. Solo me interesa lo que tiene que hacerse". El autor señala que Trump condensa en su forma de comunicar todos los rasgos propios del derrumbe del lenguaje actual, algo que es bien recibido por sus votantes:

> El atractivo de Donald Trump como candidato presidencial depende en gran medida de la creencia de que es un hombre franco que no tendrá nada que ver con el lenguaje convencional de la política: un sondeo de Fox News en septiembre de 2015 reveló que el 44 por ciento de los votantes estadounidenses encuestados,

y un 62 por ciento de los republicanos, estaban de acuerdo con la afirmación de que «dice las cosas como son, y ahora mismo necesitamos eso en un presidente» (Thompson, 2017: 40-41).

En este sentido, es importante tener en cuenta algo de lo que Thompson advierte y es no caer en la solución fácil de despreciar la retórica o antirretórica de Trump. Como veremos al analizar los aspectos de la construcción textual de su discurso, su estilo fanfarrón y teatral tiene una asombrosa capacidad para captar los estados de ánimo de su audiencia y para reaccionar ante ellos. Trump dice sin pelos en la lengua lo que a mucha gente le gustaría decir y no se atreve, y de este modo, durante su campaña presidencial de 2016 revolucionó el lenguaje político estadounidense y el de la ofensiva reaccionaria global. Es imposible imaginar los discursos paleolibertarios de odio a la justicia social de Milei, motosierra en mano, sin la ruptura con las convenciones discursivas previamente protagonizada por Donald Trump:

> [Trump] ha revolucionado él solo el mundo de los mensajes políticos, emitiendo declaraciones, refutaciones y expresando sin más sus sentimientos de la mañana a la noche. Ha comunicado diez veces más que sus oponentes, más cautos y «profesionales», y ha llenado de ruido el ruedo político hasta ahogar las intervenciones que sus rivales racionan con mayor reserva. El mero volumen de comunicación y la disposición de Trump a explotar de inmediato todo lo que funcione y dejar de lado lo que no permiten que la suya sea una retórica experimental. Ha estado en el mercado, poniendo a prueba palabras e ideas de forma mucho más agresiva que sus rivales, y también ha aprendido y se ha adaptado con más rapidez que ellos. Aunque haya sido el candidato presidencial más errático y pintoresco de la historia y carezca de la organización, recursos y autodisciplina que se consideran esenciales para el

éxito, Donald Trump ha reescrito el manual del lenguaje político estadounidense (Thompson, 2017: 122-123).

3.1. VINO NUEVO EN ODRES VIEJOS

El trumpismo discursivo encaja con los rasgos definidos por Thompson a partir de los cambios comunicativos ocurridos en la postmodernidad, aunque el CEO de CNN no profundiza en la influencia que el sistema económico capitalista y sus crisis cíclicas han tenido en la actual situación, a diferencia de lo planteado por Dean (2009) o Salmon (2019). Es importante destacar, en cualquier caso, que esta es también una forma de comunicación política que vierte vino viejo en odres nuevos, pues plantea orden y estabilidad a partir de la violencia y la exclusión, usando para ello un discurso de defensa de los "derechos" para ciertos grupos sociales, con una clara agenda "antiderechos" para otros. Como ha explicado la socióloga británica Leigh A. Payne en una entrevista reciente:

> La derecha ha resultado ser experta en utilizar el lenguaje de los derechos para promover una agenda antiderechos: está contra los derechos de la identidad sexual, mientras señala que está a favor de los derechos del niño y de la familia; están contra los derechos del medio ambiente, pero a favor de los derechos económicos y de la propiedad. En otras palabras, la agenda de los grupos de derecha radicales no es una negación de los derechos, sino una promoción de ciertos derechos para ciertas personas (las que se consideran dignas). Puede que se trate menos de una negación de la violencia autoritaria del pasado que de una sutil promoción de la misma. Como decirlo más simplemente: es vino viejo en botellas nuevas, priorizar el orden y la estabilidad, aunque impliquen violencia y exclusión, por encima de los derechos de quienes se considera que no merecen protección (Gartenlaub-González, 2024: 131).

Si volvemos al capítulo sobre las pasiones movilizadoras del discurso nazi-fascista en el periodo de entreguerras, pueden observarse similitudes evidentes en cuanto al discurso de la negación de derechos para aquellos a quienes se consideraba enemigos del III Reich o de la República Social Italiana. Hay incluso concomitancias en la selección de metáforas que resultan sorprendentes. En 1933, los miembros de las formaciones paramilitares guiadas por Hitler circulaban el siguiente mensaje: "Colgaremos a los marxistas de las farolas e incendiaremos el Reichstag". A finales de 2023, durante su visita a Argentina para la toma de posesión de Javier Milei, Santiago Abascal dijo en declaraciones al periódico Clarín: "Habrá un momento dado en el que el pueblo querrá colgar de los pies a Pedro Sánchez"[68]. A principios de ese mismo año, centenares de bolsonaristas, emulando el asalto al Capitolio de 2021, habían asaltado las principales instituciones de gobierno del Brasil por no aceptar el resultado de las elecciones que dieron la victoria a Lula da Silva. Son ejemplos que pueden añadirse a la larga lista de casos de mímesis propia de la era de la imitación iliberal en la que nos encontramos, la cual destaca como una de las principales características del trumpismo discursivo.

3.2. EL LENGUAJE DEL DISFRUTE, LA TRANSGRESIÓN Y LO GROTESCO

De acuerdo con Olivier Jutel (2017), quien parte de las teorías psicoanalíticas y del enfoque de Lacan, Trump no solo usa su discurso con una finalidad persuasiva y electoral, sino que, sobre todo, disfruta transgrediendo las reglas del juego político. De este modo, desestabiliza los valores del periodismo, dividiendo su acción entre cubrir el espectáculo y subir las audiencias o rearticular su papel político ante la crisis de la democracia libe-

---

[68] *El Diario*, 11/12/2023: https://www.eldiario.es/politica/abascal-asegura-habra-momento-dado-pueblo-querra-colgar-pies-sanchez_1_10755534.html.

ral. Para Jutel, el magnate estadounidense personifica la política populista del disfrute, pues no es simplemente un *showman*
hábil con los medios, sino que encarna la centralidad del afecto,
el disfrute en la identidad política contemporánea y el consumo
mediático expuesto por Jodi Dean (2009). El populismo, según
Jutel, es en términos psicoanalíticos una política de antagonismo
y disfrute. Trump invoca a un pueblo estadounidense universal
asediado por un enemigo rapaz y sus apelaciones al significante
"América" funcionan como una fantasía de totalidad social en la
que el país puede existir libre de la amenaza de los globalistas,
los terroristas y la corrección política. Este antagonismo no es
solo una cuestión de estilo retórico, sino una condición necesaria para el "sujeto del disfrute" político lacaniano. Trump es
un agente de disfrute transgresor obsceno, lo que Lacan llama
jouissance, ya sea al vilipendiar a los inmigrantes, humillar a Jeb
Bush (hermano de George W. Bush, exgobernador de Florida y
contrincante de Trump en las primarias del Partido Republicano), hacer ostentación de su estilo de vida vulgar o despreciar a
las mujeres.

La exaltación de la clase política, periodística y de los politólogos choca con las promesas de Trump de "despedir" a las
élites y con su proclamado "amor" por los "poco educados" o
personas sin instrucción. En respuesta a los éxitos improbables
de Trump, la campaña de Clinton y el periodismo liberal apela-
ron en 2016 al racionalismo y los hechos para reafirmar un sentido de identidad en una confrontación traumática con su discurso
populista. No llegaron a entender que el magnate de Queens es
un producto de la "mediatización", es decir, de la importancia
creciente de las redes sociales en la política y en todos los campos sociales, con la disminución de la autoridad cultural y de los
valores del periodismo liberal. Si el impacto político de las redes
sociales fue sinónimo de *Occupy Wall Street*, la Primavera Árabe y la democracia directa, con Trump se agregó el discurso de

la *alt-right*. Si bien la política de Trump es completamente retrógrada, su campaña encarnó en aquel momento "lo nuevo" en la formulación de la política a través de los nuevos medios de comunicación afectivos, con muy poca infraestructura tradicional o maquinaria política tradicional, dependiendo de la cobertura gratuita de sus medios afines y del trabajo de miles de usuarios en las redes sociales (Jutel, 2017).

En las manifestaciones que durante noviembre de 2023 se celebraron frente a la sede del PSOE, en la calle Ferraz de Madrid, para protestar contra la Ley de Amnistía, se dio cita una abigarrada y heterogénea constelación de ultraderechistas y conservadores de toda la vida, de diversas edades, sobre todo varones, que también se unían en torno a la política de la transgresión y el disfrute. El apaleamiento del muñeco con la cara de Pedro Sánchez o el golpe de efecto misógino de las muñecas hinchables al grito de "estas son las ministras del PSOE" también suponían la liberación del disfrute transgresor y obsceno[69], actos estos no exentos de una obvia intención deshumanizadora de los adversarios políticos.

En su libro de 2020, *La tiranía de los bufones*, Christian Salmon desmenuzaba los rasgos del reinado de algunos de los nuevos "tiranos" del reaccionarismo populista actual: Donald Trump, Jair Bolsonaro, Boris Johnson o Recep Tayyip Erdoğan. Muestra Salmon cómo estos personajes invasivos alteran los usos en una lógica propiamente carnavalesca de inversión de valores, señalando que el poder de un Bolsonaro o un Trump constituye una "fuerza oscura" que no busca instituir, sino desinstituir el poder político. Se trataría, por tanto, de un poder grotesco instituido que permite a los tiranos-bufones imponerse como figuras del "descrédito generalizado", fundamentando pa-

---

[69] *La Vanguardia*, 15/11/2023: https://www.lavanguardia.com/politica/20231115/9378696/grupo-manifestantes-protesta-ferraz-munecas-hinchables-estas-ministras.html.

radójicamente su credibilidad en el descrédito del sistema que ellos mismos proclaman. Su discurso encuentra potencia por lo que expulsan y por lo que niegan, encontrándose ahí su principal factor de agregación. Al excitar el rechazo, esta tiranía de los bufones utiliza los resortes de lo grotesco para orquestar el resentimiento de las multitudes y despertar los viejos demonios misóginos, racistas y xenófobos (Salmon, 2020).

Esta soberanía grotesca ya funcionó en la Roma imperial bajo Calígula o Heliogábalo, emperadores romanos que pasaron a la historia por sus excentricidades y abusos de poder y, justamente, opera no a pesar de la incompetencia de quien la ejerce, sino debido a esa misma incompetencia y a los efectos grotescos que de ella se derivan. Lejos de constituir una aberración, lo grotesco es uno de los engranajes que forman parte inherente de los mecanismos del poder de las nuevas derechas autoritarias. De este modo, la palabra "bufona" de un Trump, un Milei o un Alvise, que tienen en común estar desprovistas de valor de verdad, pueden en el actual contexto verse dotadas de una potencia ejecutiva, y también performativa, por la sola magia que su acceso al poder les otorga.

3.3. Parataxis, fractura y tuiterización en el discurso político

La sintaxis y la estructura textual tienen también características especiales en esta nueva forma de comunicar la política que llamamos trumpismo discursivo. Mark Thompson ilustra la arquitectura sintáctica del discurso de Trump con un fragmento pronunciado en un estadio de Dallas lleno de simpatizantes en un acto de la campaña de 2016. La referencia al muro de Israel que contiene también es digna de comentario, pues se trata de un guiño explícito al potente lobby sionista de los Estados Unidos, ante el que se pliegan en todas sus campañas tanto demócratas como republicanos.

Hice un buen discurso. A mí me pareció fantástico. Todo salió bien. Una semana y media más tarde, me atacaron. En otras palabras, repasaron... y luego mintieron. Se lo inventaron. Estoy hablando de inmigración ilegal... Tenemos que detener la inmigración ilegal. Tenemos que hacerlo. (Vítores y aplausos.) Tenemos que hacerlo. Tenemos, sí. (El público: ¡USA! ¡USA! ¡USA!) Y cuando oigo a algunas de las personas con las que compito, incluidos los demócratas, tenemos que montar un muro, amigos. Tenemos que montar un muro. Basta con ir a Israel y preguntarles: ¿qué tal marcha vuestro muro? Los muros funcionan (Thompson, 2017: 119-120).

Se trata de frases muy breves y yuxtapuestas, que intensifican la certidumbre y la determinación del candidato y van construyendo, capa tras capa, una conclusión y un clímax emocional. Es lo que se denomina "parataxis", o colocación de cláusulas independientes una junto a la otra sin utilizar conjunciones subordinantes, cuya finalidad retórica es dar agilidad e igual peso a cada una de las ideas expresadas. Es un estilo fluido en el que parece no haber planificación de las ideas y que, por supuesto, no es leído. En sus mítines Trump utiliza también el humor, y su peculiar baile con los brazos, e introduce pequeños fragmentos de *storytelling* en los que en ocasiones encarna personajes y voces, como si de un cómico se tratara, mezclando hechos inverosímiles con medias verdades de forma discrecional. De acuerdo con Thompson:

Donald Trump habla como si la verdad y las políticas correctas fueran evidencias palmarias, mientras que esos supuestos y sabios consejeros que afirman que el mundo es un lugar complicado y que la actividad política consiste en abordar esa complejidad son idiotas o están a sueldo de alguien. Decir lo «indecible» es la manera más clara posible de transmitir su actitud contraria. Pero, para Donald Trump, pisotear la corrección política no es solo una eficaz toma de posición. Ha encontrado en ello un éxtasis (Thompson, 2017: 121).

El estilo paratáctico y emocional de Donald Trump también se observa en su abrasivo mundo microrretórico de Twitter, en el que Greta Thumberg ha sido a menudo blanco de sus ataques. Cuando la joven líder ecologista fue elegida "Personaje del año" en 2019 por la revista *Time*, Trump tuiteó: "¡Greta debe trabajar para solucionar su problema con la ira y luego ir al cine a ver una buena película antigua con un amigo! ¡Relájate Greta, relájate!". O su también misógino lema, muy coreado en los *rallies* de campaña, "¡Encerradla!", referido a Hillary Clinton. En la siguiente imagen de una noticia de la página web de *BBC News*, pueden leerse diversas declaraciones de Trump sobre el calentamiento global expresadas en el estilo que estamos describiendo:

Imagen 8. El estilo paratáctico de Donald Trump (Hellier Cheung, *BBC News*, 2019)[70].

---

[70] *BBC News*, 23/01/2020: https://www.bbc.com/news/world-us-canada-51213003.

Los ejemplos de la Imagen 8 muestran el rechazo de Trump a las convenciones del discurso político y su intención de que parezca que habla o tuitea lo primero que le viene, sin guion y, sobre todo, sin seguir los preceptos de la retórica y el *storytelling* que habían caracterizado los discursos de Barack Obama. Incluso el eslogan y *motto* de su campaña, MAGA (*Make America Great Again*) aunque poco original, se aleja conscientemente de cualquier intento de sofisticación de burócratas, académicos y élites corporativas. Es otra muestra de su deseo propagandístico de mostrarse como uno más del pueblo, capaz de hablar en sus mismos códigos (McIntosh y Mendoza-Denton, 2020: 17).

En un breve artículo anterior exploramos las amalgamas temáticas, sin aparente conexión ni trama textual, como una de las características del trumpismo discursivo, aplicándolo al caso de las intervenciones parlamentarias del exlíder del Partido Popular, Pablo Casado, en una sesión de control al gobierno (Camargo Fernández, 2022). Este es también un rasgo exhibido por la actual presidenta de la Comunidad de Madrid, Isabel Díaz Ayuso, quien, en marzo de 2024 en un discurso ante el PP europeo, se expresaba en estos términos, mezclando la legalización de las drogas con la raíz greco-romana, la judeocristiana y el derecho al aborto:

> Se tenga o no se tenga fe, tenemos una raíz judeocristiana, de Grecia, de Roma, del derecho, que no podemos olvidar. Por eso no considero que lo que ha pasado en Francia estas semanas sea ningún avance, porque creo que nuestra defensa es la de la vida, y más en una región como la nuestra, la europea, que se está envejeciendo. Tampoco considero que la utilización de las drogas con uso recreativos como pasa en Alemania eso es progreso, eso es prosperidad y eso es Europa. Como tampoco lo que está pasando en España, para lo que pido toda la ayuda, es lo que sustenta la Unión Europea y todos nuestros valores (Díaz Ayuso, 2024).

La ausencia de una trama textual sólida y de mecanismos arquitectónicos propios del discurso político como los explicados y ejemplificados por Luis Cortés Rodríguez (2014 y 2022), es decir, la división en "unidades en procesamiento" (enunciados, actos y subactos) y, sobre todo, en "unidades procesadas" (secuencias de inicio, desarrollo y cierre y subsecuencias como el tema, el subtema y el asunto), es un síntoma, pero también un símbolo de la posmodernidad que tiene efectos en la recepción de los mensajes. La comunicación política actual se parece a un *timeline* de Twitter o a los múltiples hilos de conversaciones que almacenamos en los grupos de wasap. Es lo que se ha llamado *tuiterización* del discurso político (Bernabeu del Baño, 2022), que deriva del uso generalizado de la red social Twitter (ahora X). Del mismo modo, hay ya cambios evidentes en la articulación de las estrategias argumentativas, así como del *ethos*, el *logos* y el *pathos*, del discurso de los principales líderes políticos, lo cual se observa comparando los trabajos del volumen editado por Catalina Fuentes Rodríguez (2016) o los cara a cara entre Pedro Sánchez y el exlíder del PP, Pablo Casado (Fernández Ulloa y López Ruiz, 2020) con los discursos de la era del enfrentamiento parlamentario que pueden verse hoy.

El estilo comunicativo político actual se caracteriza, entre otras cosas, por la "esloganización del discurso" (Narvaja de Arnoux, 2021), un incremento en el uso de los *soundbites* (consignas o pequeños fragmentos que concentran mucha carga política, vistos en secciones anteriores) que "según algunos críticos, está motivando una interpretación superficial de las ideas y de la interacción entre individuos" (Bernabeu del Baño, 2022: 145). La tuiterización del discurso se concreta en el uso de frases cortas e impactantes que funcionan bien en la batalla por las ideas que libra la extrema derecha y que caben tanto en un tuit, como en una consigna a repetir por los adeptos en sus discusiones cotidianas, como en las cintillas que corren bajo la pantalla de los informativos. El expresidente José María Aznar dejó un ejemplo paradigmático de lo que estamos explicando en su ya célebre, por los efectos que *a posteriori* ha tenido, "El que pueda hacer que haga. El que pueda aportar que aporte. El que pueda moverse que se mueva". Dicha en el contexto de la tramitación de la Ley de Amnistía, Aznar llamaba con la técnica del *dog-whistle* (silbato de perro, es decir, un sonido que solo los oídos preparados pueden oír) a una movilización contra Pedro Sánchez desde todas las instancias de los poderes del Estado, a los medios de comunicación y a las personas con influencia en el ámbito político o en el funcionamiento de la administración y las infraestructuras. La elipsis sistemática del objeto directo en las dos primeras oraciones y la indeterminación del sujeto en las tres ofrecen una ambigüedad calculada que limita la interpretación completa de la implicatura a los destinatarios elegidos, con quienes Aznar comparte un mismo orden discursivo.

Incluso puede decirse que cuando se recurre hoy a la narrativa, esta es más breve y poco elaborada. Destacan en este sentido los minirrelatos de Vox como recurso retórico para buscar la identificación del auditorio a través de la personalización y la antítesis: "Manolo el de la C15, que no puede entrar en Madrid porque se lo prohíbe la izquierda, mientras Pedro Sánchez se va a Doñana con el Falcon" (minirrelato de Santiago Abascal); "Mercedes, el ama de casa que tiene miedo a salir la calle por si le ocupan la casa los menas que encima reciben paguitas del Estado" (minirrelato de Rocío Monasterio).

Los cambios de plano constantes hacen que temas estrella de la agenda política que parece que pueden durar meses duren un solo día, hasta que llega la siguiente novedad informativa política, a menudo transmitida en forma de *shock* o espectáculo. Los temas se suceden, pero no siempre hay una conexión causal con el anterior o con el siguiente, algo en lo que ha tenido mucho que ver el denominado periodismo de impacto o de exclusivas. Los propios especialistas en comunicación periodística, y algunos medios, están respondiendo a esta tendencia cada vez más habitual con propuestas como el *slow journalism* ("periodismo lento") y los *slow media* ("medios lentos") (Rosique y Barranquero, 2016). Pero la *slow politics* no parece romper la barrera de las propuestas académicas para llegar a la crispada política actual y hacer que esta sea útil, lenta, alejada de la espectacularidad y del entretenimiento.

Que en la era de la hiperconexión la política se transmita, paradójicamente, como algo inconexo encaja con la tendencia a la fragmentación en todos los planos que es propia de la vida posmoderna y del filtrado de textos en pantallas simultáneas. Marina Garcés (2017) habla de los tiempos rotos del presente, Kristin Kobes du Mez (2020), de fracturas nacionales, Beatriz Gallardo (2022), de signos rotos en la esfera pública, el historiador Quinn Slobdian (2023), del capitalismo de la fragmentación en la era de los magnates tecnológicos… La fractura es la metáfora por excelencia del tiempo presente. Los proyectos de la Internacional del Odio (Tamayo, 2020) han aprovechado las grietas creadas por el neoliberalismo y el enorme potencial de circulación de imaginarios sociodiscursivos en redes y plataformas, para crear una sensación de alarma permanente, provocar miedos y crispación y buscar escándalos que logran viralizar. Han conseguido instalar lo que Beck (2002) denominó la "incertidumbre fabricada" o la amplificación artificiosa de miedos ante un supuesto riesgo con una determinada finalidad. Es fácil constatar hoy cómo los imaginarios de peligro ante amenazas, externas o internas, están a la orden del día en el nuevo orden discursivo de la extrema derecha mundial. La inmigración, las personas pobres receptoras de ayudas, las mujeres y el feminismo, la homosexualidad, el multiculturalismo, las minorías étnicas, religiosas, políticas o lingüísticas, entre otros chivos expiatorios que eligen, son puestos a diario en la diana desde sus altavoces políticos, sus medios de comunicación y su entramado de *influencers*, señalando y fabricando riesgos y generando temores que llevan al odio y al repliegue identitario excluyente.

Todo lo descrito ha contribuido a la superficialidad y la banalidad del mal que son también propias del trumpismo discursivo.

4. Efectos del trumpismo discursivo. La desafección por la política

La desregulación del mundo que se fragua tras la Gran Recesión, del que la desregulación financiera es tan solo un elemento, entraña un cambio drástico en el papel de las mediaciones políticas (medios de información, partidos, asociaciones) y de los reguladores sociales (sindicatos, derecho laboral, negociaciones colectivas). Esta dinámica ha creado una especie de incredulidad generalizada que a un nivel más profundo trasluce un hundimiento de la confianza en el lenguaje. Las dos conmociones de la victoria electoral de Donald Trump y del Brexit y en 2016 aumentaron el creciente descontento hacia el establishment político (Norris y Inglehart, 2019). En Reino Unido, los escándalos protagonizados por Boris Jonhson durante la pandemia tuvieron efecto no solo en la crisis de legitimidad de su propia figura, sino en la de la institución que representaba. La crisis en la confianza de la política institucional no es nueva y se ha ido cimentando sobre los casos de corrupción que en el caso español han afectado a las dos fuerzas del bipartidismo, especialmente, al Partido Popular. El creciente descontento público, comúnmente expresado en posiciones como el cinismo, el resentimiento e incluso el odio hacia las instituciones democráticas y las élites gobernantes, alimenta a la ultraderecha populista (Mudde, 2007 y 2021) y erosiona la capacidad de gobernar en las cada vez más mermadas democracias liberales. Esta crisis de legitimidad se está intensificando por la insistencia de la extrema derecha en instalar los imaginarios sociodiscursivos de la antipolítica, que denuestan las instituciones de las que luego, contradictoriamente, quieren formar parte. En el Estado español, el discurso de Alvise Pérez de manera contundente y, de forma más intermitente, el de Vox son ejemplos de ello. Cas Mudde sugiere que el atractivo populista de

"desmitificar" e, incluso, despreciar la política –que Trump hábil-
mente tradujo en el imaginario sociodiscursivo de "drenar el pan-
tano" visto con anterioridad– ha calado de forma irreversible en la
ciudadanía, revelando una relación cada vez más compleja con las
élites políticas, que, en cambio, no se traduce en una mayor implicación ciudadana en el activismo político. Los mencionados cambios
en las actitudes y comportamientos públicos se han traducido, asimismo y hasta el momento, en una disminución de la participación
electoral, de la afiliación a partidos y a movimientos políticos, así
como en opiniones cada vez más negativas sobre la élite política.

Como ha desarrollado el especialista en comunicación y propaganda, Adrián Huici (2010), las formas de persuasión modernas y
su expansión a todas las instituciones han devenido en falta de credibilidad, también debido a las posiciones tácticas a corto plazo en
clave electoral y a la ausencia de una perspectiva de cumplimiento
de promesas. La teatralización y escenificación constantes, así como
la falta de compromiso, se traducen en desprestigio y desafección.
La inflación de discursos pensados para convertirse en un post efec-
tivo en X o en IG y la falta de soluciones para problemas reales de la
mayoría social (vivienda, precariedad, desigualdad) están teniendo
como consecuencia directa una creciente desafección por la política.

Tanto datos del último Eurobarómetro como el *Estudio sobre
Cultura Política* de la Fundación BBVA arrojan datos contunden-
tes en este sentido: el interés en España por los temas políticos es
medio-bajo (4,6 en una escala de interés de 0 a 10), mientras que hay
un segmento muy significativo (30%) que se sitúa en el extremo de
fuerte desinterés (puntuaciones de 0 a 2). El bajo interés por la política es una tendencia más marcada entre las mujeres, los jóvenes, entre
quienes tienen solo estudios primarios y entre quienes se identifican
ideológicamente con el centro. Hay, además, un 41% de la población
española que dice no hablar nunca o casi nunca de temas políticos

con familiares o amigos[71]. Este estudio revela un dato relevante para nuestro trabajo: el tono del debate actual de los líderes políticos cuenta con la desaprobación de un 58% de la población, lo cual puede estar, precisamente entre las razones para su desconexión de la política.

5. MANIFESTACIONES DEL TRUMPISMO DISCURSIVO EN LA POLÍTICA ESPAÑOLA

En *Política de la literatura*, el filósofo Jacques Rancière (2011: 16) afirmaba:

> La actividad política implica un conflicto por decidir qué es palabra y qué es grito, por redibujar las fronteras sensibles, la distribución y redistribución de los espacios y los tiempos, de los lugares y las identidades, de la palabra y el ruido, de lo visible y lo invisible.

La enunciación de Rancière describe uno de los cambios más agudos en el discurso político tras el periodo que se abre con la campaña electoral de Donald Trump y que culmina con el asalto al Capitolio de sus partidarios (2016-2021): el conflicto de la política no radica, a partir de entonces, en decidir qué es palabra y qué es ruido, pues la mezcla de ambas ha llegado al punto de su total normalización.

El discurso político del momento reaccionario actual que englobamos bajo la denominación de trumpismo discursivo presenta características propias en España: la finalidad persuasiva del discurso argumentativo clásico se ha sustituido por una finalidad polarizadora en clave nativista y excluyente: *quien no está conmigo, está contra mí; quien no está con nosotros, está contra la nación* (Tamayo, 2020); los recursos del código se han puesto al servicio

---

[71] Estudio sobre Cultura Política de la Fundación BBVA: https://www.fbbva.es/wp-content/uploads/2023/07/Estudio-FBBVA-sobre-Cultura-Pol%C3%ADtica-2023.pdf.

de la agresividad verbal y de las estrategias de ataque al adversario (Salmon, 2019; Martín Rojo, 2022; Camargo Fernández, 2023; Gallardo, 2024); el contexto se ha visto alterado por un ecosistema de medios al servicio de determinados intereses y proyectos políticos que se coordinan para urdir tramas que deslegitimen y deshumanicen a los adversarios políticos, en lo que se ha denominado *mediafare* (Iglesias, 2022) y, más coloquialmente, "máquina del fango", expresión de la novela de Umberto Eco (2015) *Número cero*, recientemente popularizada por Pedro Sánchez en su "Carta a la ciudadanía" (capítulo 4, § 5). Todo ello se completa con el llamado *lawfare* o persecución judicial, acciones judiciales emprendidas como parte de una campaña en contra de un país o grupo, y que desde hace unos años se están desplegando en España, al igual que desde hace décadas en Latinoamérica, contra la izquierda política (Tirado, 2021). Por otro lado, los canales de circulación de los mensajes también han experimentado cambios drásticos: los medios de comunicación clásicos han sufrido una pérdida de hegemonía como fuente de noticias frente a internet y las redes sociales, que se han convertido en la principal vía de acceso a la información para buena parte de la ciudadanía (Casero-Ripollés, 2009). No resulta extraño, por tanto, que en el *Manual de Comunicación* de Vox se afirmara en 2019 que las redes sociales son su principal canal de comunicación "porque tienen como ventaja que permiten transmitir nuestros mensajes sin ningún tipo de intermediación de los medios de comunicación. A los españoles les llegan nuestros mensajes tal como queremos nosotros".

En cuanto a los temas preferentes, como explican Löwy y González (2023), Trump, Bolsonaro y la extrema derecha europea comparten tres temas de agitación sociocultural reaccionaria: primero, el autoritarismo, la adhesión a un hombre fuerte (un reforzamiento patriarcal), un líder, capaz de "restaurar el orden y la justicia". Segundo, una ideología represiva, que incluye el culto a la violencia policial, así como un recrudecimiento del orden jurídico. Por ejemplo, reclamar la restauración de la pena de muerte y la distribución de armas a la población para su "defensa contra los delincuentes y las personas designadas como peligrosas", especialmente las personas migrantes. Tercero, intolerancia contra las minorías sexuales, sobre todo, contra las personas LGTBI, así como contra el derecho de las mujeres a decidir sobre su propio cuerpo. Se trata de temas que tienen cierto éxito en convocar a sectores religiosos reaccionarios, ya sea católico en Francia, México y España o neopentecostalista en Brasil (Löwy y González, 2023), aspectos que fueron abordados en el capítulo de contextualización.

En los mensajes, puede afirmarse que o bien se juega con una ambigüedad calculada, o bien tienen una denotación semántica más amplia, o han sido recategorizados para invertir el foco temático: *provida* (en lugar de "anti derecho a decidir"), *impuesto de la muerte* (en lugar de impuesto de sucesiones) y *cambio climático* (en lugar de "calentamiento global") son buenos ejemplos de inversión. *America First* o *España primero*, ¿implica que el resto de cuestiones (como, por ejemplo, vivienda, sanidad, educación) las dejamos para después?

5.1. DE LA DESCORTESÍA PARLAMENTARIA AL INSULTO Y LA MENTIRA

La expansión de las nuevas formas de comunicación de la ola reaccionaria global ha tenido consecuencias en el discurso público también en España, lo cual es fácilmente constatable haciendo una retrospectiva de algunas investigaciones de finales del siglo siglo XX sobre el discurso político. El sociolingüista José Luis Blas Arroyo (2001) analizaba la descortesía de los debates entre Felipe González (PSOE) y José María Aznar (PP) con ejemplos que hoy, por comparación, suenan decorosos y respetuosos con el adversario, sin que, por otro lado, pierdan su intencional deseo de confrontación:

AZNAR: *me permitirá decirle que con el historial de promesas incumplidas que usted tiene encima, pedir la credibilidad de los españoles y la confianza de los españoles nuevamente es un poco problemático.*

FELIPE GONZÁLEZ: *y es verdad que hay que recuperar el empleo, sí usted se ríe, pero no… Pero no se reirían esos miles, esos millones de personas que les digo; es verdad que hay que hacer un esfuerzo por recuperar el empleo y por superar la crisis señor Aznar, pero usted no tiene ninguna fórmula para hacerlo, no sabe cómo hacerlo.*

AZNAR: *mire usted, es muy difícil acusar de contradicción a una propuesta fiscal cuando ustedes elaboraron una reforma de la ley del impuesto sobre la renta en enero de 1992 y seis meses después, con efectos retroactivos, eliminaron esa reforma que habían aprobado en enero y subieron las retenciones a los ciudadanos y subieron los tipos del impuesto sobre la renta a los ciudadanos, seis meses les duró a ustedes.*

Un breve fragmento del discurso de Santiago Abascal (Vox) en la moción de censura contra Pedro Sánchez de octubre de 2020 condensa mucha más polaridad negativa y desprecio por la verdad que todos los anteriores ejemplos, tratando, además, de temas muy similares:

ABASCAL: *ustedes han pactado con los comunistas, con los separatistas, con los terroristas, nos han puesto al frente de la mayor contracción económica en ochenta años, de la mayor deuda pública en ochenta años, de la mayor destrucción de empleo.*

Uno de los principales ejes del discurso del bloque de la actual oposición formada por PP y Vox es la deslegitimación del Gobierno de coalición y de Pedro Sánchez a través de estructuras lingüísticas que encajan de lleno en el trumpismo discursivo hasta aquí analizado. El presidente votado en las Cortes, de la que se dice es sede de la soberanía del pueblo español, es "ilegítimo" e "ilegal" de acuerdo, en un principio, con Vox, pero más tarde también con el Partido Popular, especialmente con la rama madrileña encabezada por Díaz Ayuso y su equipo. La tendencia del Partido Popular de Madrid a ser el laboratorio de la derecha neoconservadora y neoliberal, impulsado por Esperanza Aguirre y Aznar, había sido ya apuntada por Pablo Carmona et al. (2012), años antes de la emergencia de Vox. En un tuit de octubre de 2021, citando otro de Macarena Olona sobre los recursos de Vox al estado de alarma dictado durante la pandemia, Abascal afirmaba que el Gobierno no solo había llegado al poder ilegítimamente, sino que había asaltado la Constitución y el Estado de Derecho:

Imagen 9. "Gobierno ilegítimo e ilegal". Fuente: Twitter (ahora X), @Santi_Abascal, 27/10/2021

En su competición con las estrategias comunicativas trumpistas de Vox, Ayuso primero, y más tarde Feijóo, se han sumado a la campaña de deslegitimación del Gobierno y de su Presidente con colocaciones y etiquetas muy similares encuadradas en la retórica de la deslegitimación y el autoritarismo. Núñez Feijóo ha calificado el proyecto del Gobierno de Sánchez de "ilegítimo", definiendo al Presidente como "el más autoritario de la democracia española". Díaz Ayuso, por su parte, también copia el discurso de la ilegitimidad y autoritarismo del Gobierno y de su líder. La Presidenta de la Comunidad de Madrid se refirió a Pedro Sánchez como un "tirano" bajo el que España se encamina "a una dictadura". Mientras que Santiago Abascal señaló al presidente del Ejecutivo como "dispuesto a asaltar todas las instituciones" y a "triturarlo todo", hasta tal punto de querellarse contra Sánchez en el Supremo por "conspiración para la rebelión". El líder del partido de extrema derecha acusó también al Gobierno de perpetrar un "golpe a la Constitución"[72]. Desde la ruptura de los pactos de gobierno con el PP, Abascal ha subido todavía más el tono de los insultos y la agresividad en su cuenta de X, tanto contra Sánchez, llamándolo "puto ladrón", como contra las personas migrantes, diciendo que "los españoles van a tener que empezar a defenderse por ellos mismos".

En cuanto a la Presidenta de la Comunidad de Madrid, tal como han estudiado Luisa Martín Rojo (2022 y 2023) y Pedro Fernández Riquelme (2023), son conocidos los insultos y las descalificaciones que dedica a la oposición en la Asamblea de Madrid cada semana durante las sesiones de control del gobierno regional ("¡sinvergüenzas!", "bolcheviques", "delincuentes", "mezquinos", "boca mustia", "dictadura de corrección política", "catequesis progresista", "izquierda caviar", como recoge Martín Rojo, 2022). Pero su principal foco de polarización no son sus ad-

---

[72] *El Diario*, 11/01/2023: https://www.eldiario.es/politica/veces-pp-vox-deslegitimaron-gobierno-tirano-sanchez-presidente-autoritario_1_9856064.html.

versarios políticos en Madrid, sino, nuevamente, Pedro Sánchez (Camargo Fernández, 2023), en lo que algunos comentaristas políticos ven una estrategia de lanzamiento a la carrera por su candidatura a la presidencia del gobierno. No solo el PP madrileño se ha sumado al trumpismo discursivo. La principal cuenta de Twitter del Partido Popular a nivel nacional emitía en marzo de 2024 este tuit que condensa todos los rasgos detallados en las páginas anteriores: coloquialismos, emocionalidad, agresividad verbal, narrativa de humillación, desprecio a la verdad, hipérboles, espectacularización, parataxis, ataques *ad hominem…*

Partido Popular @ppopular · 11h ···
Mensaje para los corruptos del PSOE: es la 1 de la madrugada ⏱️.

Dice Yolanda Díaz que es hora de salir de las marisquerías.

Ya pueden dirigirse ordenadamente a sus prostíbulos de confianza.

Recuerden saludar al portero.
Quién sabe: igual llega a consejero de Renfe.

DE MALVERSACIÓN

uicio contra e.
go del PSOE a
 dinero públic
ulos

Ascensión y caída de Koldo García: de portero en un prostíbulo a mano derecha del exministro Ábalos detenido por corrupción

El asesor ha sido detenido por la supuesta vinculación con el cobro de sobornos en adjudicaciones de mascarillas en los peores meses de la pandemia

anda Díaz se mete en otro rco y la vuelve a liar: "No onable que haya taurantes abiertos a la un la madrugada"

○ 701   ⟲ 2 mil   ♡ 4 mil   ᴵⁱⁱ 244 mil   🔖 ⬆️

Imagen 10. Trumpismo discursivo desde la cuenta de X del PP. Fuente: X, @ppopular, 05/03/2024

En su análisis del discurso parlamentario de Vox en la XIV Legislatura, José Antonio Alcoceba et al. (2023) encontraron cuatro estrategias argumentativas dominantes, varias de las cuales han sido adoptadas en la XV Legislatura también por el Partido Popular en su proceso de radicalización por la competición con Vox y por el propio impulso que ha cobrado la ola reaccionaria. Se trata del uso de la coerción, la resistencia, el encubrimiento, la legitimación y la deslegitimación, entre las cuales fue esta última la más utilizada (un 95% de las veces) por la formación de Abascal.

5.2. "Me gusta la fruta": *algospeak* y trumpismo discursivo

El 15 de noviembre de 2023, la Presidenta de la Comunidad de Madrid, Isabel Díaz Ayuso, asistía a la sesión del debate de investidura de Pedro Sánchez como Presidente del Gobierno. En su discurso, Sánchez reprochaba al líder del Partido Popular, Alberto Núñez Feijóo, que su antecesor en el cargo, Pablo Casado, alertase "sobre un posible caso de corrupción por parte de la presidenta de la Comunidad" y que su decisión fuera "evacuar al señor Casado en un golpe de mano y echar por tierra ese caso de corrupción". Ayuso, sentada en la tribuna, reaccionaba al escucharlo con unas palabras en las que, mediante la lectura de labios, se podía leer un insulto ("hijo de puta") a Sánchez. Este insulto, además, era dicho en sede parlamentaria, aunque no fuera desde la tribuna o el escaño, y dirigido al Presidente del Gobierno.

En un primer momento, desde el equipo de la Presidenta ironizaron con que lo que había dicho era "me gusta la fruta", pero posteriormente señalaron que las acusaciones eran "una ignominia y una cobardía" y que la respuesta, "dicha para sí misma", es "lo mínimo que se merece" Sánchez[73]. La propia contradicción en

---

[73] *La Nación*, 16/11/2023: https://www.lanacion.com.ar/el-mundo/me-gusta-la-fruta-la-ironia-de-diaz-ayuso-tras-el-insulto-al-aire-a-pedro-sanchez-que-desato-una-nid16112023/.

términos de la respuesta del equipo de Ayuso es otro caso de trumpismo discursivo, pues rompe con cualquier razonamiento lógico afirmar que es cobarde atribuir algo que no dijo a la Presidenta y al mismo tiempo reconocer que lo que dijo era, en realidad, lo que Sánchez se merecía. Lo sucedido después es uno de los ejemplos más paradigmáticos de reapropiación discursiva por parte de la (ultra)derecha, desde lo ocurrido con la palabra "facha" (Martín Rojo, 2022), reivindicada por Díaz Ayuso y viralizada por el Partido Popular. En este caso, todo lo sucedido después en torno a la famosa frase, circulada por todas las redes sociales del partido, difundida a través de *merchandising* por parte de portavoces y de otros políticos del PP en actos institucionales, etcétera, puede analizarse también como una variante del *algospeak*, un tipo de lenguaje algorítmico propio de las redes sociales y específico para abordar ciertos temas con eufemismos, evitando así la censura.

Los creadores de contenido apelan al *algospeak* para hablar de suicidio, aborto, porno, autismo, abuso, desnudez, pornografía, pandemia o muertes sin el temor de que sus videos sean eliminados por los moderadores de las plataformas. La algolengua es una forma de poder hablar de algo sin mencionarlo de forma directa. Así, nos encontramos con palabras que no parecen tener sentido o están mal escritas, pero en realidad son eufemismos o nuevos términos que pueden circular burlando la censura. En las redes sociales de la ultraderecha española aparecen ejemplos de algolengua para referirse a los inmigrantes, como el ya analizado "jovenlandeses", "segarro, amego" (por cigarro, amigo), "remigración" (por deportación masiva) o "el famoso pintor austriaco" para referirse a Adolf Hitler. Como han recogido en un estudio reciente Ella Steen et al. (2023), este sistema algorítmico se ha hecho más conocido y está siendo más usado desde que TikTok se convirtió en la red social preferida de la gente joven. En su investigación recogen la siguiente tabla con las formas del *algospeak* y las palabras del inglés a las que sustituyen, así como los *emojis* y su significado:

No.	Algospeak example	Clear word referent	No.	Algospeak example	Clear word referent
1	@b0rt!0n	abortion	36	SH	self-harm
2	accountant	sex worker	37	sh!t	shit
3	auti$m	autism	38	shmex	sex
4	Backstreet Boys reunion tour	COVID-19 pandemic	39	skripper	stripper
5	blink in lio	link in bio	40	SSA	same-sex attraction
6	blk	Black	41	str8	straight
7	bl00d	blood	42	$tripper	stripper
8	b00bs	breasts	43	SW	sex worker
9	clock app	TikTok	44	swimmers	vaccinated people
10	corn	porn	45	the vid	COVID-19
11	cornucopia	homophobia	46	tism	autism
12	cue anon	QAnon	47	unalive	dead, kill, suicide
13	depressi0n	depression	48	whIte	White
14	ED	eating disorder	49	yt	White
15	fake body	N/A	50	🔗 in bio	link in bio
16	fork	fuck	51	🍫	Black people
17	Frog	fuck	52	🌽	female genitals
18	grape	rape	53	🌽🌶️	porn
19	h0rny	horny	54	🌽⭐	pornstar
20	kermit sewer slide	commit suicide	55	🍆	male genitals
21	kIll	kill	56	🍑🍆	fuck
22	le dollar bean	lesbian	57	🥛	White people
23	leg booty community	LGBT community	58	🍦	ejaculation
24	le$bean	lesbian	59	🍦⚫	PornHub
25	le$bian	lesbian	60	💩	shit
26	nip nops	nipples	61	🌻	Ukraine
27	not see	Nazi	62	🍒	breasts
28	opposite of love	hate	63	🥛	White people
29	Ouid	weed	64	🌶️	sex
30	panda express	COVID-19 pandemic	65	💦	ejaculation
31	Panini	COVID-19 pandemic	66	🍑	butt
32	panorama	COVID-19 pandemic	67	🍑	butt
33	SA	sexual assault	68	⬛	Black people
34	seggs	sex	69	❄️	cocaine
35	sewer slide	suicide	70	🧍	N-word

Tabla 4. Ejemplos de *algospeak* (Steen, Yurechko y Klug, 2023: 5).

Ayuso y su equipo utilizaron este recurso cuando fue evidente que había sido cazada insultando a Sánchez en el Congreso, reapropiándose del eufemismo, usándolo irónicamente y pensando en la ventaja que en las redes y los medios convencionales tendría una frase tan *naive* e inofensiva frente a un insulto grueso. La apropiación del "Me gusta la fruta" es, por añadidura, parte del deseo de Ayuso de ser viral y de que se hable lo más posible siempre de todo lo que dice. La expresión sin velar dirigida contra el Presidente del Gobierno en boca de la Presidenta de la Comunidad de Madrid habría chocado con los filtros de redes sociales y también con los del propio decoro esperado de una figura institucional de su nivel.

El éxito de "Me gusta la fruta" para manifestar rechazo al PSOE, al Gobierno y a otros adversarios políticos fue tal que pronto pasó a formar parte de la iconografía política del Partido Popular y de sus afines (la presentadora Ana Rosa Quintana lo llegó a usar en uno de sus programas) sirviendo, además, a los portavoces del PP en distintas instituciones para "insultar sin insultar" a sus adversarios políticos. Decían que les gustaba la fruta, pero estaban diciendo otra cosa, y a la vez insultaban al Presidente o a quien se dirigieran no solo mediante el uso de la frase, sino también mostrando una fruta o llevando una camiseta con una fruta, o diciendo: "Hoy de postre hay fruta". El PP se adueñó del insulto y se mostró orgulloso de él creando memes, pegatinas, camisetas… El punto álgido fue la cena Navidad del Partido Popular de 2023, en la que Ayuso regaló cestas de fruta. La imagen de Feijóo y la presidenta de la Comunidad de Madrid sujetando dichas cestas es uno de los ejemplos más nítidos y actuales del trumpismo discursivo castizo que caracteriza el estilo comunicativo de la Presidenta de la Comunidad de Madrid (Imagen 11): hay lenguaje agresivo, pero está banalizado; hay una estrategia calculada para la amplificación y viralización del mensaje; hay infantilización de la política y hay deseo expreso de polarizar. Finalmente, existe un tipo de antagonismo que no es, como afirmaba Olivier Jutel (2017), solo una cuestión de estilo retórico, sino una condición necesaria para el "sujeto del disfrute" político lacaniano. Ayuso también actúa como agente de disfrute transgresor, ya sea humillando al Presidente del Gobierno o vilipendiando a cualquiera de sus adversarios en la Asamblea de Madrid.

 **Cadena SER** ✓
@La_SER

 Seguir ···

Ayuso hace un guiño a su frase más polémica y regala cestas de fruta en la cena de Navidad del PP

cadenaser.com

Imagen 11. Ayuso regala cestas de fruta en la cena de Navidad del PP. Fuente: X, @ La_Ser, 19/12/2023

Reflexiones finales

> Vivimos en el capitalismo. Su poder
> nos parece inexorable. Pero también
> lo parecía el derecho divino de los
> reyes. Sin embargo, el ser humano
> puede resistirse al poder, alterarlo.
> Y la resistencia y el cambio tienen
> a menudo su inspiración en el arte
> y, especialmente, en el arte de forjar
> las palabras.
>
> Ursula K. Le Guin (2014)

1. Tres conclusiones y tres tendencias

Las palabras importan y la internacional reaccionaria está sabiendo utilizar las que funcionan mejor en el actual contexto de sociedad postdigital y crisis sistémica del capitalismo. En las páginas precedentes, desde el anclaje epistemológico del análisis crítico del discurso, se han explicado los orígenes, la expansión y los efectos del trumpismo discursivo. Esta es la denominación que hemos acuñado para cubrir el conjunto de estrategias comunicativas desplegadas por la ofensiva de la extrema derecha global, copiadas o inspiradas en el estilo comunicativo de Donald Trump, Presidente de los Estados Unidos desde 2017 hasta 2021. Hemos seguido para ello la tesis de Christian Salmon sobre la era del enfrentamiento nacida de la crisis económica de 2008, la propuesta de Jodi Dean sobre el capitalismo comunicativo propio de la época del consumo en línea y los planteamientos de Mark Thompson sobre la devaluación general del lenguaje en la esfera pública, producto de la revolución tecnológica y de sus efectos negativos en la deliberación democrática. El trumpismo discursivo es, como todo discurso político, un texto construido con una finalidad propagandística, pero se trata en este caso de una modalidad definida por Jason Stanley como "propaganda autoritaria", en la que sus rasgos más sobresalientes son la mentira, el socavamiento de la razonabilidad, el efecto de exclusión y la erosión de la empatía. Las pseudoinformación y los bulos son características igualmente destacadas de esta forma de comunicar la política en el primer cuarto del siglo XXI.

Como se ha expuesto a lo largo de este ensayo, especialmente en el capítulo 5, las estrategias discursivas y lingüísticas propias del trumpismo discursivo encontraron en la figura de Steve Bannon un punto nodal fundamental, tanto por su rol como *spin doctor* en la campaña presidencial de Trump de 2016, como por su papel de diseminador de la ideología y las pautas comunicativas trumpistas en distintos lugares del mundo. Naturalmente, como se expuso en el capítulo 3, el giro reaccionario había empezado antes de que el multimillonario magnate neoyorquino decidiera dar el salto a la política, con claros antecedentes en el discurso del neoliberalismo autoritario de la era Reagan-Thatcher. Asimismo, se ha visto la base que el trumpismo discursivo tiene en el lenguaje público del Tea Party, cuya solución para gestionar la crisis económica fue "Déjalos caer" o "Que los fracasados fracasen", dicho de quienes iban a perder sus casas, no de la banca causante de la crisis rescatada con dinero público. Sin embargo, la peculiaridad de Trump radica en que es el ejemplo a imitar y el que hace posible que los líderes de la internacional reaccionaria puedan ser ellos mismos. La campaña del *Make America Great Again* supuso la internacionalización de un mayor grado de nacionalismo político, de repliegue multilateral, de proteccionismo económico y de tradicionalismo cultural, en un momento en el que se había instalado el imaginario social que la deriva globalizadora era una humillación para los estados-nación. Paradójicamente, también la revolución del MAGA se hizo global, y tanto sus ejes políticos como sus estrategias de comunicación, adaptadas a cada una de las realidades nacionales, siguen hoy en proceso de consolidación y avance. Así lo evidencian los resultados de las últimas elecciones europeas y el auge de fuerzas de la extrema derecha en diferentes países de Europa.

Las conclusiones de este libro, varias veces actualizado antes de su fin y que necesitará de nuevas actualizaciones poco después de ver la luz, deben tomarse como provisionales o, en todo caso, como tendencias. Sin embargo, hay tres cuestiones que podemos formular como caracterizadoras del periodo analizado (2016-2024). La primera de ellas es la importancia del discurso en la expansión y consolidación de la ofensiva reaccionaria, entendiendo aquí "discurso" desde el ACD, como práctica social expresada a través de signos de naturaleza ideológica que están vinculados a la sociedad y que guardan una relación dialéctica con la realidad. El papel de los imaginarios sociodiscursivos creados y circulados en los ecosistemas mediáticos y las redes de los portavoces y seguidores de la (ultra)derecha global se ha demostrado fundamental para la construcción de la ideología y el nuevo sentido común de época autoritario y excluyente. Dichos imaginarios, levantados sobre expresiones ya habituales en el discurso político español ("invasión migratoria", "más muros y menos moros", "feminazis", "chiringuitos de género, "el día del hombre", "partitocracia", "gobierno filoetarra", "golpe de estado social-comunista"…), están sirviendo para fabricar miedos, incertidumbres y ofensivas que conducen a la canalización del malestar social cada vez en términos más reaccionarios; un malestar nacido de las ruinas del neoliberalismo, como afirmaba Wendy Brown, de las sucesivas crisis económicas y de la inexistencia de soluciones fuera de la lógica de la gestión capitalista de las propias crisis.

En segundo lugar, el análisis del trumpismo discursivo confirma que vivimos de lleno en la era de la imitación iliberal, con mensajes, estrategias comunicativas y propuestas que se copian casi literalmente por parte de los diferentes portavoces de lo que algunos especialistas llaman Internacional del Odio. La copia meramente discursiva, demagógica y totalmente descontextualizada, por parte de Alvise Pérez, de medidas llevadas a cabo por Bukele o Milei, sirve como ejemplo de un fenómeno en el que la circulación de mensajes multimodales a través de las redes sociales tiene un gran poder. Como parte de la imitación iliberal destaca el hecho de que el trumpismo discursivo seguirá existiendo al margen de Trump y después de Trump, independientemente de que su sucesor designado sea J.D. Vance o Elon Musk, porque ya es un estilo comunicativo internacional con adaptaciones específicas en cada estado-nación.

En tercer lugar, el trumpismo discursivo se manifiesta, como se ha explicado en el capítulo 5, a través de un tipo de sintaxis especial, denominada parataxis, sin apenas subordinación, habitual en el discurso militar. También lo hace mediante mezclas temáticas sin aparente conexión causal, así como con diferentes estrategias discursivas: descortesía demoledora, agresividad verbal (insultos, narrativas de humillación, rituales de lapidación en redes), banalidad, victimización, señalamiento de chivos expiatorios y descripción de una situación de crisis sin precedentes. Los tres últimos aspectos mencionados no constituyen una novedad del trumpismo discursivo ni del discurso populista del siglo XXI, pues fueron también esenciales en la retórica del discurso fascista de entreguerras, como se vio en el capítulo 2. Lo que es novedoso es que la política se trasmita como algo inconexo en donde razonar no es ni importante ni necesario.

En cuanto a las tendencias que este estudio permite vislumbrar, también apuntamos tres. La primera es que el proceso de radicalización de las derechas se evidencia en la actualidad también a través de sus ejes de su discurso preferenciales y de sus estrategias lingüísticas más frecuentes. Se ha analizado cómo, en el último periodo, el Partido Popular y Junts per Catalunya compiten con la extrema derecha de Vox y con Aliança Catalana en su discurso antiinmigración y cómo Vox compite, a su vez, en este tema con Alvise Pérez y Se Acabó la Fiesta con una formulación discursiva cada vez más similar. La ruptura de los pactos de gobierno del partido de Abascal con el PP, focalizando el desacuerdo en la cuestión del "reparto" de los migrantes menores no acompañados (estigmatizados con el significante "menas"), ha situado la inmigración en el centro de su campaña permanente, al igual que hicieran Trump en Estados Unidos y el partido de Marine Le Pen en Francia. Parece, de hecho, que el eje antiinmigración, con sus discursos del racismo y la islamofobia, van a cobrar un protagonismo central a escala occidental entre el autoritarismo reaccionario, especialmente en Europa. Puede apuntarse que, a consecuencia de esto, los ejes abiertamente antifeminista y antiLGTBI se van a reconducir en muchos de estos proyectos hacia el feminacionalismo y el homonacionalismo, que funcionan en el marco de que el islam que llega con la inmigración musulmana es una amenaza real para el modo de vida occidental de las mujeres y las personas homosexuales. Finalmente, dentro del Partido Popular, su sección madrileña, con la Presidenta Díaz Ayuso a la cabeza, se ha mostrado, como han reflejado los trabajos de Luisa Martín Rojo y Pedro Fernández Riquelme, como la más tendente a una vertiente castiza del trumpismo discursivo. Ayuso y su equipo han logrado arrastrar a los líderes del PP, Pablo Casado y Alberto Núñez Feijóo, al trumpismo discursivo de exabruptos y estrategias de deslegitimación ("asalto institucional", "gobierno intervenido", "gobierno ilegítimo") impulsados por Vox, pero que estaban presentes en el discurso del PP desde la derrota de Rajoy tras los atentados del 11M.

La segunda tendencia que se desprende de este análisis es que el proceso de normalización del discurso de la ultraderecha está en una fase tan avanzada que, a pesar de la repetida necesidad de no caer en un excesivo historicismo buscando paralelismos entre los años 30 del siglo XX y los del siglo XXI, resulta cada vez más difícil no verlos. En este sentido, es oportuno recordar el concepto del fascismo como "contrarrevolución preventiva", acuñado por el sociólogo marxista germano-estadounidense Herbert Marcuse en los años 70, un proceso de fascismo profiláctico como medida de defensa ante una revolución temida, que no había tenido lugar ni siquiera como posibilidad. Un anticomunismo sin comunismo que está cada vez más presente también en Europa. Esta era la forma en la que Marcuse veía la introducción del fascismo en los Estados Unidos, una posible mutación fascista producto de la desecación del Estado de derecho dimanada de las crecientes contradicciones del imperialismo americano. Tenemos, no muy lejos de nuestras fronteras, por un lado, el revisionismo histórico y el blanqueamiento del nazismo evidentes en la última campaña electoral de Alternativa por Alemania, de excelentes resultados para el partido ultraderechista, con cartelería y eslóganes de inspiración nazi, cuando no con mensajes de apología directa. Un país en el que ya existe, además, una izquierda nativista, encabezada por Sahra Wagenknecht, que, con un programa socialdemócrata de mínimos y un discurso reaccionario antiinmigración, es ya tercera fuerza política en el país germano.

Por otro lado, el discurso que precedió en las redes a los pogromos contra personas migrantes el verano de 2024 en Inglaterra tenía una orientación racista y de corte neonazi que recoge la emoción insurreccional de la ultraderecha propia del momento. La misma campaña de las presidenciales de otoño de 2024 en Estados Unidos, con el llamado Proyecto 2025, de ideología ultraconservadora y autoritaria como hoja de ruta, está cobrando un tono marcadamente fascistoide. En esta línea se encuentran las acusaciones de Trump a Kamala Harris de haberse convertido en negra "de repente" o de querer imponer una "dictadura comunista" en Estados Unidos ("camarada Kamala", la llama), o la participación de apologetas del nazismo en la campaña del líder del Partido Republicano. Así lo demuestran la participación de Darryl Cooper en el *show* del presentador y comentarista político Tucker Carlson, amigo personal y propagandista de Trump, y a quien también se pudo ver con Abascal y otros miembros de Vox en las manifestaciones frente a la sede de Ferraz, o las polémicas con Mike Robinson, candidato a gobernador de Carolina del Norte que se autodenominó "nazi negro". Si bien no es nueva la alianza de Trump con el supremacismo, parece obvio que se está ampliando el campo de validación pública del discurso abiertamente pronazi sin eufemismos ni atenuación.

Aunque no ha podido ser abordado aquí por cuestiones de tiempo, es importante señalar la necesidad de estudiar el discurso de los ideólogos del movimiento neorreaccionario de la llamada "Ilustración Oscura" (*Dark Enlightenment*), de gran influencia en la *alt-right* y encabezado por Curtins Yarvin, Nick Land o Peter Thiel. Estas figuras apuestan en sus libros y publicaciones en línea por una superación del capitalismo en clave tecnofeudal, con monarquías supremacistas, tecnocráticas, aceleracionistas y antiigualitarias. Mientras que en el caso de Yarvin y Land el apoyo a Trump no ha sido explícito, Peter Thiel y Elon Musk han asistido a diversos eventos anti-Biden para discutir estrategias contra los demócratas.

La tercera tendencia es la mezcla explosiva promovida por las propias dinámicas de la comunicación política en la era postdigital en medio de la ofensiva reaccionaria en curso. Como se ha explicado en el capítulo 4, tenemos, por un lado, la espectacularización de la política, con los enfoques sensacionalistas, la personalización e hiperliderazgo o el lenguaje emotivo y agonístico que conduce a la simplificación y la polarización, estudiados por Norman Fairclough y Beatriz Gallardo. Los medios de comunicación y las redes tienden hoy a dar más cobertura a historias políticas que tienen un alto contenido emocional o escandaloso en lugar de centrarse en cuestiones de política pública sustantivas.

A esto debe sumarse la competencia por el público o lo que se ha denominado el "mercado de la atención". En una era en la que la información fluye rápidamente y hay una sobrecarga constante de flujos, los medios de comunicación compiten por la atención del público, que se ha convertido en el capitalismo tardío en un recurso con valor. De este modo, la espectacularización de la política busca captar y mantener la atención, utilizando elementos emocionales y sensacionalistas. La teoría de Jodi Dean sobre el capitalismo comunicativo recubre de forma precisa estos fenómenos que son esenciales en el trumpismo discursivo. Las finalidades de provocar, deslegitimar, escandalizar y viralizar se han explicado como sujetas al último fin de confundir, algo que el propio Bannon concretó con su estrategia "inundar la zona de basura" y que conduce, en última instancia, a la paradoja de Brandolini. Dicha máxima dice que la cantidad de energía necesaria para refutar una tontería o una mentira es un orden de magnitud mayor que la necesaria para producirla. Formulada en 2013 por el programador italiano Alberto Brandolini a través de un tuit, esta paradoja destaca la asimetría entre la facilidad con la que se puede difundir información falsa o engañosa y la dificultad y esfuerzo necesarios para desmentirla o corregirla. En esencia, es mucho más sencillo y rápido crear y propagar desinformación que deshacer sus efectos, lo que implica un gran desafío en el contexto de la comunicación y los debates públicos, especialmente en la era de las redes sociales y la información viral. Pensemos en los problemas que enfrentan los *fact-checkers*, científicos y educadores al intentar combatir la desinformación, los bulos y la pseudoinformación, cuando corregir o desmentir información incorrecta requiere mucho más tiempo y recursos que diseminarla *urbi et orbe*. El efecto de todo ello, tratándose de comunicación política, es demoledor, y la tendencia a corto plazo no es optimista, lo cual también obliga a volver a insistir en la necesidad de aplicar regulaciones de forma urgente.

Asimismo, el propio capitalismo ha traído al discurso público el énfasis en el individualismo y la meritocracia, popularizando la ilusoria y falsa idea de que el éxito y el progreso dependen del esfuerzo o el talento personal, por lo que quienes trabajen duramente o tengan habilidades excepcionales serán recompensados. El discurso del emprendimiento y de los empresarios de sí mismos o el de la "trendinización" de la flexibilidad y la precariedad laboral son buenos ejemplos de las particularidades de la neolengua neoliberal abordada en el capítulo 4. Por último, esta tercera tendencia también apunta a la expansión de las narrativas de movilidad social, contradichas por la creciente realidad de la desigualdad de oportunidades, así como al discurso empresarial en la política, aquel en el que los líderes políticos adoptan un lenguaje y enfoque similares al de los líderes empresariales, un discurso que Trump siempre ha manejado con soltura.

2. DOS ADVERTENCIAS

Descritas las conclusiones provisionales y las tendencias, conviene alertar sobre dos hechos que están favoreciendo la expansión del sentido común reaccionario. Mientras que, como se ha repetido a lo largo del libro, las derechas europeas y americanas son cada vez más extremas ideológica y discursivamente, la izquierda cada vez se modera más. Los proyectos del llamado progresismo de centro-izquierda, que denominamos socialliberales, están también adoptando ejes políticos y estrategias comunicativas del imaginario autoritario, especialmente con la cuestión de la inmigración. Con posiciones coincidentes entre la llamada Socialdemocracia Europea y el partido neofascista de Meloni, firmantes todos, junto a al Partido Popular Europeo y los Liberales, del Pacto Europeo de Migración y Asilo, no hay diferencias entre estas fuerzas a la hora de plantear nuevas medidas para la Europa Fortaleza. De igual modo, en América Latina el neoliberalismo autoritario punitivista también crece tras el *shock* bolsonarista, con el bukelismo salvadoreño y el paleolibertarismo de Milei, haciendo que las democracias liberales muten hacia "otra cosa".

Si esto ha sido posible es también debido a las fracturas sociales creadas durante los gobiernos de la izquierda o del centro-izquierda, incapaces de dar salida a las demandas populares y plegados a la postre a las políticas de ajuste y las exigencias del Fondo Monetario Internacional respecto al pago de la deuda, o embarcados en derivas autoritarias. De igual manera, los hiper-liderazgos propios del populismo y de la comunicación política en la era postdigital también están lastrando los proyectos de la izquierda, algo de lo que hay sobrados ejemplos en la política española reciente, así como entre los líderes de la izquierda latinoamericana. Dicho esto, no es menos cierto, como ha explicado a través de un hilo en su cuenta de X el analista político dominicano Elvin Calcaño, que existe una ofensiva de demonización política y mediática hacia las alternativas de izquierda que plantean que el malestar de las clases medias y trabajadoras precarizadas se debe canalizar como una crítica a los privilegios de minorías beneficiarias del neoliberalismo. Como recuerda, el consenso ideológico dominante, cada vez más derechizado, demoniza y bloquea cualquier alternativa, y la derecha tradicional, con sus medios afines acompaña en ello y hace aparecer incluso a los social liberales como peligrosos "comunistas". El malestar de las clases medias se traduce en miedo a un futuro distópico y su miedo se concreta, a menudo, en una asunción de posiciones más reaccionarias. Por eso es justo aquí donde urge hacer ver que las soluciones de la ultraderecha son falsas y que, además, reproducen la propia lógica neoliberal que es la fuente del malestar.

En segundo lugar, conviene no perder de vista lo que representa el genocidio perpetrado en Gaza por parte de Israel desde el punto de vista de la arquitectura y los consensos salidos del final de la Segunda Guerra Mundial para prevenir nuevos conflictos bélicos de esa magnitud, por un lado, y exterminios sistemáticos como el perpetrado durante el Holocausto nazi, por otro. A pesar de la ya tristemente constatada inoperancia de las Naciones Unidas, los crímenes de guerra y la violación del derecho internacional humanitario cometidos por Israel en más de un año de genocidio se están realizando con la complicidad y apoyo total de los gobiernos de Estados Unidos, Reino Unido y Alemania y también de los de otros países de la Unión Europa, debilitando aún más a una ONU en crisis. Y no solo eso, se han desatado el macartismo y fuertes campañas de represión a las personas solidarias con Palestina en diferentes lugares del planeta. Aunque, como en el caso de España, algunos países hacen declaraciones de buena voluntad y reconocen el estado palestino, no se rompen relaciones diplomáticas ni se interrumpe el negocio de compra-venta de armas con Israel. Todo ello demuestra la necesidad de los países imperialistas del oeste de disponer de una base militar avanzada en el corazón de Oriente Medio y supone un aviso a navegantes sobre el modo en que se plantea resolver conflictos coloniales, por los recursos naturales escasos, por sobrepoblación o de cualquier otro tipo, si Israel y su gobierno quedan impunes tras el genocidio en Gaza. Por eso es necesario que sigamos reclamando la descolonización total de la Palestina ocupada y que seamos exigentes con nuestros gobernantes en la necesidad de romper relaciones de todo tipo con el movimiento colonial sionista. Es el futuro de la humanidad y el respeto a los derechos humanos lo que está en juego en este conflicto.

3. UNA PROPUESTA

Hay que recuperar la palabra. Hay que sacar el discurso político del trampantojo de la agresividad y el efectismo a
cualquier precio descrito en este ensayo y vivible a diario en
cualquier red social. La solución no puede ser, bajo ningún concepto, imitar las estrategias ni los ejes discursivos de la internacional reaccionaria porque estén resultando exitosos. Es cierto
que el panorama descrito deja pocos resquicios para la luz, pero
es imprescindible ofrecer alguna propuesta para evitar caer en el
fatalismo paralizante, en la "ideología póstuma" de la que habla
Marina Garcés. La extrema derecha, precisamente, busca instalar el imaginario del tiempo del "todo se acaba" que se expande
en la historia reciente desde la doctrina neoliberal TINA a través
de una supuesta inexistencia de alternativas. Por tanto, la primera tarea es tomar conciencia de la necesidad real de levantar
nuevas propuestas que vayan más allá de la gestión de la política
capitalista, aprendiendo de todos los errores del pasado y haciendo, de forma honesta, autocrítica sin flagelación.

Las propuestas tienen que mirar hacia el futuro y no plantear-
lo como lentamente cancelado por la crisis ecosocial, tal como vio
con audacia Mark Fisher. Es necesario entretejer los tiempos rotos
del presente, la sucesión de instantes, de momentos sin conexión
que vivimos actualmente, como dice Garcés, para enlazarlos con
el futuro y que no parezca una utopía inalcanzable. Explica la filósofa que la política siempre ha manipulado, pero que en el presente no solo manipula, sino que hay una pedagogía de la malversación verbal, pues quien triunfa no es solo quien mejor engaña,
sino quien ni siquiera tiene miedo de ser descubierto. Hay incluso
una ostentación de poder decir cualquier cosa, dado que no va a
tener consecuencias, porque no habrá una exigencia de retorno
o de reparación. Por tanto, hay que recuperar la importancia de
decir la verdad y predicar con el ejemplo.

Pero es imprescindible entender que hay que dar la batalla no solo en las redes y que toca recuperar la política en la calle, en los barrios, las asociaciones juveniles, los centros de trabajo, los sindicatos, los centros de estudios... Es necesario desmercantilizar la comunicación y, para ello, hacen falta "más activistas de barrio y menos community managers" (Raúl Camargo *dixit*). Esta recuperación del tejido debe hacerse también volviendo al valor de las palabras y de la escucha, evitando las reacciones viscerales y veloces que bloquean la reflexión. El discurso para enfrentar el trumpismo discursivo en cualquiera de sus formas debe plantear con claridad meridiana la idea de que el odio y la violencia a los que conduce la extrema derecha no pueden ser la solución a ningún problema.

Es necesario explicar con honestidad la dureza y las dificultades del momento histórico que atravesamos tras las derrotas sufridas y, a la par, es ineludible denunciar y enfrentar públicamente los imaginarios sociodiscursivos racistas, clasistas, sexistas, homófobos, neoliberales, autoritarios y antipolíticos que inducen a una mayor crispación y desorientación. El discurso de la izquierda debe, por tanto, rehuir la infantilización, ser claro y explicar que la realidad en este estadio de caos ecológico y crisis sistémica del capitalismo es difícil de enfrentar cuando el sentido común neoliberal ha penetrado todas las instancias de la vida. Y no ocultarlo con frases publicitarias edulcoradas, diciendo que otra vez empieza todo y que vuelve por enésima vez una ilusión con la que es absolutamente imposible conectar. Hay que hacer lo imposible para hablar con todas las personas que estén a nuestro alcance y hacerlo fuera de las redes, de manera sencilla, sin pomposidad ni artificios, porque por ahora no tenemos la propiedad de los medios de comunicación de masas ni tenemos redes sociales que nos sean afines. Hay que recordar que la hegemonía cultural de la que hablaba Gramsci, y que Thatcher supo entender tan bien, se logra conquistando el corazón y el alma, aunque, obviamente, en nuestro caso para una finalidad de signo contrario a la de la política británica.

Es imprescindible levantar propuestas desde marcos e imaginarios sociodiscursivos que construyan alternativas al odio y la violencia, planteando un futuro vivible para las mayorías, vengan de donde vengan, que supere la financiarización de la vida, la lógica capitalista del máximo beneficio por encima de las personas, el nacionalismo en clave autoritaria y excluyente, que enfrente la crisis ecológica, el racismo, el machismo, el clasismo, la desigualdad social, económica y de género, y lo haga con soluciones inclusivas y diferentes a la salvación de una minoría. Hay que seguir, en definitiva, buscando la utopía sin caer en la desesperanza, como afirma Francisco Martorell Campos en su magnífico libro, recientemente reeditado, "Soñar de otro modo". El fragmento de cierre de este libro acaba con la frase de un cartel que mi padre y mi madre tenían en su habitación cuando era niña y que decía *L'utopia è possibile*. Esa frase sigue teniendo hoy el valor orientador de una brújula para conjurar las amenazas del trumpismo discursivo.

> […] la democracia fue en origen una utopía. Lo mismo que el sufragio universal, la sanidad y la educación pública, los derechos de la mujer, la división de poderes, el divorcio, las prestaciones por jubilación o desempleo, la reducción de la jornada laboral y la libertad de prensa. Muy pocos tomaron en serio dichas reclamaciones cuando determinadas utopías las concibieron. Los poderes y las masas las consideraron delirantes. Mal que bien, hoy son realidad. A veces las utopías se cumplen. La utopía no es imposible (Martorell, 2024: 28).

Bibliografía

Acha Ugarte, Beatriz (2021). *Analizar el auge de la ultraderecha. Surgimiento, ideología y ascenso de los nuevos partidos de ultraderecha*. Barcelona, Gedisa.

Adorno, Theodor W. (1967/2020). *Rasgos del nuevo radicalismo de derecha*. Madrid, Taurus.

Alabao, Nuria (2024). *Las guerras de género: la política sexual de las extremas derechas*. Pamplona, Katakrak.

Aladro Vico, Eva y Paula Requeijo Rey (2020). Discurso, estrategias e interacciones de Vox en su cuenta oficial de Instagram en las elecciones del 28-A. Derecha radical y redes sociales. *Revista Latina de Comunicación Social*, 77, pp. 203-229.

Albertazzi, Daniele y Bonansinga, Donatella (2023). Beyond anger: the populist radical right on TikTok. *Journal of contemporary European studies*, 32 (3), pp. 673-689.

Alcántara Pla, Manuel (2022). *Desconexión. El gran reemplazo digital*. Valencia, Barlin.

Alcaide Lara, Esperanza (2019). Discursos populistas en la política española actual: el caso de Podemos y Ciudadanos. En Françoise Sullet, Maria Bernal, Christophe Premat y Malin Roitman (eds.), *Political Discourses at the Extremes. Expressions of Populism in Romance-Speaking Countries*. Estocolmo, Stockholm University Press, pp. 83-104.

Alcaide Lara, Esperanza (2022). La imagen de la mujer en Vox: el discurso antifeminista de la "derecha radical" en España. *Discurso & Sociedad*, 16 (2), pp. 275-302.

Alcoceba Hernando, José Antonio, Homont, Luis Pierre Philippe y Hernández Fernández, Coral (2023). Análisis del discurso parlamentario de VOX en la XIV Legislatura: crispación, polarización y nacionalpopulismo. *Estudios sobre el Mensaje Periodístico*, 29 (1), pp. 1-14.

Álvarez Barba, Yago (2023). *Pescar el salmón. Bulos, narrativas y poder en la prensa económica.* Madrid, Capitán Swing.

Álvarez-Benavides, Antonio y Jiménez Aguilar, Francisco (2021). La contraprogramación cultural de Vox: secularización, género y antifeminismo. *Política y Sociedad*, 58 (2), pp. 1-12.

Álvaro, Sandra (2018). La esfera pública en la era de la hipermediación algorítmica: noticias falsas, desinformación y la mercantilización de la conducta. *Hipertext.net*, 17, pp. 74-82.

Anderson, Benedict (1993). *Comunidades imaginadas. Reflexiones sobre el origen y la difusión del nacionalismo.* México, Fondo de Cultura Económica.

Anscombre, Jean-Claude y Ducrot, Oswald (1983). *La argumentación en la lengua.* Madrid, Gredos.

Arendt, Hannah (1951/2006). *Los orígenes del totalitarismo.* Madrid, Alianza.

Arruzza, Cincia y Mometti, Felice (2010). El berlusconismo y la transición autoritaria. *Viento Sur*, 111, pp. 42-51.

Austin, John L. (1962/2016). *Cómo hacer cosas con palabras.* Barcelona, Paidós.

Ballester Rodríguez Mateo (2021). Vox y el uso de la historia: el relato del pasado remoto de España como instrumento político. *Política y Sociedad*, 58(2), e69692.

Ballester Rodríguez, Mateo (2023). Historia y guerra cultural en Vox. En Casquete, Jesús (ed.), *Vox frente a la historia.* Madrid, Akal, pp. 17-23.

Beck, Ulrich (2002). *La sociedad del riesgo global.* Madrid, Siglo Veintiuno de España editores.

Berdón-Prieto, Pablo, Herrero-Izquierdo, Jacobo y Reguero-Sanz, Itziar (2023). Political polarization and politainment: Methodology for analyzing crypto hate speech on TikTok. *Profesional de la información*, 32 (6), pp. 1-12.

Bernabeu del Baño, Pablo (2022): Estrategia política en contextos de polarización: ¿hacia la 'twitterización' del discurso? *Revista Más Poder Local*, 49, pp. 143-150.

Bernárdez-Rodal, Asunción, Requeijo Rey, Paula y Franco, Yanna G. (2022). Radical right parties and anti-feminist speech on Instagram: Vox and the 2019 Spanish general election. *Party Politics*, 28 (2), pp. 272-283.

Beshara, Robert K. (2018). A critical discourse analysis of George W. Bush's 'War on Terror' speech: the rhetoric of (counter)terrorism and the logic of Islamophobia. *Journal of Language and Discrimination*, 2 (1), pp. 85-112.

Blas-Arroyo, José Luis (2001). "No diga chorradas...". La descortesía en el debate político cara a cara. Una aproximación pragma-variacionista. *Oralia*, 4, pp. 9-45.

Blas-Arroyo, José Luis (2011). *Políticos en conflicto. Una aproximación pragmático-discursiva al debate electoral cara a cara*. Berna, Peter Lang.

Bolívar, Adriana y Escudero, Ana (2021). La descortesía de Donald Trump hacia los migrantes mexicanos y la respuesta de *La Jornada* en sus editoriales: la descortesía como práctica política. *Pragmática Sociocultural / Sociocultural Pragmatics*, 9 (1), pp. 1-25.

Bolívar, Adriana y Llamas Saíz, Carmen (2022). La política en los estudios del discurso. En Carmen López Ferrero, Isolda Carranza y Teun Van Dijk (eds.), *Estudios del discurso. The Routledhe Handbook of Spanish Language Discourse Studies*. Londres/Nueva York, Routledge, pp. 229-241.

Borràs, Jordi (2022). *Tots els colors del negre. L'extrema dreta a l'Europa del segle XXI*. Barcelona, Ara Llibres.

Borrelli, Giorgio y Fernández Riquelme, Pedro (2022). El concepto de "lo natural" en el discurso de las derechas populistas italiana y española. *Pensamiento al margen*, 16, pp. 110-126.

Brown, Wendy (2021). *En las ruinas del Neoliberalismo. El ascenso de las políticas antidemocráticas en Occidente*. Madrid, Traficantes de sueños.

Brown, Wendy (2023). *Tiempos nihilistas*. Madrid, Lengua de Trapo.

Camargo Fernández, Laura (2004). *La representación del discurso en la narración oral conversacional. Estudio sociopragmático*. Tesis doctoral. Alcalá de Henares, Universidad de Alcalá.

Camargo Fernández, Laura (2008). Política y discurso. La exterritorialidad en los testimonios del POUM. *Viento Sur*, 6/08/2008. Disponible en https://vientosur.info/la-exterritorialidad-en-los-testimonios-del-poum/

Camargo Fernández, Laura (2010). Circulation du discourse et construction de l'identité: l'exterritorialité dans les témoignages POUMistes. En Heliane Kohler y Juan Manuel López-Muñoz (eds.), *Exterritorialité, Énonciation, Discours: approche interdisciplinaire*. Berna, Peter Lang, pp. 95-116.

Camargo Fernández, Laura (2021). El nuevo orden discursivo de la extrema derecha española: de la deshumanización a los bulos en un corpus de tuits de Vox sobre la inmigración. *Cultura, Lenguaje y Representación*, 26, pp. 63-82.

Camargo Fernández, Laura (2022). El trumpismo discursivo en el Partido Popular. *Viento Sur*, 180, pp. 89-96.

Camargo Fernández, Laura (2023). Tras las huellas del trumpismo discursivo en tres políticas españolas. Las campañas electorales en Twitter de Ayuso, Arrimadas y Olona". En Javier de Santiago, Teresa Fernández y Miguel Soler (eds.), *El discurso como herramienta de control social*, Frankfurt, Peter Lang, pp. 97-109.

Camargo Fernández, Laura, Romera, Magdalena y Suárez, Cristina (2009). La comunicación multimodal: analizando el lenguaje. En Marta Fernández Morales (coord.), *Publicidad y violencia de género: un estudio multidisciplinar*, pp. 61-75.

Camargo Fernández, Laura y Urbán Crespo, Miguel (2022). Retórica, propaganda e identidad en la invasión de Ucrania. El antifascismo como argumento en los discursos de Putin y Zelenski. *Refracción. Revista sobre lingüística materialista*, 6, pp. 283-312.

Camargo Fernández, Laura y Checa Fernández, Francisco (2024). La articulación discursiva de la rabia productiva en el rap de Gata Cattana y de Ayax y Prok. *Teknokultura: Revista de Cultura Digital y Movimientos Sociales*, 21 (1), (Ejemplar dedicado a *Right to rage: Subjectivity and activism*), pp. 39-48.

Camargo Fernández, Laura y Polo-Artal, Alba (2024). Representation of women in the digital discourse of Spanish far-right female leaders. *Discourse & Communication*, 18 (1), pp. 28-50.

Cameron, Deborah (2020). Banter, male bonding, and the language of Donald Trump. En Janet McIntosh y Norma Mendoza-Denton (eds.), *Language in the Trump Era: Scandals and Emergencies*. Cambridge, Cambridge University Press, pp.159-167.

Carcavilla-Puey, Fernando, García-Ortega, Carmela y Rodríguez-Rodríguez, Jorge Miguel (2024). La batalla cultural en YouTube. Análisis de las narrativas de los cinco *influencers* políticos españoles con más suscriptores. *Visual Review*, 16 (3), pp. 303-320.

Carmona, Pablo, García, Beatriz y Sánchez, Almudena (2012). *Spanish neocon. La revuelta neoconservadora en la derecha española*. Madrid, Traficantes de sueños.

Caro-Castaño, Lucía, Marín-Dueñas, Pedro Pablo y García-Osorio, Javier (2024). La narrativa del político-*influencer* y su *fandom*. El caso de Isabel Díaz Ayuso y los *ayusers* en Instagram. *Revista Mediterránea de Comunicación/Mediterranean Journal of Communication*, 15 (1), pp .285-303.

Caro Morente, Jaime (2022). Trump y la Alt-Right: el discurso de la 'identity politics' blanca. *Revista Más Poder Local*, 49, pp. 43-59.

Caro Morente, Jaime (2024). Nuevos referentes para el siglo XXI. *Alt-Right*frente a Nouvelle Droite en España. *Tiempo Devorado. Revista de Historia Actual*, 9 (2), pp. 76-100.

Casero-Ripollés, Andreu (2009). El control político de la información periodística. *Revista Latina de Comunicación Social*, 64, pp. 354-366.

Casero-Ripollés, Andreu (2018). Research on political information and social media: Key points and challenges for the future. *El Profesional de la Información*, 27 (5), pp. 964-974.

Casquete, Jesús (ed.) (2023). *Vox frente a la historia*. Madrid, Akal.

Castells, Manuel (1998). *La era de la información: economía, sociedad y cultura. Volumen I: La sociedad red*. Madrid, Alianza.

Castells, Manuel (2008). Comunicación, poder y contrapoder en la sociedad red (II). Los nuevos espacios de la comunicación. *Telos: Cuadernos de comunicación e innovación*, pp. 11-23.

Castillo González, Marta (2023). *Sociolingüística de las tendencias. Un estudio crítico de la trendinización*. Tesis doctoral. Madrid, Universidad Autónoma de Madrid.

Castoriadis, Cornelius (2011). *Postscript on Insignificance: Dialogues with Cornelius Castoriadis*. Londres, Continuum.

Castoriadis, Cornelius (2013). *La institución imaginaria de la sociedad*. Barcelona, Tusquets.

Catalán González, Miguel (2017). *Mentira y poder político. Seudología VII*. Madrid, Verbum.

Castro Martínez, Paloma y Mo Groba, Diego (2020). El *issue* de la inmigración en los votantes de VOX en las Elecciones Generales de noviembre de 2019. *RIPS*, 19(1), pp. 39-58.

Cervi, Laura y Tejedor, Santiago (2021). 'Africa does not Fit in Europe': A Comparative Analysis of Anti-Immigration Parties' Discourse in Spain and Italy. *Migraciones*, 51, pp. 207-239.

Cestero Mancera, Ana Mª (2014). Comunicación no verbal y comunicación eficaz. *Estudios de Lingüística de la Universidad de Alicante (ELUA)*, 28, 125-150.

Charaudeau, Patrick (2007). Les stéréotypes, c'est bien. Les imaginaires, c'est mieux. En H. Boyer (ed.), *Stéréotypage, stéréotypes: fonctionnements ordinaires et mises en scène*. París, l'Harmattan, pp. 49-65.

Charaudeau, Patrick (2009). Reflexiones para el análisis del discurso populista. *Discurso & Sociedad*, 3 (2), pp. 253-279.

Charaudeau, Patrick (2021). *El discurso político. Las máscaras del poder*. Buenos Aires, Prometeo Libros.

Checa Fernández, Francisco y Camargo Fernández, Laura (2023). El rap como fuente de datos para el estudio del discurso de los jóvenes. Variabilidad léxica en raperos mileniales. *Oralia*, 26 (2), pp. 207-229.

Cheddadi El Haddad, Zakariae (2024). Emergencia de la islamofobia en el discurso político de Vox. *Política y Sociedad*, 61(1), pp. 1-12.

Chilton, Paul (2004). *Analysing Political Discourse. Theory and practice*. Londres. Routledge.

Chomsky, Noam y Ramonet, Ignacio (1995). *Cómo nos venden la moto. Información, poder y concentración de medios*. Barcelona, Icaria.

Chouliaraki, Lilie, Orwicz, Michael y Greeley, Robin (2019). Special Issue: The visual politics of the human. *Visual Communication*, 18 (3), pp. 301-309.

Cortés Rodríguez, Luis (2014). Las unidades de segmentación y su entramado en un discurso de Rodríguez Zapatero [2011]. *Estudios de Lingüística del Español*, 35, pp. 117-141.

Cortés Rodríguez, Luis (2019). Un polo "perverso" del lenguaje vago: el enmascaramiento en el discurso político. *Normas*, 9, pp. 37-50.

Cortés Rodríguez, Luis (2022). *El discurso político. Los límites del comentario político-parlamentario (I y II)*. Madrid, Arco/Libros.

Cuevas, Raúl y Bou, David (2024). *La xarxa ultra: Com l'extrema dreta s'instal·la al mòbil dels joves*. [Película documental]. Barcelona, 3Cat – CCMA.

Dean, Jodi (2009). *Democracy and Other Neoliberal Fantasies. Communicative Capitalism and Left Politics*. Durham, Duke University Press.

D'Eramo, Marco (2022). *Dominio. La guerra invisible de los poderosos contra los súbditos*. Barcelona, Anagrama.

Del Teso, Enrique (2022). *La propaganda de ultraderecha y cómo tratar con ella*. Gijón, Trea.

Del Valle, José y Meirinho-Guede, Vítor (2016). Ideologías lingüísticas. En Javier Gutiérrez-Rexach (ed.), *Enciclopedia de lingüística hispánica*. Londres / Nueva York, Routledge, Vol. 2, pp. 622-631.

Díez-Gutiérrez, Enrique-Javier, Verdeja, María, Sarrión-Andaluz, José, Buendía, Luis, Macías-Tovar, Julián (2022). Discurso político de odio de la ultraderecha desde Twitter en Iberoamérica. *Comunicar*, 72 (30), pp. 101-113.

Du Mez, Kristin Kobes (2020). *Jesús y John Wayne. Cómo los evangélicos blancos corrompieron una fe y fracturaron una nación*. Madrid, Capitán Swing.

Eco, Umberto (1995). *Fascismo eterno*. Conferencia pronunciada en la Universidad de Columbia, abril de 1995. Disponible en la biblioteca virtual https://omegalfa.es.

Eco, Umberto (2015). *Número cero*. Barcelona, Lumen.

Elorduy, Pablo (2024). X puede ser una víctima más de la guerra que Elon Musk tanto desea. *El Salto*. Disponible en https://www.elsaltodiario.com/internet/x-puede-ser-una-victi-ma-guerra-elon-musk-desea

Engel, Jakob y Wodak, Ruth (2013). 'Calculated ambivalence' and Holocaust Denial in Austria. En Ruth Wodak y John E. Richardson (eds.), *Analysing Fascist Discourse. European Fascism in Talk and Text*. Londres, Routledge, pp. 73-96.

Errejón, Íñigo y Mouffe, Chantal (2016). *Construir pueblo: Hegemonía y radicalización de la democracia*. Barcelona, Icaria.

Escandell, Mª Victoria, Amenós, José y Ahern, Aoife (eds.) (2020). *Pragmática*. Madrid, Akal.

Fairclough, Norman (1995). *Media Discourse*. Londres, Arnold.

Fairclough, Norman (2000). *New Labour, New Language?* Londres, Routledge.

Fairclough, Norman (2001). *Language and power* (2ª ed.). Londres, Longman.

Fairclough, Norman (2006). *Language and globalization*. Londres, Routledge.

Fairclough, Norman (2014). *Critical language awareness*. Londres, Routledge.

Fairclough, Norman y Wodak, Ruth (2000). Análisis crítico del discurso. En Teun A. Van Dijk (comp.), *El discurso como interacción social. Estudios sobre el discurso. Una introducción multidisciplinaria*, Vol. II. Barcelona, Gedisa, pp. 367-404.

Farris, Sara R. (2021). *En nombre de los derechos de las mujeres. El auge del feminacionalismo*. Madrid, Mapas-Traficantes de Sueños.

Fernández Riquelme, Pedro (2020). La retórica del discurso populista. *Refracción. Revista sobre Lingüística Materialista*, 1, pp. 1-21.

Fernández Riquelme, Pedro (2020b). Identidad y nostalgia. El discurso de Vox a través de tres eslóganes. *Sabir. International Bulletin of Applied Linguistics*, 1 (2), pp. 77-114.

Fernández Riquelme, Pedro (2022). *El discurso reaccionario de la derecha española. De Donoso Cortés a Vox*. Sevilla, Doble J.

Fernández Riquelme, Pedro (2022b). Communism or Freedom: Right-Wing Populist Discourse and the False Disjunctives. En Juan José Gómez, José Abdelnour-Nocera y Esteban Anchústegui (eds.), *Democratic Institutions and Practices*. Cham, Springer, pp. 105-123.

Fernández Ulloa, Teresa y López Ruiz, María del Carmen (2020). Análisis de los mecanismos persuasivos del *ethos*, *logos* y *pathos* en los discursos de Pedro Sánchez y Pablo Casado. *Discurso & Sociedad*, 14 (1), pp. 188-226.

Fernández Vázquez, Guillermo (2017). El Frente Nacional de Jean-Marie Le Pen y de Marine Le Pen en la esfera pública: construcción léxica de una posición simbólica diferente. En Miguel Álvarez-Peralta, Guillermo Fernández Vázquez y Lella Mazzoli (eds.), *La mediación fragmentaria. Mediatización y controversia en la nueva esfera pública*. Cuadernos Artesanos de Comunicación, cac132. La Laguna (Tenerife), Latina, pp. 79-97.

Finchelstein, Federico (2019). *Del fascismo al populismo en la historia*. Madrid, Taurus.

Fisher, Mark (2009). *Realismo capitalista: ¿No hay alternativa?* Buenos Aires, Caja Negra Editora.

Flores Treviño, Mª Eugenia e Infante Bonfiglio, José Mª (2009). (Des)cortesía e ironía en el debate político. En Lidia Rodríguez Alfano (ed.), *La (des)cortesía y la imagen social en México. Estudios semiótico-discursivos desde varios enfoques analíticos*. Monterrey/Estocolmo, UANL-EDICE, pp. 123-146.

Flowerdew, John y Richardson, John (2018) (eds.). *The Routledge Handbook of Critical Discourse Studies*. Londres, Routledge,

Forti, Steven (2021). *Extrema derecha 2.0. Qué es y cómo combatirla*. Madrid, Siglo XXI.

Foucault, Michel (1969/2002). *La arqueología del saber*. Buenos Aires, Siglo Veintiuno.

Foucault, Michel (1970/2004). *El orden del discurso*. Madrid, Tusquets.

Fuentes Rodríguez, Catalina (ed.) (2016). *Estrategias argumentativas y discurso político*. Madrid, Arco/Libros.

Fuentes Rodríguez, Catalina (2022). Discurso populista y redes sociales: el caso de España. En Maria Marques, Sergio Sousa, José, Teixeira et al. (eds.), *Populismo(s) e suas linguagens. Textos seleccionados*. Braga, Edições Húmus, pp. 13-42.

Fuentes, Maximiliano y Rodrigo, Javier (2024). Ecos del fascismo. Derecha radical y populismo, de Trump a Vox. *Ayer*, 133 (1), pp. 347-361.

Gallardo, Beatriz (2014). *Usos políticos del lenguaje*. Barcelona, Anthropos.

Gallardo Paúls, Beatriz (2018). Tiempos de hipérbole. *Inestabilidad e interferencias en el discurso político*. València, Tirant lo Blanch.

Gallardo Paúls, Beatriz (2022). *Signos rotos. Fracturas de lenguaje en la esfera pública*. Valencia, Tirant Humanidades.

Gallardo Paúls, Beatriz (2024). La desinhibición reaccionaria. *Agenda Pública*, 21/03/2024. Disponible en https://agenda-publica.es/noticia/19139/desinhibicion-reaccionaria?s=09.

Gallardo Paúls, Beatriz y Enguix Oliver, Salvador (2016). *Pseudopolítica: el discurso político en las redes sociales*. València, Universitat de València.

Garcés, Marina (2017). *Nueva ilustración radical*. Barcelona, Nuevos cuadernos de Anagrama.

Garcés, Marina (2023). *El tiempo de la promesa*. Barcelona, Nuevos cuadernos de Anagrama.

García Agustín, Óscar y Cossarini, Paolo (2024). Scaling populism: the discursive articulation of spaces by Vox on Twitter. *European Politics and Society*, 25 (4), pp. 22-41.

García-Mingo, Elisa y Díaz Fernández, Silvia (2022). *Jóvenes en la Manosfera. Influencia de la misoginia digital en la percepción que tienen los hombres jóvenes de la violencia sexual.* Madrid, Centro Reina Sofía sobre Adolescencia y Juventud / Fundación Fad Juventud.

García Sanjuán, Alejandro (2023). Vox y la Reconquista. En Jesús Casquete (ed.), *Vox frente a la historia*. Madrid, Akal, pp. 25-33.

Garí Ramos, Manuel (2022). La pertinaz pulsión autoritaria del neoliberalismo. *Viento Sur*, 180, pp. 39-47.

Gartenlaub-González, Andrea (2024). Entrevista a Leigh A. Payne: "Los discursos de los grupos de derechas radicales son como el vino viejo en botellas nuevas, priorizan el orden y la estabilidad, aunque impliquen violencia y exclusión". *Disjuntiva*, 5 (2), pp. 129-135

Gerbaudo, Paolo y Moreno, Iago (2023). The Moving Body as the Articulator, Meme and Affective Link in Political Communication on TikTok. En Laura Pérez, Pablo Sapag y Armando Recio (eds.), *Fast Politics. Propaganda in the Age of TikTok*. Singapur, Springer, pp. 21-40.

González Enríquez, Carmen (2017). La excepción española: el fracaso de los grupos de derecha populista pese al paro, la desigualdad y la inmigración. *Documento de trabajo 7/2017*, Real Instituto Elcano, pp. 1-41.

Gounari, Panayota (2021). *From Twitter to Capitol Hill: Far-right Authoritarian Populist Discourses, Social Media and Critical Pedagogy*. Leiden, Brill.

Gramsci, Antonio (1929-1935/2023). *Cuadernos de la cárcel. Obra completa*. Madrid, Akal.

Griffin, Roger (ed.) (1998). *International Fascism: Theories, Causes and the New Consensus*. Londres, Arnold.

Gutiérrez-Rubí, Antoni (2024). *El recurso imbatible de la carta*. 25/04/2024. Disponible en https://www.gutierrez-rubi.es/2024/04/25/el-recurso-imbatible-de-la-carta/.

Halliday, Michael (1994). *An Introduction to Functional Grammar*. Londres, Arnold.

Han, Byung-Chul (2022). *Infocracia: La digitalización y la crisis de la democracia*. Santiago, Taurus.

Harteveld, Eelco, Mendoza, Philipp y Rooduijn, Matthijs (2022). Affective Polarization and the Populist Radical Right: Creating the Hating? *Government and Opposition*, 57 (4), pp. 703-727.

Harvey, David (2020). The Condition of Postmodernity. En Steven Seidman y Jeffrey C. Alexander (eds.), *The New Social Theory Reader* (2ª ed.). Londres, Routledge, pp. 235-242.

Heller, Monica (2023). Crisis on the terrain of language. *Anthropologica*, 65 (2), pp. 1-16.

Hoggett, Paul y Thompson, Simon (2012). *Politics and the Emotions: The Affective Turn in Contemporary Political Studies*. Londres, Bloomsbury Academic.

Huici Módenes, Adrián (2010). *Guerra y propaganda en el siglo XXI: nuevos mensajes, viejas guerras*. Sevilla, Alfar.

Iglesias Turrión, Pablo (2022). La ultraderecha en España: reaccionarismo de estado y *mediafare*. *Anuario de Movimientos Sociales 2022*. Abadiño, Fundación Betiko.

Illouz, Eva (2023). *La vida emocional del populismo. Cómo el miedo, el asco, el resentimiento y el amor socavan la democracia*. Buenos Aires/Madrid, Katz.

Jaén Urueña, Jesús (2015). Un debate con el populismo. *Viento Sur*, 14/07/2015. Disponible en https://vientosur.info/un-debate-con-el-populismo/.

Jamieson, Kathleen y Cappella, Joseph (2008). *Eco Chambers*. Oxford, Oxford University Press.

Juste, Rubén (2020). *La nueva clase dominante. Gestores, inversores y tecnólogos. Una historia del poder desde Colón y el Consejo de Indias hasta Black Rock y Amazon*. Barcelona, Arpa.

Jutel, Olivier (2017). Donald Trump's Libidinal Entanglement with Liberalism and Affective Media Power. *b2o*, October 23. Disponible en https://www.boundary2.org/2017/10/olivier-jutel-donald-trumps-libidinal-entanglement-with-liberalism-and-affective-media-power/.

Kaiser, Susanne (2022). *Odio a las mujeres*. Pamplona, Katakrak.

Kellner, Douglas (2016). *American nightmare: Donald Trump, media spectacle, and authoritarian populism*. Roterdam, Sense Publishers.

Kellner, Douglas (2017). Donald Trump, Media Spectacle, and Authoritarian Populism. *Fast Capitalism*, 14 (1), pp. 75-87.

Klayman, Alison (2019). *The Brink: El gran manipulador* [Película documental]. Nueva York, Magnolia Pictures.

Klein, Naomi (2010). *La Doctrina del Shock. El auge del capitalismo del desastre*. Barcelona, Paidós.

Klemperer, Victor (1946/2001). *LTI: La lengua del Tercer Reich. Apuntes de un filólogo*. Barcelona, Minúscula.

Krastev, Ivan y Holmes, Stephen (2019). *La luz que se apaga. Cómo Occidente ganó la Guerra Fría pero perdió la paz*. Barcelona, Debate.

Kress, Gunther y Van Leeuween, Theo (2001). *Multimodal Discourse. The Modes and Media of Contemporary Communication*, Londres, Arnold.

Krzyżanowski, Michał y Ekström, Mats (2022). Special Issue: The Normalisation of Far-Right Populism and Nativist Authoritarianism: Discursive Practices in Media, Journalism and the wider Public Sphere/s. *Discourse & Society*, 33 (6).

Kouvelakis, Stathis (2019). La vía muerta de Ernesto Laclau. *Viento Sur*, 23/07/2019. Disponible en https://vientosur.info/la-via-muerta-de-ernesto-laclau/#sdfootnote8sym.

Labrador, Germán y Gaupp, Jorge (2020) Unboxing Vox: La recepción de Klemperer en España y la Lengua de la nueva Extrema Derecha Populista. *Anuario de Glotopolítica*, 3, pp. 11-160.

Lacan, Jacques (1973/2006). *El Seminario. Libro 20. Aún*. Barcelona, Paidós.

Laclau Ernesto (2005a). *La razón populista*. Madrid, Fondo de Cultura Económica de España.

Laclau, Ernesto (2005b). Populismo. ¿Qué hay en el nombre? En Leonor Arfurch (coord.), *Pensar este tiempo: espacios, afectos, pertenencias*. Barcelona, Paidós, pp. 23-46.

Lakoff, George (2007). *No pienses en un elefante*. Madrid, Editorial Complutense. Laval, Christian (2022). Neoliberalismo y pandemia. *Viento Sur*, 180, pp. 58-64.

Levi, Primo (1986/2000). *Los hundidos y los salvados*. Barcelona, Muchnik Editores.

Llopis, Rodrigo (2022). *La batalla por el lenguaje. Un despertar poético contra las jaulas del capital*. Gijón, Trea.

López Eire, Antonio y de Santiago Guervós, Javier (2000). *Retórica y comunicación política*. Madrid, Cátedra.

López-Meri, Amparo y López-Rabadán, Pablo (2024). Evolución de las funciones electorales de Telegram en la extrema derecha. El caso de Vox. *Prisma Social*, 44 (1), pp. 332-358.

Löwy, Michael y González, Samuel (2023). El combate a la extrema derecha. *Jacobin*, 17/04/2023. Disponible en https://jacobinlat.com/2023/04/17/el-combate-a-la-extrema-derecha/

MacIntyre, Alasdair C. (1987). *Tras la virtud*. Barcelona, Crítica.

Madrid, Sonia (2022). Hablar claro. Los disfemismos en la prensa española con cobertura de ultraderecha. *Pensamiento al margen*. *Revista Digital de Ideas Políticas*,16, pp. 93-109.

Mancera Rueda, Ana y Pano Alamán, Ana (2020). *La opinión pública en la red*. *Análisis pragmático de la voz de los ciudadanos*. Madrid / Frankfurt. Iberoamericana Vervuert.

Marcuse, Herbert (1974/2019). *Marxismo y feminismo*. Ciudad de México, Siglo XXI Editores.

Medina Vincent, Marina (2020). *Mujeres y discursos gerenciales*. *Hacia la autogestión feminista*. Granada, Comares.

Marantz, Andrew (2021). *Antisocial*. *La extrema derecha y 'la libertad de expresión' en internet*. Madrid, Capitán Swing.

Martín Rojo, Luisa (1997). El orden social de los discursos. *Discurso*, 21-22, pp. 1-37.

Martín Rojo, Luisa (2022). El discurso neoliberal conservador y la lucha por el poder. El caso de Ayuso. *Viento Sur*, 180, pp. 74-89.

Martín Rojo, Luisa (2023). The Anti-establishment Discourses of the Radical Right in Spain: on 'Freedom' and Libertarianism During the Pandemic. En Carmen Rosa Caldas-Coulthard y Malcom Coulthard (eds.), *Texts and Practices Revisited*. *Essential Readings in Critical Discourse Analysis*. Londres, Routledge, pp. 134-151.

Martín Rojo, Luisa y del Percio, Alfonso (eds.) (2019). *Language and Neoliberal Governmentality*. Londres, Routledge.

Martín Rojo, Luisa y Elvira Ruiz, Paloma (coords.) (2019). EDiSo ante los desafíos discursivos de nuestro tiempo: herramientas para neutralizar el fascismo universal. *Sesión plenaria colectiva*. *IV Simposio Internacional EDiSo*. *Voces, silencios y silenciamientos en los estudios del discurso*. Universidade de Santiago de Compostela, 5-7 junio de 2019.

Martín Rojo, Luisa y Delgado, Ángela (2021). *Desafíos políticos del negacionismo*. *Viento Sur*, 21/01/2021. Disponible en https://vientosur.info/desafios-politicos-del-negacionismo/

Martorell Campos, Francisco (2024). *Soñar de otro modo. La reinvención de la utopía*. Valencia, La Caja Books.

McIntosh, Janet y Mendoza-Denton, Norma (eds.). (2020). *Language in the Trump era: Scandals and emergencies*. Cambridge, Cambridge University Press.

Méndez Guerrero, Beatriz (2024). *El silencio en la comunicación multimodal en español*. Granada, Comares.

Miller, Toby (2007). *Cultural Citizenship: Cosmopolitanism, Consumerism, and Television in a Neoliberal Age*. Filadelfia, Temple University Press.

Montolío Durán, Estrella (2019). *Tomar la palabra: política, género y nuevas tecnologías en la comunicación*. Barcelona, Edicions Universitat de Barcelona.

Moreno Fernández, Francisco (2014). *Spanish Revolution. Ensayo sobre los lenguajes indignados*. Valencia, Uno y Cero Ediciones.

Moreno, José A. y Thorton, Gina (2022). Obstrucción de la acción climática en la extrema derecha española: La enmienda de Vox a la Ley de Cambio Climático y su representación en prensa. *Ámbitos. Revista Internacional de Comunicación*, 55, pp. 25-40.

Morozov, Evgeni (2012). *El desengaño de internet. Los mitos de la libertad en la red*. Barcelona, Destino.

Morozov, Evgeni (2015). *La locura del solucionismo tecnológico*. Buenos Aires/Madrid, Katz.

Moruno, Jorge (2018). *No tengo tiempo. Geografías de la precariedad*. Madrid, Akal.

Mudde, Cas (2007). *Populist Radical Right Parties in Europe*. Cambridge, Cambridge University Press.

Mudde, Cas (2021). *La ultraderecha hoy*. Barcelona, Paidós.

Mudde, Cas y Rovira Kaltwasser, Cristóbal (2017). *Populism: A very short introduction*. Oxford, Oxford University Press.

Nagle, Angela (2018). *Muerte a los normies. Las guerras culturales en internet que han dado lugar al ascenso de Trump y la alt-right*. Tarragona, Orciny Press.

Narvaja de Arnoux, Elvira (2021). Los discursos de la política. En Óscar Loureda y Angela Schrott (eds.), *Manual de lingüística del hablar*. Berlín, De Gruyter, pp. 733-748.

Norris, Pippa (2005). *Radical Right: Voters and Parties in the Electoral Market*. Cambridge, Cambridge University Press.

Norris, Pippa y Inglehart, Ronald (2019). *Cultural backlash. Trump, Brexit, and the rise of authoritarian-populism*. Cambridge, Cambridge University Press.

Olmos Alcaraz, Antonia (2023). El discurso político sobre las migraciones en Twitter durante la 'crisis migratoria' de Ceuta (2021): de la corrección política al discurso del odio. *Cultura, Lenguaje y Representación*, 31, pp. 13-30.

Orwell, George (1946). La política y el idioma inglés. *Letras Libres*. Junio 2004, pp. 12-17.

Orwell, George (1970). *Essays*. Londres, Penguin.

Palacios, Diego, Hidalgo, Felipe, Cornejo, Rodrigo y Suárez, Noemí (2019). Análisis Político de Discurso: Herramientas conceptuales y analíticas para el estudio crítico de políticas educativas en tiempos de reforma global. *Archivos Analíticos de Políticas Educativas*, 27(47).

Pardo Abril, Neyla G. (2012). Análisis crítico del discurso: Conceptualización y desarrollo. *Cuadernos de Lingüística Hispánica*, 19, pp. 41-62.

Pastor, Jaime (2022). El neoliberalismo autoritario y sus "nuevas" caras. Presentación. *Viento Sur*, 180, pp. 31-37.

Peirano, Marta (2019). *El enemigo conoce el sistema*. Barcelona, Debate.

Pettersson, Katarina, Payotte, Sofia y Sakki, Inari (2023). Harsh punisher or loving mother? A critical discursive psychological analysis of Marine Le Pen's presidential Twitter campaign. *Ethnicities*, 23 (6), pp. 905-930.

Paxton, Robert O. (2019). *Anatomía del fascismo*. Madrid, Capitán Swing.

Pellicer Alapont, Miquel (2018). *La comunicación en la era Trump*. Barcelona, UOC. Formato EPUB.

Polanyi, Karl (2020). *La naturaleza del fascismo*. Barcelona, Virus.

Polo-Artal, Alba (2024). Pánico identitario: la cuestión demográfica en el discurso de Vox. *Disjuntiva*, 5 (1), pp. 43-58.

Polo-Artal, Alba y Camargo Fernández, Laura (2023). Narrativas de género excluyentes. La identidad de la mujer en el discurso de las dirigentes de la ultraderecha española. En Esperanza Alcaide Lara, y Nieves Hernández Flores (eds.), *Identidad, imagen y condicionamientos socioculturales en el discurso sobre la mujer en el ámbito hispánico*. Frankfurt, Peter Lang, pp. 237-267.

Ramos, Miquel (coord.) (2021). *De los neocón a los neonazis. La derecha radical en el Estado español*. Madrid, Liasion Office. Rosa Luxemburg Stiftung.

Ramos, Miquel (2022). *Antifascistas. Así se combatió a la extrema derecha española desde los años 90*. Madrid, Capitán Swing.

Ramos, Miquel (2024). *Dios, Patria, Yunque*. Podium Podcast. Disponible en https://www.podiumpodcast.com/podcasts/dios-patria-yunque-podium-os/

Rancière, Jacques (2011). *Política de la literatura*. Buenos Aires, Libros del Zorzal.

Reguera Mateo, Marcos (2017). *El triunfo de Trump. Claves sobre la nueva extrema derecha norteamericana*. Madrid, Postmetrópolis.

Reisigl, Martin (2006). Discourse of National Socialism, Totalitarian. En Keith Brown (ed.), *Encyclopedia of Language and Linguistics* (2ª ed.). Elsevier, pp. 642-649.

Reisigl, Martin (2023). Explaining populism from the Politolinguistic perspective. En Paula Diehl y Brigitte Bargetz (eds.), *The Complexity of Populism. New Approaches and Methods.* Londres, Routledge.

Requeijo, Paula y Franco, Yanna G. (2024). El plan de la ola reaccionaria para acabar con los derechos sexuales y reproductivos. *CTXT.* Disponible en https://www.ctxt.es/es/20240801/Politica/47182/Paula-Requeijo-Yanna-G-Franco-reaccionario-derecha-derechos-sexualidad-reproduccion.htm.

Reyes, Graciela (2018). *Palabras en contexto. Pragmática y otras teorías del significado.* Madrid, Arco/Libros.

Rosique Cedillo, Gloria y Barranquero Carretero, Alejandro (2016). Periodismo lento (*slow journalism*) en la era de la inmediatez. Experiencias en Iberoamérica. *El profesional de la información*, 24 (4), pp. 451-462.

Rovira Kaltwasser, Cristóbal (2017). *Populism: A Very Short Introduction.* Oxford, Oxford University Press.

Ruiz Sanjuán, César (2022). Reseña de Polanyi, Karl: La naturaleza del fascismo. *Ágora. Papeles de Filosofía*, 41(1).

Sadin, Eric (2022). *La era del individuo tirano. El fin de un mundo común.* Buenos Aires / Madrid, La Caja Negra.

Salmon, Christian (2019). *La era del enfrentamiento. Del storytelling a la ausencia de relato.* Barcelona, Península. Formato EPUB.

Salmon, Christian (2020). *La Tyrannie des bouffons: sur le pouvoir du grotesque.* Paris, Les Liens qui Libèrent.

Sampedro Blanco, Víctor (2018). *Dietética digital para adelgazar al Gran Hermano.* Barcelona, Icaria.

Sampedro Blanco, Víctor (2021). *Comunicación y sociedad: opinión pública y poder.* Barcelona, UOC.

Sampedro Blanco, Víctor (2023). Desmilitarizar el debate público. Agendas, marcos y relatos para la democracia. *CTXT, Contexto y Acción*, 1/02/2023.

Sampedro Blanco, Víctor (2024). *Voces del 11M. Víctimas de la mentira*. Barcelona, Planeta.

Sanahuja, José Antonio y López Burián, Camilo (2022). Hispanidad e Iberosfera: imaginarios hispanoamericanos de la ultraderecha neopatriota. En José Antonio Sanahuja y Pablo Stefanoni (eds.), *Extremas derechas y democracia: perspectivas hispanoamericanas*. Madrid, Fundación Carolina, pp.137-171.

Sánchez García, Francisco José (2009). Usos metafóricos del lenguaje político español. La metáfora estructural en los debates sobre el estado de la nación. En Pascual Cantos y Aquilino Sánchez (eds.). *Panorama de investigaciones basadas en corpus*. Murcia, Asociación Española de Lingüística del Corpus.

Sánchez García, Francisco José (2018). *Eufemismos del discurso político. Las claves lingüísticas del arte del disimulo*. Madrid, Visor.

Sánchez García, Francisco José (2021). Tomar los cielos por asalto. Tradición, ideología y marcos religiosos del discurso de Podemos. *Cultura, Lenguaje y Representación*, 26, pp. 47-62.

Santiago Guervós, Javier de (2005). *Principios de comunicación persuasiva*. Madrid, Arco/Libros.

Santiago Guervós, Javier de (2020). La comunicación persuasiva: Discurso político y discurso publicitario. En Mª Victoria Escandell, José Amenós y Aoife Ahern (eds.), *Pragmática*. Barcelona, Akal, pp. 427-445.

Sartori, Giovanni (1998). *Homo videns. La sociedad teledirigida*. Madrid, Taurus.

Shchinova, Nadezda, De Cock, Barbara y Hambye, Philippe (2024). What Does *Populism* Mean in Belgian Media Discourse? A Corpus-Assisted Analysis of the Terms *Populism* and *Populist* in French-and Dutch-Speaking Media in Belgium. En

Isabel Íñigo-Mora y Cristina Lastres-López (eds.), *Discourse Approaches to an Emerging Age of Populist Politics. The Language of Politics*. Singapur, Springer, pp. 15-39.

Sidera, Alba (2023). *Fascismo persistente. La Italia de Meloni y el ascenso de la extrema derecha en Europa*. Madrid, CTXT / Escritos Contextatarios.

Slobodian, Quinn (2023). *El capitalismo de la fragmentación. El radicalismo de mercado y el sueño de un mundo sin democracia*. Barcelona, Paidós.

Soler Gallo, Miguel (2018). *Aportaciones al estudio del lenguaje falangista y su representación en la elaboración del ideal de mujer azul de la Nueva España (1933-1945)*. Tesis doctoral. Salamanca, Universidad de Salamanca.

Sosinski, Marcin y Sánchez García, Francisco José (2022). 'Efecto invasión'. Populismo e ideología en el discurso político español sobre los refugiados. El caso de Vox. *Discurso & Sociedad*, 16 (1), pp. 149-172.

Squire, Megan (2021). Monetizing Propaganda: How Far-right Extremists Earn Money by Video Streaming. En *13th ACM Web Science Conference*. Junio 21–25, Evento Virtual, Reino Unido.

Stanley, Jason (2015). *How Propaganda Works*. Princeton/Oxford, Princeton University Press.

Stanley, Jason (2018). *How Fascism Works: The Politics of Us and Them*. Nueva York, Random House.

Steen, Ella, Yurechko, Kathryn y Klug, Daniel (2023). You Can (Not) Say What You Want: Using Algospeak to Contest and Evade Algorithmic Content Moderation on TikTok. *Social Media + Society*, July-September, pp. 1-17.

Stefanoni, Pablo (2021). *¿La rebeldía se volvió de derecha? Cómo el antiprogresismo y la anticorrección política están construyendo un nuevo sentido común (y por qué la izquierda debería tomarlos en serio)*. Madrid, Siglo XXI.

Steiner, George (1967/2003). *Lenguaje y silencio: ensayos sobre la literatura, el lenguaje y lo inhumano.* Barcelona, Gedisa.

Straehle, Edgar (2024). Franco y la revolución. Una aproximación histórica a la retórica del franquismo. *Historia Crítica,* 91, pp. 111-138.

Tamayo, Juan José (2020). *La internacional del odio. ¿Cómo se construye? ¿Cómo se deconstruye?* Barcelona, Icaria.

Tanuro, Daniel (2018). *Frankenstein en la Casa Blanca.* Barcelona, Sylone.

Taylor, Jeff (2016). *Historical and Ideological Context of Donald Trump.* Disponible en https://digitalcollections.dordt.edu/faculty_work/575.

Temelkuran, Ecce (2019). *Cómo perder un país. Los siete pasos que van de la democracia a la dictadura.* Barcelona, Anagrama.

Thompson, Mark (2017). *Sin palabras. ¿Qué ha pasado con el lenguaje de la política?* Madrid, Debate. Formato EPUB.

Tirado Sánchez, Arantxa (2021). *El lawfare. Golpes de estado en nombre de la ley.* Madrid, Akal.

Traverso, Enzo (2018). *Las nuevas caras de la derecha.* Buenos Aires, Siglo XXI.

Traverso, Enzo (2022). El posfascismo en ascenso. *Jacobin,* 10/04/2022. Disponible en https://jacobinlat.com/2022/04/10/posfacismo-traverso/.

Trotsky, Leon (1944/2022). *La lucha contra el fascismo.* Barcelona, Sylone/Viento Sur.

Toscano, Alberto (2023). *Late fascism: Race, Capitalism and the Politics of Crisis.* Londres, Verso.

Turkle, Sherry (2015). *Reclaiming Conversation: The Power of Talk in a Digital Age.* Nueva York, Penguin Press.

Turnbull-Dugarte, Stuart J. y López Ortega, Alberto (2023). Instrumentally Inclusive: The Political Psychology of Homonationalism. *American Political Science Review,* pp. 1-19.

Urbán, Miguel (2019). *La emergencia de Vox. Apuntes para combatir a la extrema derecha española*. Barcelona, Sylone/ Viento Sur.

Urbán, Miguel (2024). *Trumpismos: Neoliberales y autoritarios. Radiografía de la derecha radical*. Barcelona, Verso.

Urbán, Miguel, Toussaint, Eric y Murphy, Paul (2024). Tambores de guerra resuenan en Europa. *Viento Sur*, 06/06/2024. Disponible en https://vientosur.info/tambores-de-guerra-resuenan-en-europa/.

Uval, Natalia (2023). La extrema derecha "provoca escándalos" y así logra "la hegemonía en los medios" (entrevista a Ruth Wodak). *La diaria*, 16/12/2023. Disponible en https://la-diaria.com.uy/mundo/articulo/2023/12/la-extrema-derecha-provoca-escandalos-y-asi-logra-la-hegemonia-en-los-medios/.

Van Dijk, Teun A. (1984). *Prejudice in discourse. An analysis of ethnic prejudice in cognition and conversation*. Amsterdam / Filadelphia, John Benjamins.

Van Dijk, Teun A. (1993). *Elite Discourse and Racism*. Londres, Sage.

Van Dijk, Teun A. (2003). *Ideología y discurso*. Barcelona, Ariel Lingüística.

Van Dijk, Teun A. (2004). La retórica belicista de un aliado menor. Implicaturas políticas y legitimación de la guerra de Irak por parte de José Mª Aznar. *Oralia*, 7, pp. 195-225.

Van Dijk, Teun A. (2008). *Discourse and Power*. Nueva York, Palgrave Macmillan.

Van Dijk, Teun A. (comp.) (2008). *El discurso como interacción oral*. Barcelona, Gedisa.

Van Dijk, Teun A. (2016). Análisis Crítico del Discurso. *Revista Austral de Ciencias Sociales*, 30, pp. 203-222.

Van Dijk, Teun A. (2024). *Discourse and Ideologies of the Radical Right*. Cambridge, Cambridge Elements / Cambridge University Press.

Van Leeuwen, Theo (2015). Multimodality. En Deborah Tannen, Heidi E. Hamilton y Deborah Schiffrin (eds.), *The Handbook of Discourse Analysis* (2ª ed.), Nueva Jersey, John Wiley & Sons.

Vázquez Montalbán, Manuel (1977). *Cómo liquidaron el Franquismo en dieciséis meses y un día*. Barcelona, Fábula.

Vox (2019). *Manual de Comunicación* (1ª ed.). Disponible en https://www.eldiario.es/politica/manual-comunicacion-vox-rechazarentrevistas_1_1592948.html.

Wodak, Ruth (2001). The Discourse-Historical Approach. En Ruth Wodak y Michael Meyer (eds.), *Methods of Critical Discourse Analysis*, Londres, Sage, pp. 63-94.k

Wodak, Ruth (2009). *The Discourse of Politics in Action. Politics as Usual*. Basingstoke, Palgrave Macmillan.

Wodak, Ruth (2015). *The Politics of Fear: What Right-Wing Populist Discourses Mean*. Londres, Sage.

Wodak, Ruth (2021) (2ª ed.). *The Politics of Fear: The Shameless Normalization of Far-right Discourse*. Londres, Sage.

Wodak, Ruth y Meyer, Michael C. (2001) *Methods of Critical Discourse Analysis*. Londres, Sage.

Wodak, Ruth y Richardson, John E. (eds.) (2013). *Analysing Fascist Discourse. European Fascism in Talk and Text*. Londres, Routledge.

Wodak, Ruth y Krzyżanowski, Michał (2017). Right-wing populism in Europe and USA. Contesting politics and discourse beyond 'Orbanism' and 'Trumpism'. *Journal of Language and Politics*, 16 (4), pp. 471-484.

Wolf, Maryanne (2020). *Lector, vuelve a casa. Cómo afecta a nuestro cerebro la lectura en pantallas*. Barcelona, Deusto Ediciones.

Yiannopoulos, Milo (2016). Happy Father's Day, Daddy Donald. *Breitbart*, 19/06/2016. Disponible en www.breitbart.com/milo/2016/06/19/happy-fathers-day-daddy-donald/.

Zweig, Stefan (1942/2001). *El mundo de ayer. Memorias de un europeo*. Barcelona, Acantilado.

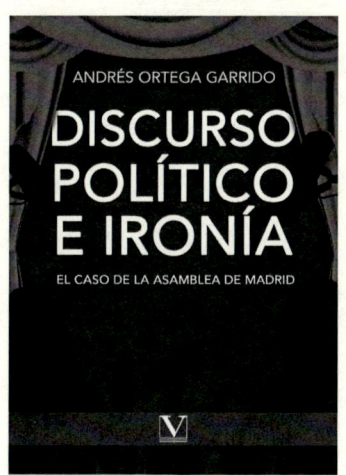

ANDRÉS ORTEGA GARRIDO

Discurso político e ironía. El caso de la asamblea de Madrid

I.S.B.N.: 978-84-1136-792-9

Hoy en día, en que el debate parlamentario ha saltado de las sedes institucionales a los medios de comunicación y el contenido de los discursos se ve alterado por la presencia de los micrófonos y las cámaras de televisión, la voz del político se dirige prioritariamente a la ciudadanía, a todos los posibles votantes. Así, la búsqueda de la frase ingeniosa y llamativa por parte del político está a la orden del día, pues será esa la que acapare titulares. Un mecanismo retórico que se demuestra altamente sugestivo es la ironía, que puede desembocar en el humor o en el sarcasmo. En este estudio se analizan los discursos cruzados entre Isabel Díaz Ayuso, presidenta de la Comunidad de Madrid, y Mónica García, líder de la oposición y portavoz de Más Madrid en la Asamblea de Madrid, en cuyo turno de preguntas de control de los jueves la ironía se revelaba como una constante arma de crítica y ataque político y personal.